北京市教育科学“十三五”规划2018年度一般课题“在科学课堂中，指导小学生进行科学小课题研究的策略研究”（课题编号：CDDB18207）

像科学家那样学科学

田 泽 著

Wuhan University Press
武汉大学出版社

图书在版编目(CIP)数据

像科学家那样学科学/田泽著. —武汉 ：武汉大学出版社，2020.10
（2023.8重印）

ISBN 978-7-307-21845-1

Ⅰ.像… Ⅱ.田… Ⅲ.科学知识－课堂教学－教学研究－小学
Ⅳ.G623.62

中国版本图书馆CIP数据核字（2020）第194775号

责任编辑：黄朝昉 责任校对：牟 丹 版式设计：天韵科技

出版发行：**武汉大学出版社** （430072 武昌 珞珈山）
（电子邮箱：cbs22@whu.edu.cn 网址：www.wdp.com.cn）

印刷：廊坊市海涛印刷有限公司

开本：710×1000 1/16 印张：16.5 字数：230千字

版次：2020年10月第1版 2023年8月第2次印刷

ISBN 978-7-307-21845-1 定价：58.00元

序

21 世纪是一个充满竞争、充满挑战的世界，只有哪些具有学习能力、实践能力、创造能力、反思批判能力的人，才能在不断发展变化的社会中，做出重要的贡献。美国“21 世纪核心素养”中明确把解决问题的能力、创新意识等作为学生的必备能力，这些能力也是科学素养的核心内容。因此，如何在学校的科学教育中培养学生适应未来社会所需的品质和能力，提升学生的科学素养，成为当今教育界的热点话题。为适应这种新的趋势，很多新的教育形式应运而生，如 STEM 教育、创客教育等。但不管采用什么教育形式，如何在科学教学中把握科学素养的内涵，引导学生正确理解科学的本质，帮助学生形成这些品质和能力，是每位科学教师必须思考的问题。

那么，什么是科学素养呢？科学课程标准指出，科学素养是指了解必要的科学技术知识及其对社会与个人的影响，知道基本的科学方法，认识科学本质，树立科学思想，崇尚科学精神，并具备一定的运用它们处理实际问题、参与公共事务的能力。概括来说，科学素养包含了解科学概念，具备科学探究能力、科学思维和科学态度四个方面。

那么，在科学教学中，如何提升学生的科学素养呢？本书作者田老师经过 20 年的科学教学实践，认为在科学课堂中指导学生进行小课题研究是提升学生提出问题、解决问题的能力，以及发展学生实践与创新能力的重要途径和方法。在小课题研究中，学生的科学素养能够得到很好的培养和训练。为什么这么说呢？因为在进行小课题研究的过程中，学生要通过观察主动地发现问题、提出问题。在开展研究之前，需要查阅相关的文献资料发现他人研究成果中的问题，在研究中要运用正确的科学方法收集资料，并对收集到的数据进行整理，运用正确的逻辑推理方法分析数据、得出结论，提出解决问题的方法和途径……在这个过程中，学生获得了科学知识、习得了科学家做科学研究的方法，形成科学探究能力和正确的科学态度。因此，在科学教学中开展小课题研究，引导学生像小科学家一样进行科学学习和研究是提升学生科学素养的有效途径。

霍利姆林斯基曾说，要想让一个老师始终对教育充满兴趣，就把老师引导到课题研究中来。课题研究能赋与教师持续发展的生命力。田老师便是这样一位研究型教师。她二十年如一日地在自己的教育教学岗位上刻苦钻研，形成了善于思考、发现问题、研究问题的习惯，积累了大量的实践经验。她带领团队开展指导学生进行小课题研究方面的课题研究，先后承担了朝阳区教育规划办和北京市教育规划办的课题，并组织科学教师团队进行深入探索，在研究中提升了教师的业务能力。

在田教师的引导下，她的学生也逐步形成了独立进行科学小课题研究的能力和研究习惯，获得了丰硕的研究成果，如在历届北京市中小学生创新大赛、北京市中小学生金鹏论坛比赛以及朝阳区中小学生创新性学习成果中荣获一等奖，有四人次获得国家专利奖。田老师所在学校曾多次获得优秀组织奖。

为了总结经验，让课题研究的成果能够与更多的人分享，田老师将自己的研究经历、开展小课题研究的过程记录下来，并对指导学生进行科学小课题研究的方法策略进行了详细的论述，在理论讲解之后，作者还列举了学生的若干小课题研究成果供大家学习参考。希望读者在阅读此书后，能在如何指导学生进行小课题研究的方法上有所收获。

北京市先进工作者
北京市优秀教师
北京市数学特级教师
陈凤伟

目 录

第一章 我的课题研究历程

下面几节，我想和大家交流一下我在工作中进行课题研究的情况。

我在课题研究方面，经历了四个不同的阶段，分别是参与课题研究阶段、尝试小课题研究阶段、主持课题研究阶段以及展望：引入 STEM 课程阶段。

第一节　参与课题研究阶段

2004 年，我参与彭香老师“做中学”课题的研究，并具体负责了案例“沉与浮”的材料准备及授课。

这个案例的大致设计过程是这样的。第一节课，学生要通过实验调查来观察哪些物体浮，哪些物体沉。因此我为学生准备了一些生活中的物体，有些是学生见过的，有些是学生没见过的，比如，软木塞、金属柱体，等等。第二节课，称量物体的重量。学生要用弹簧秤称量每一种物体的重量，然后将这些物体按照重量大小进行排列。第三节课，计算浮力的大小。已知浮力等于物体在空气中的重量减去物体在水中的重量，然后将物体形状改变，重复原来的步骤。第四节课，研究清水中物体的沉与浮。第五节课，研究物体在盐水中的沉与浮。第六节课，研究船在水中的浮力情况。

在开展该课题的过程中，区教研中心教研员彭老师给了我们极大的关心和许多具体的帮助。她不仅和我们一起探讨了什么是“做中学”以及“做中学”的原则和理念是什么，还找来大量的资料供我们参考阅读，其中包括《小学科学教育案例精选》等图书，关于“做中学”课题的最新资料，如韦钰院士谈“做中学”的许多文章。同时，我们还通过浏览小学科学教育和人教社等网站，学习关于“做中学”的内容。最关键的是在彭老师的直接引领下，我们找到了实践“做中学”的突破口，并和彭老师一起，开始了体会案例内涵、挖掘内在实质、模仿与练习并开展了实际工作。我们先各自阅读了物体沉浮案例的教案和课堂实录，在独立体会的基础上，又坐在一起相互启发讨论。通过讨论交流，我们对案例内容安排的逻辑性、学习材料的结构性、内在思维的启发性、独特见解的深刻性以及科学与人文精神的统一性上都有了更深刻的认识。同时，我们进一步对教学难度及梯度安排是否合理、科学知识内在逻辑关系的整体把握及如何与本校的学生、教师现状相结合，使其更好地本土化展开了大讨论甚至争论。经过彭老师与大家的讨论，我们决定在本校开展课题实验，首先是肯定案例优势，把握其精髓所在，几个人统一认识，再由每人负责其中一至两节课的内容，分头备课然后再集中讨论，同时一边准备本土化的教案，一边着手教学材料的选取。在教学材料的选取上我们伤透了脑筋，跑遍了京城的建材市场。功夫不负有心人，在好几个休息日的寻找后，案例中的学习材料终于让我们找齐了。学习材料中有许多聚乙烯、橡胶棒、玻璃钢等材料需要加工，我们就自己动手，刀子、剪子齐上阵，钢锯、手锯搬上来，办公室里当工人、家里校里搞教研。不知锯条断了多少根，砂纸用了多少张。有时为了一个教具在体积、质量上的尽量准确，刀子削了又削、钢锉锉了又锉、天平量了又量、体积测了又测。经过一段时间的准备，在我校（朝阳区实验小学）召开的北京市“做中学”课题研究课活动上，我们几位老师终于有幸都亲自上了课。课后，北京市教研中心的黎老师、苏老师和北京市许多科学教师都给我们留下了很多宝贵的意见和建议，使我们受益匪浅。

收获 1：在理解“做中学”的内涵上，我们虽然只上了几节课，但通过这次活动，我们感受到近 2 个月的准备是充实的。也正是在这个准备期，我们从平时点点滴滴的积累过程中了解了“做中学”，明白了“做中学”究竟指什么，它积极倡导的理念内涵是什么，也就是说我们获得了最基础但也是最真实的关于“做中学”的感性认识。同时我个人认为，准备的过程是一个丰富认知的过程，更是一个积淀经验的过程。所以我觉得“做中学”课题很好，好在不仅提高了学生的科学素养，还提升了教师自身的素养。它给我们这些研究它的教师带来了科学系统的知识以及全面系统的学生观和教师观。我们开始反思我们的日常教学行为哪些是规范的，哪些是有的放矢的，哪些是效果欠佳的，以及建立什么样的师生关系、关注课堂上的哪些重点内容、如何对待课堂上学生出现的问题……

收获 2：在这次活动中，我们的教学行为也发生了改变，尤其是在教学形式上有新尝试。本次的课题主题是《物体的沉浮研究》，其中有三节课我们是作为现场课来上的。三节课针对同一个班级连续上下来，从课程内容上讲，前一节课是后一节课的铺垫与基础，后一节课要应用前一节课所学内容解决问题，就像锁链一样一环套一环相互连接。这无疑对授课教师和参与学习的学生都是一个挑战。教师间建立密切的合作关系也是非常重要的，因为这种授课形式要求教师在集体备课统一思想和认识的基础上，吃准自己的授课内容，同时还要关注其他教师的授课内容。对于学生来说，连续上三节科学课，也是一个不小的挑战。连续上课的好处在于，在学习内容上学生能“趁热打铁”，弊端是学生对学习内容缺乏消化吸收的时间，“一气呵成”地学下去要求学生对三节同一主题的科学探究活动有持续的热情和耐力。学生能坚持下来吗？课后我们作了这方面的调查和小结，学生普遍反映感觉还是不错的。这种新的教学形式的尝试，给了我们很多的启发与思考，为我们今后的课堂创新提供了宝贵的经验。

收获 3：在研究过程中，我们感受最深的是“做中学”教学方式的改变，不仅改变了教师“教”和学生“学”的方式，而且还给我们带来观念上的巨大变化。

首先，“做中学”项目的研究改变了教师的“教”。

（1）我们这些老师都是传统教育培养出来的。回忆起来，教过我的教师的身影还历历在目，老师说过的话语仍在耳边徘徊，脑海里浮现出理想的课堂画面：老师威严地站在讲台上，学生在椅子上笔直坐好，老师洪亮的声音弥漫在教室的每个角落。当老师提出一个问题后，学生齐刷刷地举起小树般的手臂，眼睛明亮同时又充满期望。老师随便提问一个学生，问题回答得毫无疑义。其他学生安静地听取别人发言，然后，认真记录或是冥思苦想。在这种教学行为的背后隐藏着一种教育思想——构建一个保证教师教、学生听的课堂纪律，保证教师教学过程的畅通无阻。现在回顾起来，传统教育存在“一无三忽视”的现象。“一无”就是传统教育没有提出培养创造能力或创新能力的教育目标。“三忽视”就是忽视学生的个性，忽视学生实践能力的培养和忽视学生思维的发展。作为新时代的教师，我们应该转变这样的教育思想，改变教学方式，探索并实践关注每一个学生个体发展的育人新模式。

（2）“做中学”给我们的启示有以下几点。怎样看待课堂及其内容：为儿童的终身学习，更为儿童学会生活奠定基础；引导儿童主动探究、亲历发现过程；教学应来源于生活，从周围环境中取材。

怎样看待学习的主体：面向每一个儿童；尊重儿童间的差异；采用激励性评价。

怎样看待教师自己：教师是儿童学习科学的支持者和引导者。

怎样保证以上内容：科学工作者和教育工作者共同进行科学教育；充分动员社区和家庭的力量，支持科学教育；通过现代化的互联网络，增进国内和国际间的交流与合作。

其次，“做中学”项目改变了学生的“学”。

学生是活生生的人，是学习的主体。学生的学习应该是生动的、愉悦的。40 分钟的课堂学习不仅是学生思维、能力、情感“增生”的过程，还是他们切身体会科学学习的过程。在这里，他们将有机会亲自去探究大自然的奥秘，他们在观察、提问、设想、动手实验、表达、交流的探究活动中体验科学探究的过程，构建基础性的科学知识、获得初步的科学探究的能力，养成科学态度、科学精神和科学思维的方法，形成初步的科学世界观，获得全面发展，成长为具有良好科学素养的未来合格公民。

学生的科学学习应为自己的生活、学习提供保障，同时着眼于今后的生存与发展。我们常说问题来自于生活，那么，通过科学学习以后，学生能用自己所学到的知识解释生活中的事物与现象，用练就的技能解决生活中的问题，最关键的是学生能从中学会用科学的观点和态度对待生活中发生的事情，从而为自己的生活服务。

孩子获得的不仅仅是知识，而是获取知识的方法。

孩子获得的是学习的能力，而不是孤立的某项技能。

孩子领悟到的是科学的观念，而不是片面地看待事物。

孩子学会的是理论与实践相结合，而不是只停留在语言表达上。

孩子用科学武装的头脑解决自己遇到的问题，而不是只依靠经验办事。

在这个课题研究之后，2006 年，我参与了北京市科学学科“做中学”项目研究，进行了“做中学”小车案例的研究。案例大致是让学生先认识小车的结构和发展过程，然后用各种材料设计和制作一辆小车，让小车从斜坡上滑下来，看谁的小车走得直走得远，最后给小车加上动力，评比小车滑行的效果。通过对这个案例的研究，我第一次接触到制作类的设计，第一次接触到项目研究的方法，第一次特别关注学生前概念的测查，积累了研究的经验。

2009年，我参与王素英老师主持的北京市朝阳区小学生科学素养提升工程课题研究。在这个课题的研究过程中，我通过培训，能力得到提升，组织学生开展了小金鹏、小创新、科学运动会等各种科学活动，学生的科学素养也得到提升。

总之，通过参与“做中学”课题研究，我的收获与体会是：

①课题研究与课堂教学是紧密联系在一起的，通过参与课题研究的过程，不仅提升了教师的课题研究能力，而且加深了教师对科学教育的理解和认识，锻炼了教师的课堂教学能力。②通过课题的研究，转变了我的教育观念。

我的感悟是：跟着别人做课题的过程，就是学习和汲取丰富“营养”的过程，通过课题研究收获了成长。

第二节　尝试小课题研究阶段

在跟着老师学习的过程中，我渐渐发觉，原来课题研究并不难，也离我们并不遥远，只要是我们在教学中遇到的问题和困惑，都可以成为教学中研究的内容，都可以为丰富我们的教学经验、提升教学效率提供有益的帮助。从2010年年初起，我开始尝试着在自己的教学中，结合教学环境，进行适合我的学生的微型课题研究。下面结合我进行的微型小课题《运用数字化校园环境提高学生科学探究能力的策略研究》，举例说明。

■ 一、研究背景

在科学课上，科学探究能力是小学科学课的重要目标，也是小学生应该具备的基本能力，更能为学生将来学习物理、化学、生物等学科打下坚实的基础。在我所教的班级，学生的探究能力参差不齐，有的学生用很短的时间学习，效果很好，探究能力也能得到充分的发展和提高；有的学生，老师手把手地教，一遍一遍地指导，效果仍然不理想；很多学生达不到基本的教学要求，碍于教学进度以及学习速度较快的学生的要求，老师又不能单独拿出更多的时间辅导他们。于是我就思考：有没有其他的途径和办法来提升这些孩子的探究能力？在不断思索中，我发现我们学校的数字化校园平台，是一个不错的途径，借助这个平台，可以促进学生科学探究能力的提升。

我校的这个数字化校园平台包括什么内容呢？我校在1998年建立了校园网，2003年开设电脑班，2005年引进白板教学，2008年，集合了全体教师的智慧与力量，开发了新一代的“数字化校园系统”，这个系统设计了五个实用平台：教科研平台、德育建设平台、数据交换平台与数据中心、学校门户和管理业务平台，并已投入使用。我校学生大多来自城市，绝大多数家庭都有电脑，学生操作电脑的水平较高。在这样的学习背景下，我就在想何不利用数字化校园平台和绝大多数学生擅长使用电脑这一优势，来提升学生的探究水平呢？于是我确定了《运用数字化校园环境提高学生科学探究能力的策略研究》的研究课题。

二、主要研究内容

（一）课前，通过校园网挖掘学生的前认知，了解学生的不同想法，为提高学生的科学探究能力打下良好的基础。

（二）课上，利用校园网对学生的科学探究方法进行指导，提高学生的学习效率。

（三）课后，利用校园网指导学生开展探究活动，提高学生的探究能力。

三、研究方法

（一）实验法：选出水平相当的学生，将他们分成实验组和对照组，运用不同的探究技能和训练方法进行教学，然后对比实验效果有何不同，总结提升。

（二）行动研究法：针对探究过程中存在的问题，在研究、实践、反思、总结中探索，不断提高学生的科学探究能力。

（三）经验总结法：对本课题研究过程中取得较好效果的方法及时进行总结提炼，促进课题研究的进一步深化。

四、研究目标

（一）通过对课题的研究，在教学实践中，利用数字化校园环境，探索不同的教学方法、教学策略在提高学生的科学探究能力方面的实效性。

（二）通过课题研究，不断深入思考教与学的方式，总结学生能迅速、高效地掌握科学探究的技能，提高课堂教学的效率。

（三）通过课题研究，努力激发学生热爱科学，积极参与科学探究技能练习的积极性。

五、研究的结果与分析

通过一年的研究与实践，不断思考与总结实验中的问题和成功的经验，我逐渐提炼出一套提高学生科学探究技能的方法与策略，现归纳如下。

（一）课前，通过校园网挖掘学生的前认知，了解学生的不同想法，为学生课上的科学探究打下良好的基础。

1. 挖掘学生的前认知。

课前，我在博客中发布与将要学习的内容有关的问题，学生回复后，我针对学生回复的情况进行分析，了解学生对这些问题的认识和看法，挖掘学生前认知中的疑点和误区，针对前测中发现的学生认知中的问题、疑点和误区进行课堂教学设计，增强我的课堂预设能力，使教学更贴近学生的已有发展水平，提高课堂效率。

比如，在教学《小水珠从哪里来》一课时，我在博客中出了这样一道前测题："从冰箱里拿出的冷饮瓶，你发现瓶壁上有什么？为什么会有这一现象？"如图 1-1，在回复中，我了解了学生对凝结现象的不同认识。大部分学生认为瓶壁上的水珠是空气中的水蒸气遇冷形成的（如图 1-2a），但部分学生认为瓶壁上的水是从冰箱里带出来的、是瓶壁上的冰融化形成的（图 1-2b），还有学生认为瓶壁外面的水是瓶子里渗出来的（图 2-1c）。针对学生在设计实验时可能出现的问题，我设计了相应的教学策略，从而巧妙地解决了难点和问题，提高了课堂学习效率。

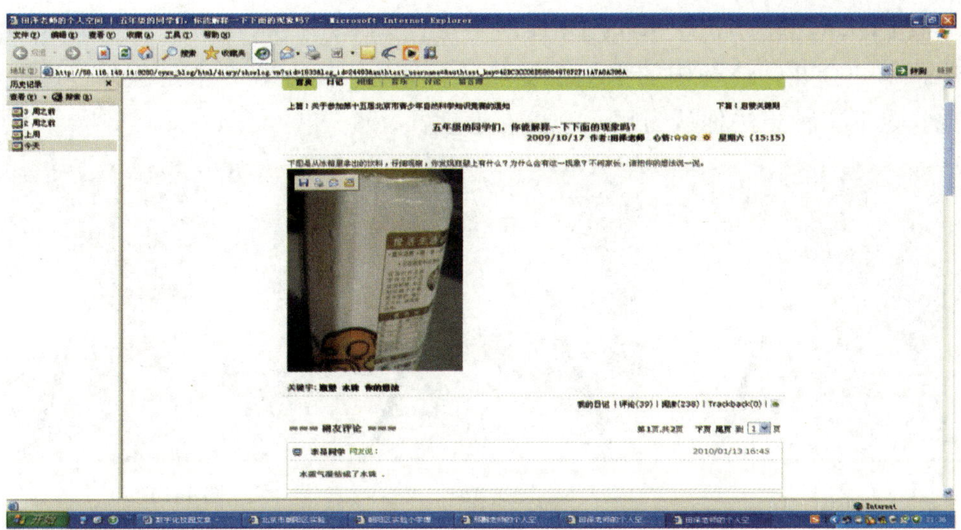

图 1-1

2. 了解学生对某些问题的不同想法。

图 1-2a

图 1-2b

图 1-2c

比如，在学习《对流》一课时，我希望了解学生对“热在烧杯中是怎样传递的”这一问题有怎样的想法。于是，我在博客中出示了这样几张图

（如图 1–3a，1–3b，1–3c），并提问学生：如果用酒精灯给烧杯中的水加热，不一会儿，烧杯中的水就会变热了。那么，热在烧杯中是怎样传递的呢？以下三种想法你认为哪一个更有道理？

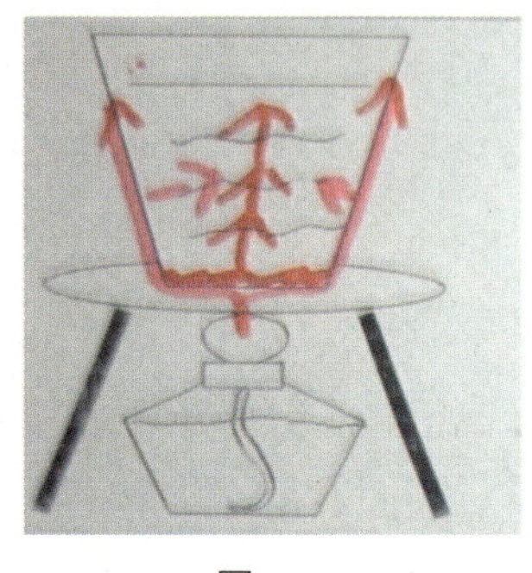
图 1-3a

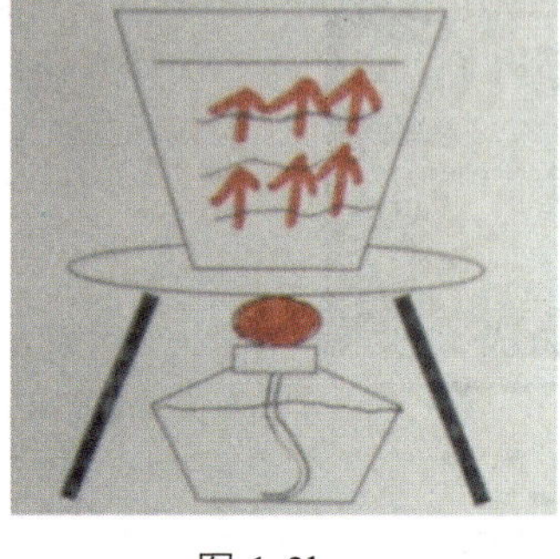
图 1-3b

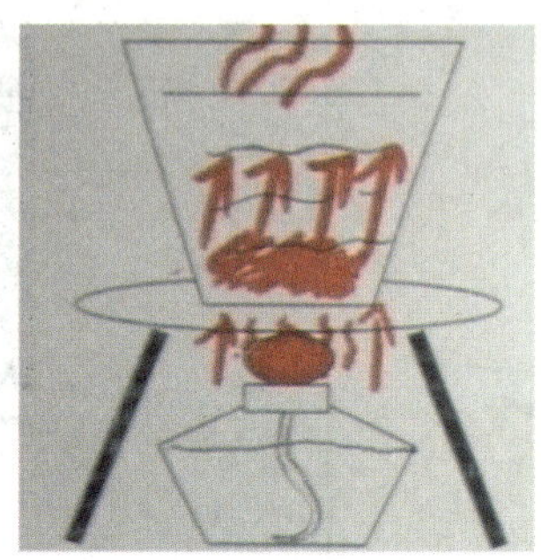
图 1-3c

我根据学生的想法准备相应的实验材料，使课堂教学顺利而有效地进行，促进学生对这一实验操作技能的掌握，提高了课堂实效。

总之，通过校园网络，教师可以事先了解学生对教学的重点、难点问题有怎样的看法，能够针对学生的学习水平设计具体的教学环节，抓住学生在探究能力方面存在的难点，有的放矢，促进学生解决难点问题的能力，提高学生的科学探究能力，提高课堂实效。

（二）课上，利用校园网对学生的探究方法进行指导，提高学生的学习效率。

经过一年的探索、实践和反思，我综合自己在教学实践中积累的经验，总结出了一套提高学生探究技能的方法，采用多样的教学形式，提高了学生课堂学习的效率。具体方法如下：

1. 总结方法，提纲挈领

学生在学习的过程中，教师要不断地指导学生总结实验设计、实验操作的方式方法，对这些方法及时进行总结和反复练习，促进学生对探究技能的掌握。

比如，在学习了一些实验操作方法之后，我带领学生及时地总结这些实验是怎样设计的，概括出设计时的要点有哪些。例如，小学生接触到的科学实验通常有一般实验、对比实验、模拟实验等，教师可以教给学生设计一般实验和对比实验的方法，以及二者有哪些相同点和不同点，学生掌握了设计实验的方法，自然就更容易掌握实验的技能。比如，磁铁性质的实验、水和空气性质的实验等是一般实验，我就让学生归纳总结这些实验有哪些共同的地方，告诉他们今后遇到证明物质有哪些性质的实验时就可以按照这样的特点来设计，从而使学生掌握一般实验操作的基本步骤和方法，提高学生的实验操作技能。

2. 对比异同，加深印象

有些实验具有很大的相似性，往往学过一段时间后，学生就将它们混作一团，出现很多错误。教师可以将这样的实验单独拿出来进行对比，找出其不同之处，并通过讨论让学生弄清楚二者有哪些不同、为什么不同，从而提高学生的认识水平和实验技能。比如，根吸收水分的实验和茎运输水分的实验，实验装置基本相同，但是有一点重要的区别，就是茎运输水分的实验不用软木塞或胶塞塞住，而根吸收水分的实验一定要用软木塞塞好，于是，我就让学生讨论和分析，引导学生对这两个问题进行深入思考，为什么茎运输水分的实验不用软木塞或胶塞塞好杯口，而根吸收水分的实验一定要用软木塞塞好？通过讨论，学生明白了，因为在茎运输水分的实验中，是看茎里有没有进入红色的液体，杯子里的水分蒸不蒸发对实验结果没有什么影响；而根吸收水分的实验就不同了，如果不盖紧瓶口，就不知道是水蒸发了还是被根吸收了。通过讨论，学生对这两个实验在本质上的区别有了深刻的认识，学生知其然并知其所以然，增强了实验操作的目的性，提高了对这两个实验的认识水平，实验操作时就很少有人再将二者混为一谈。

3. 自主选择，提高效率

科学研究表明，每个人获取信息的方式是不同的，30% 的学生记得其在标准的课堂时间所听到的内容的 75%，40% 的人记得他们读到或看到的内容的 75%。视觉的学习者分为两类，一类人以词语的形式处理信息，而另一类人以图表或图片的形式保留他们所看到的东西。15% 的人通过触觉学习的效果最好，15% 的人是动觉学习者。[①]可见，每个人接受信息的方式是不同的，因此，教师不要用同一种学习方式去要求所有的孩子达到同

---

①［美］珍妮特·沃斯，［新西兰］戈登·德莱顿．学习的革命［M］．顾瑞荣，陈标，许静，译．刘海明，校．上海：三联书店，1998（339）．

一目标。因此，在学生学习的过程中，教师要允许学生采用自己擅长的方式进行学习，比如，在学生学习实验操作的过程中，教师可以将视频、文本、图片等多种形式相结合，让学生自主选择自己学习的方式，或听、或看、或模仿、或画画，给学生一段自主学习的时间，这样往往能提高学习的效率。比如，在学习骨骼这一实验操作技能时，教师就可以出示文本、视频和挂图以及人体的骨骼标本等多种学习材料，给学生一段自我学习、自我消化的时间，学生的学习效率反而提高了。

4. 空手模拟，增强记忆

在实际的教学中，我通过观察、实践、反思，不断完善，发现了一种徒手模拟实验法，使学生的实验操作能力大大提升。徒手模拟就是学生在练习实验操作技能时，不是只看文本或只看录像，而是边看文本或录像，边用手或身体在空中模拟做实验的过程。通过这样的徒手练习能提高学生的实验操作技能。

比如，在上《显微镜》一课时，师生共同研究了显微镜的构造后，教师演示显微镜的使用方法，而后师生又一起总结了显微镜的使用方法的六个步骤：即

A. 取镜和安放

B. 对光

C. 安装玻片标本

D. 观察

E. 记录

F. 整理显微镜

这六个大的步骤里每一个又包括若干个小步骤，这是一个比较难掌握的实验，学生往往容易落下其中的某一步。于是，我采取下面的做法来帮助学生减少操作中的错误。

首先，发给每个人一个带有详细实验步骤的纸条，让学生照着纸条上的实验步骤一个步骤一个步骤地徒手练习，一边说一边模拟，由于这种方法调动了学生多种感官参与学习，因而学生很快就记住了显微镜的使用步骤。其次，我进一步帮助学生巩固经验，让学生继续徒手练习，这次是两个人合作，一个学生一边说一边用手比画，另一个学生观摩，为比画的学生找问题，给这个学生评分，评完之后，再交叉评分。两个人比一比，看

谁能很快地说对、说好。要求：步骤要清晰，语言要流畅，动作要准确。通过这样的训练，学生很快就找到了方法，牢固地掌握了显微镜的正确操作步骤，提高了学习效率。

本案例中，我采用徒手模拟的方法，使学生的多种感官都能参与到学习中，发挥了学生主动参与的积极性。在“观察—记忆—模拟”这样的教学活动实践中，学生感受到自己是一个发现者、研究者和探索者，在不知不觉中进入学习科学的最佳状态，提高了实验操作技能，获得最佳的学习效果。

5. 改编故事，妙趣横生

有时，一些实验操作技能背诵和记忆起来枯燥又乏味，学生缺乏兴趣，丧失学习的激情，甚至会产生厌学情绪。在实践中，我发现有个方法可以克服这个问题，那就是改编实验故事，导演实验过程，即将实验操作的过程编成脍炙人口的小故事，编完后进行表演，在改编、表演故事的过程中，激发学生的学习热情，提高学生的学习效率。

比如，电磁铁的磁力大小与线圈匝数多少是否有关的实验，学生叙述起来往往有一定的难度。于是，我就让学生通过编故事、演故事的形式克服了这一难题。以下是学生编写的《电磁铁的故事》。

电磁铁的故事

道具：计数器，不同匝数的电磁铁，洗衣机伯伯，小铁钉。

故事情节：电磁继电器上有两个小的电磁铁，一个是小 A，一个是大 C，他们是一对好朋友，经常在一起玩耍，可是，有一天，两个人玩着玩着，就吵了起来，都说自己的本领大。我们听听，他们在吵什么？

小 A 说，我身上虽然只有 10 匝线圈，可是，我的本领可大了，有一次，我吸起了 10 个大头针呢！大 C 不甘示弱地说，我的本事比你大，我的线圈多，我一次能吸起 8 个铁钉。

两个小家伙都说自己的本领大，你争我吵的，谁也不服谁，于是，他们决定比一比，一试高低。

怎么比呢？小 A 说，要比的话，我们都得用相同的小铁钉，大 C 说，我们都得用相同的电池，还得让导线也一样。对，只有两个线圈不同，其他都要一样。

于是，两个电磁铁就开始准备了，他们找了一些小铁钉、几根导线，找了两节相同电量的电池，还找了洗衣机伯伯给他们当裁判，洗衣机伯伯宣布了比赛规则：

首先，两个电磁铁要在 5 秒钟内将自己组装好；其次，比赛开始后，两个电磁铁要同时吸引相同大小的铁钉，然后我来记录吸起铁钉的数量，记录三次；最后，比较数据，得出比赛结果。洗衣机伯伯喊，比赛开始。

第一次：

小 A 和大 C 都使劲地吸呀吸，开始小铁钉之间还拉拉扯扯，后来小铁钉们都跑到大 C 上去了。结果，小 A 身上只有 2 个小铁钉，而大 C 身上已经装了 8 个铁钉了。洗衣机伯伯记录数据，宣布两个电磁铁吸引铁钉的个数。

第二次、第三次都是这样。最后，洗衣机伯伯宣布大 C 胜利！

小铁钉们都为大 C 祝贺！结果，小 A 哭了。大 C 说，小 A 你别哭，你别哭，以后你有什么困难，我都会帮助你的。小 A 点点头笑了！

最后，两个人又成了好朋友！手拉手走了。

又比如，学生将茎运输水分的实验也编成了故事，他们自编自演心里很是高兴。在游戏中学生掌握知识的效果是最好的。以下就是学生在演示自己编写的茎运输水分实验的照片。

图 1-4a

图 1-4b

6. 画图提示，形象生动

有些时候，学生做实验做着做着，就不知道自己该做哪一步了，如果给他一个小小的手势或提示，学生就能想起接下来的实验步骤。为了让学生很好地掌握每个实验的操作步骤，我把实验操作的过程用连环画的形式展现出来。通过欣赏连环画，学生就能很快地掌握实验操作的过程，并且由于文字变成了图画，学生记忆深刻，不容易忘记。比如过滤的实验，对于三年级的孩子来说，要做好这个实验的确是一个挑战，于是，我就将实验过程用连环画的形式展示出来，既给学生一个提示，又使学生能根据图画，很快地掌握实验操作的步骤。

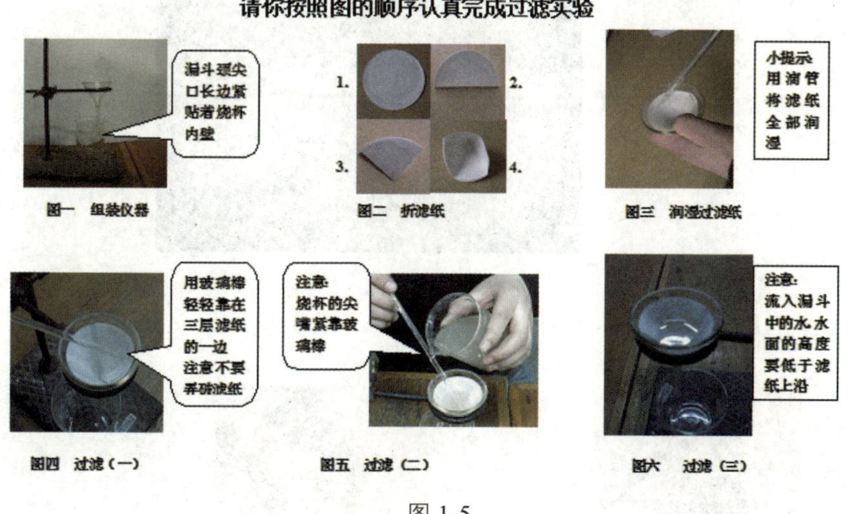

图 1-5

又比如制作洋葱表皮细胞装片的实验，在教学中，我在实验操作步骤中加入了操作图片，学生更容易掌握这一实验技能。

综上所述，我通过采用多种教学形式，开发了学生各方面的潜能，调动了学生的多种感官参与，从而使得教学过程高效，促进了学生实验操作技能的发展。

（三）课后，利用校园网提高学生的探究能力。

1. 课后，我将学生课上的观察记录单放到校园网进行展示，一方面可以指导学生如何进行观察记录，另一方面可以展示学生不同的设计方法，为学生的学习和评价打下良好的基础。

比如，在学生学习了《勺柄是怎样变热的》一课之后，我在校园网上出示了第 4 小组和第 9 小组的实验记录单，让学生对比和评论，通过网上的交流讨论，让学生认识科学记录的方法，学会真实、准确地记录实验现象。

比一比，哪一组的实验记录记得好？（见图 1–6）

第 9 小组：

同学们，在煮汤圆时，你是否观察过锅里的汤圆？它们总是先沉后浮，这是为什么呢？

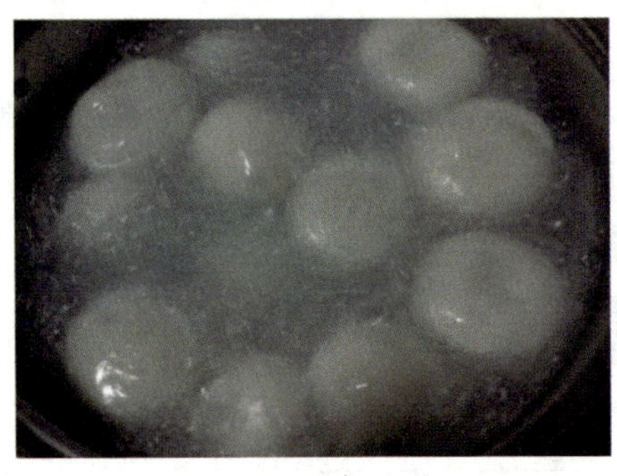

图 1-6a

第 4 小组：

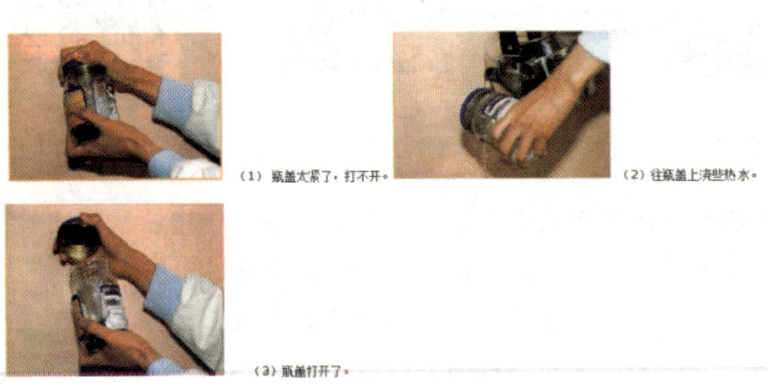

图 1-6b

2. 指导学生的课外交流与讨论。

3. 检测学生学习的效果。利用课余时间引导学生开展课后的自主探究和学习，是提高学生科学探究能力的有效途径，因此，我利用班级空间、教师博客、学生博客指导学生开展课外的科学探究活动。通过这些科学探究活动的开展，培养了学生的探究兴趣，提高了学生的实验操作能力和探究能力。

六、研究成果

通过引导学生开展课后自主探究和学习，仅一年的时间，学生的实验操作成绩有了明显提高，学生自主进行的实验探究活动多达70项，师生发表与科学实验有关的博客200多篇。通过一年多的实验研究，我在指导学生的科学探究、提高学生科学探究能力方面积累了一些宝贵的实践经验，并通过这些实践经验指导教学取得了可喜的效果，不仅体现在学生学习成绩的提高，学生对实验操作技能不再有抵触情绪，更愿意参与到学习中来，激发了学生的学习兴趣，更体现在有更多的学生积极主动地进行课后的实验研究，在课后的探究活动中增长了知识，锻炼了能力，拓展了思维，提高了学生的研究水平和写作能力，促进了学生各方面能力的提高。

七、后续研究

有了一次成功的体验，我的信心增强了，我先后又进行了《依托数字化校园环境，促进教师课堂教学能力的发展》的研究；《充分发挥校园博客功能，提高学生探究能力》的研究等个人性质的小课题研究，在课题研究中，撰写的论文多次获奖。

感悟：

小课题研究，是解决教师困惑和问题的重要途径，更是提升教师研究能力的重要方法。苏霍姆林斯基说："如果你想让教师的劳动能够给教师一些乐趣，使天天上课不致变成一种单调乏味的义务，那你就应当引导每一位教师走上从事研究的这条幸福的道路上来……"

第三节　主持课题研究阶段

俗话说：师傅领进门，修行在个人。通过参与前辈的课题研究，我获得了课题研究的基本技能，提升了能力，在此基础上，我特别希望能将课题研究融入平时的实际教学中，让课题研究助力教学能力的提升。机会总是宠爱有准备的人，2014 年，我申报了北京市教育科学规划领导小组审批的普通课题：教师指导学生进行科学小课题研究的策略研究，得到批准后，承担起主持课题研究的重任。

（一）在课题研究中，承担重任，主持课题，作为学校课题研究的负责人

通过几次成功的研究经历，我渐渐对课题研究有了信心，课题研究的能力也逐渐上升到一个新的台阶。2014 年，我主持的区级课题“教师指导小学生进行科学小课题研究的策略研究”被认定为北京市朝阳区教育科学“十二五”规划第二批课题，并于 2014 年 12 月份开题。

（二）角色的变化

在这个课题的研究中，作为课题的主持人，我的角色发生了变化：由原来跟着别人做课题，自己研究小课题，到现在带着大家一起做课题研究，身上的担子更重了。那么，怎样调动大家的积极性，带动大家一起进行课题研究并深入其中，是摆在我面前的新的课题。

（三）课题背景

1. 我校的课程改革情况

我认真地思考和分析了现阶段的课题环境和老师们在科学教学中存在的主要问题：2013 年 9 月，我校开始了新一轮的课程改革，特别是 2014 年 9 月以来，我校对 3~6 年级的科学课程进行了自主式改革实验，将每周两节科学课联排，学生选择老师，采取走班制进行学习，尤其是六年级采取大学选修课程的方式进行，学生需要在连续的四周内修完 32 课时的科学课程。

2. 教学中存在的主要问题

在我校大的教学背景下，我们通过讨论发现科学教学中存在的主要问题，即学生的科学知识很多，但解决问题的能力相对较差。于是，我们在研究了美国课标，并对比了中美课标异同的基础上，确定了本次课程改革的指导思想：根据小学生的特点，在做好“双基”的基础上，注重学生对科学本质的理解，因此，本次科学学科课程改革重在通过培养学生自主探究的能力，提升学生的科学素养。

3. 将课改与课题研究相结合

在这样的学校大环境下，我想我们何不将我们的课题研究“教师指导小学生进行科学小课题研究的策略研究”与学校的科学课程改革结合在一起，通过在科学课程中开展小课题研究提升学生的科学素养呢?

在以上思想指导下，新学期，我们归纳、提炼了首都师范大学出版社科学教材的重点内容及学生需要掌握和达到的能力要项，进而将知识类或者学生了解较多并能够进行自主学习的内容整合，将节约下的课时用于开展创新性小课题研究实践。

（四）研究方向、目标和内容

1. 研究方向

如何开展学生的小课题研究，教师如何指导，学生如何操作，采用什么策略和方式，怎样组织学生开展小课题研究，如何评价学生……这些问题的提出，就是我们课题研究的方向。

2. 研究目标

以开展小课题研究为切入点，将科学学科的学习内容与学生的研究活动结合起来，给学生以研究方法的指引。在独立的课题研究活动中，提高学生的科学探究能力，培养学生的创新思维和动手能力，促进学生综合素养的提升。

3. 研究内容

各年级小课题研究的题目来自于学生真实的生活情境。师生在认真观察的基础上，发现并确定各年级所研究的课题。学生利用课堂和课余时间收集、整理资料，分析数据、得出结论、撰写论文，采取制作 PPT 和海报的方式交流。

我们根据3~6年级学生的年龄特点以及教材的内容、学生的学习兴趣，在不同年级选择不同的小课题进行研究。

3年级：上楼梯时先抬起的脚与学生是左利手还是右利手是否有关；
考察校园植物的种类。

4年级：白玉兰和二乔玉兰开花时间和花期的对比研究；
阴阳面白玉兰开花时间和花期的对比研究。

5年级：卫生纸的韧性研究；
风信子的营养液浓度对其生长状况的影响；
模型材料（纸和面粉）可塑性和坚固性配比度研究。

6年级：大脑反应速度的研究；
1分钟内跳绳多少与什么因素有关的研究；
立定跳远的远近与什么因素有关的研究；
落叶叶柄的结实程度与哪些因素有关的研究。

（五）研究成果

我们在各个年级都已经进行了实验，积累了大量的教学案例，取得了初步的研究成果，具体研究成果表现在以下几个方面。

1. 总结和提炼了教师指导学生进行小课题研究的策略和方法

在实践、反思、再实践的过程中，我们总结、提炼教师指导学生进行科学小课题研究的策略方法如下：

（1）对于教材内容延伸出来的学生自主的小课题研究

我们常常采用的课堂结构是：教师创设教学情境，学生提出开放性的研究问题，小组讨论确定自己小组研究的问题，确定好研究问题后，教师组织学生制订研究方案并深入讨论，接着进行初步的尝试实验，修改研究方案，然后进行实验数据收集，得出结论，制作PPT、视频、海报等用于汇报交流，最后修改论文，存档上交。

以下是部分研究课题：

卫生纸的韧性研究；

风信子的营养液浓度对其生长状况的影响；

模型材料（纸和面粉）可塑性和坚固性配比度研究；

大脑反应速度的研究；

1 分钟内跳绳多少与什么因素有关的研究；

立定跳远跳的远近与什么因素有关的研究；

落叶叶柄的结实程度与哪些因素有关的研究。

对于教材内容延伸出来的学生自主的小课题研究，运用的教学策略如下：

创设情境，激发学生产生研究的课题；

开展小组合作，共同完成研究的内容；

组织学生进行交流研讨，提升学生的研究能力；

教师适时提供必要的帮助，满足学生的研究需求；

利用评价促进学生的探究不断深入。

通过科学课堂内容延伸出来的科学小课题研究，一方面巩固了课堂所学，另一方面，为学生完全自主的小课题研究奠定了基础。

（2）对于学生完全自主研究的小课题的指导方法

采用的课堂结构：教师用驱动性问题组织和引导教学任务和活动，学生通过解决驱动型问题参与探究，最终创造出实物产品。

比如这些内容（见表 1–1）：

表 1–1

制作磁控玩具	搭支架
红绿灯	制作简单机械
赛道设计	奔跑的小车
八音盒	制作抛石车

对于学生完全自主研究的小课题的指导方法，运用的教学策略如下：

采用驱动性问题促进学生的小课题研究；

利用头脑风暴寻求问题解决的途径和方法；

排除故障法解决研究中的问题；

利用元认知和反思，帮助学生建构理解；

探究和质疑相结合。

由于学生的年龄还小，自主进行科学小课题研究是有一定困难的，在实际教学中，教师的指导监督就显得尤为重要，教师可以将这些学生拉进微信群，学生在研究中有任何问题都可以直接在微信中询问老师，老师要给与及时的监督、指导和帮助，以保证小课题的研究能够坚持下来，并取得一定的成果。

2. 总结和提炼了教师指导学生进行小课题研究的途径和方法

在实践的基础上，我们还总结、提炼了教师指导学生进行科学小课题研究的途径和方法。具体如下：

（1）分层次、有重点地在不同年级实施小课题研究；

（2）多途径、多方法地指导学生实施小课题研究；

（3）融合科学教育的先进理念，为学生的课题研究服务。

通过这些课题的研究，给教师和学生带来了一系列的变化，有以下几个方面。

教师方面：

1. 转变了教师的教学思想和教学观念

教师意识到在教学中要转变观念，勇于创新，不固守过去的经验教学，尊重学生的学情，不受固定模式影响。具体来说，在开展探究教学的过程中，不以原有的课堂教学模式来束缚学生的学习活动，变封闭的课堂为开放的课堂，打破书本的限制，打破课堂40分钟的限制，走出教室、实验室的狭小空间，走进生活，走进广大的自然界中去探究科学。课堂上，不是教师讲得好就好，而是学生学得深入才是好。通过课题研究，这些教学观念已经深深地扎进老师们的脑海中。（见图 1-7）

图 1-7

2. 推动了科学学科的课程改革

在课题研究的推动下，我们的科学课程改革有了质的发展和推进，真正做到在课题研究中前进，在课题推进中发展。在以往的教学中，教师注重科学原理和科学概念的结论性教学，忽视了学生经历科学发现的过程性学习，导致学生在解决问题的过程中过于模式化和公式化，不利于学生形成综合运用学科知识解决实际问题的思维意识。基于以上的思考，我们的科学教育必然要致力于把课堂知识和科学实践联系起来，以创新精神和实践能力的培养为重点，提升学生运用知识的能力，促进学生学习能力的提高，注重学生探究能力的发展，把学生培养成为具有开拓、创新精神的一代新人。

在课题的研究中，我们越来越觉得，学生的小课题研究，是学生学习科学的最好方式。通过这种下水学游泳的方式，学生能够带着自己的课题、设计和问题进行深入钻研。只有在这样的科学课堂中，学生才能真正成为学习的主角，才能逐渐养成科学的行为习惯和生活习惯，逐步学会科学地看问题、想问题，并在实际的研究与实践中，提升研究能力、反思能力和质疑能力，提高创新思维和实践能力以及运用知识解决实际问题的能力，促进自身科学素养的不断提升。（见图 1-8）

图 1-8

在以上思想的指导下，本次课程改革，我们根据课标重新调整教学内容，打通教材，将四个年级的内容分配到六个年级，并增加拓展内容。一二年级开设科学游戏课程，三至六年级开设科学课程，以 6∶4 的比例分配整个学期的教学内容，其中 6 为基础部分，4 为拓展部分。学生根据自己的兴趣选择拓展内容。（见表 1-2）

表 1-2 四年级内容

上学期		下学期	
植物		生活中的空气	
1	根、茎和叶的组成	1	空气的组成
2	种子的结构	2	氧气
3	花、果实的结构	3	二氧化碳
4	果实的形成	4	燃烧与灭火
5	种子的传播	生物与环境	
关爱生命		5	幼苗与阳光
6	饮食与健康	6	猫头鹰与农田
7	爱护胃和肠	热与生活	
8	肺的保健	7	物体的热胀冷缩
9	心脏的保健	8	勺柄是怎样热的
		9	暖和的房间
拓展		拓展	
1	植物的果实与飞行	1	生态瓶
2	种植	2	衣服的材质
3	设计食谱	3	太阳能热水器

3. 提升了教师的创新意识和科研能力

依托课题研究，解放了教师的手脚，教师们的创新意识被激发了，教学能力得到了锻炼。在指导学生进行课题研究的过程中，老师们明显感觉到自己指导经验不足，阅历不够，于是努力学习和丰富自己的知识，提升教育教学能力，不断积累素材，写出了一篇篇精彩的教学案例和研究论文。（见图 1-9）

图 1-9

学生方面：

1. 增强了学生的研究兴趣和研究能力

每学期开学初，实验小学的科任老师都要做一件事：即介绍自己的课程，学生根据老师的课程介绍进行选课，科学学科的“微生物”“生活中的技术”“模型制作”“实验操作”等课程都是抢手货，得到众多学生的青睐，这足以说明我们的课程深受学生的喜爱。每天中午，科学教室都会有学生造访，因为学生心系他们饲养的小金鱼，他们培养的菌落，他们设计的赛道……课题研究真正提升了学生的研究兴趣、研究能力。

学生家长也对此给予了充分的肯定，有位家长在朋友圈写到：“多样的微生物课程——把冬枣泡在可乐、肥皂水、碱水及白醋中，孩子们通过显微镜观察微生物的生长过程，这样的课一定能激发孩子们对科学的浓厚兴趣。”（见图 1-10）

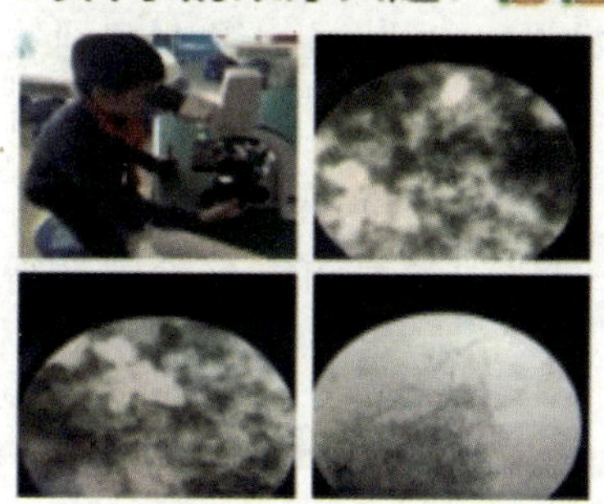

图 1-10

2. 发展了学生的创新思维、动手能力

在小课题研究中，学生要自己确定研究的问题，制订研究的方案，选择相应的材料，设计实验的过程，反思研究中的问题，哪一步不是饱含着孩子们创新思维的火花呢？一件件具有创意的作品，哪一件不是学生创造性的工作的结果？（见图 1-11）

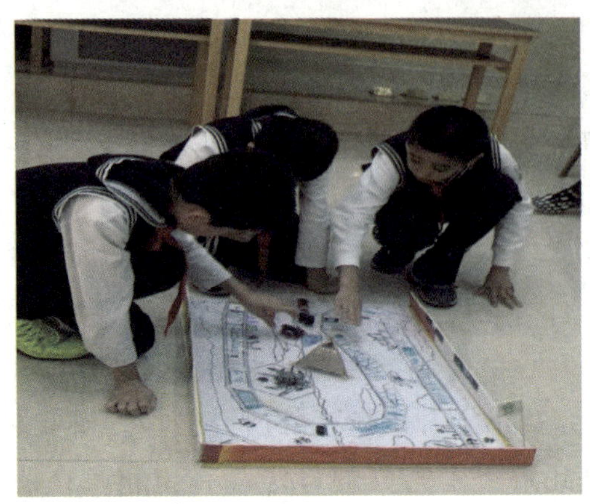

图 1-11

3. 提升了学生的科学素养

课题开展以来，学生由不会选题，到能自主选题，由不知如何下手开展研究，到能通过小组合作进行小课题研究，由教师指导学生如何寻找证据、收集实验数据，到学生自己独立通过互联网查阅资料，并通过实验寻找证据……我们看到孩子们在一点一滴中的进步。老师们也可以从孩子们一篇篇像模像样的研究论文中找到答案，从孩子们的创新作品如降落伞、模型、雕刻水仙、生态瓶、微生物、叶脉书签等中找到答案。不仅如此，从孩子们在科学、科技领域取得的好成绩（如获得北京市科技创新大赛、北京市金鹏科技论坛、朝阳区创新成果等多个奖项，总获奖达 270 人次）中看到。通过课题研究，他们的科学素养和综合素质都得到了提高。（见表 1–3）

表 1–3　学生获奖情况

1	科学	全国中小学生航空模型比赛 二等奖	国家	2014.8	周醒硕
2	科学	全国中小学生航空模型比赛 三等奖	国家	2014.8	周醒硕
3	科学	全国中小学生航空模型比赛 三等奖	国家	2014.8	王天雨
4	科学	全国中小学生航空模型比赛 三等奖	国家	2014.8	王天雨
5	科学	全国中小学生航空模型比赛 三等奖	国家	2014.8	李昀祺
6	科学	全国中小学生航空模型比赛 优胜奖	国家	2014.8	李昀祺
7	科学	全国中小学生航空模型比赛 优胜奖	国家	2014.8	廖翰翔
8	科学	北京市中小学植物栽培种植活动 一等奖	市级	2014.7	刘婧薇

续表

9	科学	北京市中小学植物栽培种植活动 一等奖	市级	2014.7	杨紫帆
10	科学	北京市中小学植物栽培种植活动 二等奖	市级	2014.7	苏煦岚
11	科学	北京市中小学植物栽培种植活动 二等奖	市级	2014.7	王伊哲
12	科学	北京市中小学植物栽培种植活动 二等奖	市级	2014.7	李语涵
13	科学	北京市中小学植物栽培种植活动 三等奖	市级	2014.7	衣紫晗
14	科学	北京市中小学植物栽培种植活动 三等奖	市级	2014.7	边昱嘉
15	科学	北京市中小学植物栽培种植活动 三等奖	市级	2014.7	田宇轩
16	科学	北京市中小学植物栽培种植活动 三等奖	市级	2014.7	孙睿
17	科学	北京市中小学植物栽培种植活动 三等奖	市级	2014.7	李其其
18	科学	北京市中小学植物栽培种植活动 三等奖	市级	2014.7	赵子涵
19	科学	北京市中小学植物栽培种植活动 三等奖	市级	2014.7	何鹏远
20	科学	北京市中小学植物栽培种植活动 三等奖	市级	2014.7	边卓
21	科学	北京市中小学植物栽培种植活动 三等奖	市级	2014.7	单文萱
22	科学	北京市中小学植物栽培种植活动 三等奖	市级	2014.7	周俊宇

感悟：

课题研究是教师教学实践的一个途径，通过解决教学中一个又一个问题，促进教师不断提升教育教学能力，带动老师不断深入研究教学。路是自己一步一步走出来的，付出多少就收获多少。

在区级的小课题研究的基础上，2018 年，我们申报了北京市教育科学“十三五”规划 2018 年度一般课题“在科学课堂中，指导小学生进行科学小课题研究的策略研究（CDDB18207）”。（该课题目前还没有结题，还在研究中。）

第四节　展望：引入 STEM 课程阶段

STEM 课程，是一门新兴的课程，它将科学（Science）、技术（Technology）、工程（Engineering）、数学（Mathematics）等课程有机

地融为一体。那么，怎样将 STEM 课程的思想与科学课堂紧密结合，是我今后进一步研究的方向。以下是我们学校在 STEM 课程建设及其本土化中的一些经验。

美国 21 纪核心素养（图 1–12）中明确把学生解决问题的能力、创新意识作为学习者的必备能力。STEM 课程以其创造性、新颖性、综合性、实践性的特点吸引了我们的注意。为了更好地实施 STEM 课程，北京市朝阳区实验小学自 2016 年 9 月在“学在未来（北京）教育科技有限公司”朱博渊老师的推介下，在朝阳区教育系统领导的支持和帮助下，聘请了来自美国 Northern Illinois University（北伊利诺伊大学）的 Janine Galindo 老师来我校授课，中方教师在外教的辅导下进行教学或作为外教的助教参与授课，至今已有 3 年多的时间。表 1–4 是我校 3 年多来中方教师与外方教师参与 STEM 课程的授课情况。

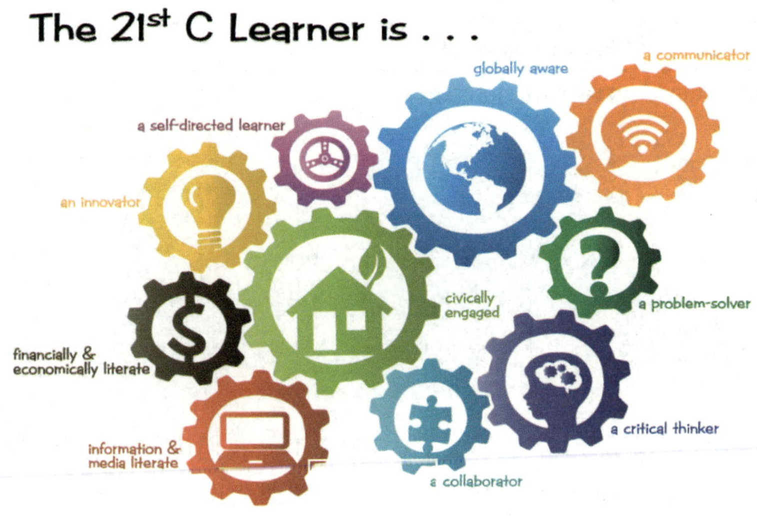

图 1-12

表 1–4　2016 年至今中方与外方教师参与 STEM 课程授课情况

时间	校区	参与 STEM 课程及社团年级	学生人数	参与教师
2016—2017	幸福	五、六年级	180 人	田泽、李雪
2017—2018	幸福　罗马 润泽	五、六年级	290 人	田泽、李雪、闫晓娜 王可、吴咸中

续表

时间	校区	参与STEM课程及社团年级	学生人数	参与教师
2018—2019	幸福　罗马 润泽	五、六年级	290人	闫晓娜、孙滨、苏博为、田泽、李雪
2019—现在	幸福　润泽	五、六年级	190人	闫晓娜、孙滨、田泽

在和Janine老师共同研讨、备课、上课的过程中，我们逐渐领会了STEM课程的教学思想和教学观念，逐步将STEM课程进行了本土化的实施。现在将我校在STEM课程本土化实施过程中的一些做法总结如下。

一、本土化内容

（一）教育理念的本土化

STEM课程注重多学科融合，注重学生的综合能力培养。我们过去大多偏重于学科知识的学习，导致知识不成体系，缺乏系统整理。STEM教育提倡跨学科性，通过整合不同课程的教学方法，就日常生活中的问题，设计和拟定具体并富有创意的解决方案，增强综合与跨学科知识应用。结合这种理念，我们在实施STEM课程的同时，开发自己学校的STEM课程，美丽的校园、美妙的八音盒、炫酷的小马达等课程中都有典型课例。比如在“有趣的模型”课程中，王可老师进行了“设计小车车身”的教学案例；在“美妙的八音盒”课程中，田泽老师设计了“它是怎么动起来的”的教学案例，探究凸轮的结构；在“疯狂的赛车”课程中，吴咸中老师设计了“齿轮传动”等课例……都是教师在STEM课程综合性理念的指导下，为实现学生综合运用知识解决问题能力的指导与训练而设计和实施的。在活动与设计中培养学生的创新能力、实践能力和综合运用知识解决问题的能力。

（二）教学方式的本土化

在STEM课程中，学习内容分两部分。科学探究类教学内容方面：学生一般要经历观察、提问、假设、实验、结论的过程（如图1-13）；工程类教学内容方面：学生要经历确定问题、头脑风暴和计划、建造、反复修改和分享的过程（如图 1-14）。大家想一想，这两种类型的研究过程是不是与我们的科学探究，指导学生进行的科技创新金鹏项目的研究过程有异曲同工之处？只不过 STEM 课程将学生的科技创新由课余时间搬到课堂；由家长或教师的个别辅导变成班级指导；由学生自己确定题目，到教师统一，班级学生共同研究一个项目；由学生自己寻找材料变成教师给材料，利用有限的材料设计建造。我们将这种教学方式融入我们的科技课程中，下面分别就这两种方式是如何在我们的课程中实施的，做一个简要说明。比如工程类课程，在《炫酷的小马达》这一课，教师让学生设计并制造一辆带马达的小车。一上课，教师就出示了生活中的一些物品，比如玩具小车、电风扇等，让学生思考，这些机器里都用到了一个零件，那就是马达。引入新课后，师生探究马达的结构和工作原理，然后让学生利用提供的材料设计图纸，利用工程设计建立模型、测试、发现问题，不断调试和修改，最后进行展示交流。以下是一些学生的作品（图 1-15、图 1-16）。

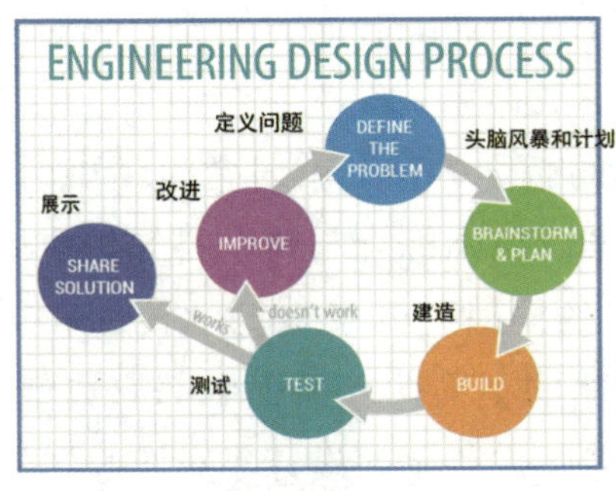

图 1-13

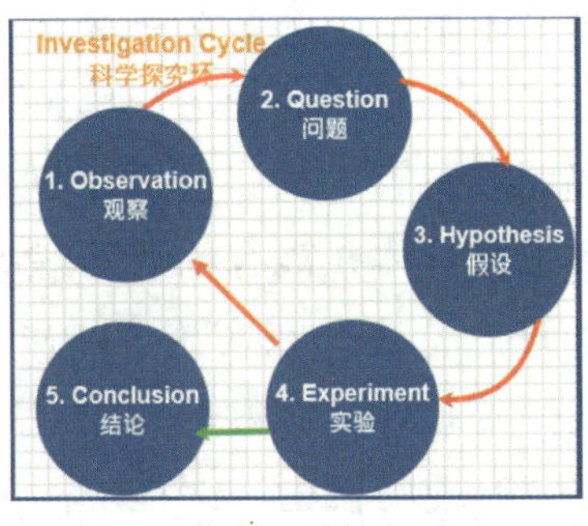

图 1-14

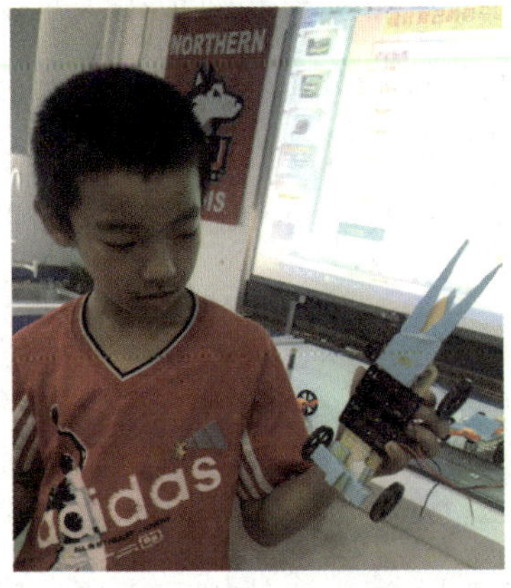

图 1-15

图 1-16

比如科学探究类课程。外教在探究摆动的快慢与什么因素有关的研究中，设计的教学过程如下：首先明确课程的类型——科学探究课，然后让学生观察什么是摆，进而认识周期。出示可能会影响摆动周期的三个因素（线绳长度、摆锤质量、下落高度），各组选一个问题进行研究（保证每个问题都有组研究），然后学生写下自己的假设（老师会让学生按照“如果……那么……”这样的句式来书写）、实验步骤（老师会强调越详细越能够帮助你们实验）、变量、控制的量。提示学生收集数据的时候可以用表格形式，也会给大家提供一些表格的样式，但是不限制大家。学生探究得到结论并分享，在学生分享时，告诉学生一些表达的句式。在上第二次课时，出示生活中应用摆的例子，学生继续实验并回答书本上的问题，然后与其他组分享研究成果，最后，全班讨论哪个因素对摆动的影响最大。有的组认为是摆线长度，一些组认为是摆锤质量或摆动的幅度。老师告诉学生影响最大的确实是摆线的长短，并启发学生思考质量和起始高度是否与摆动的快慢有关系，老师并没有告诉学生答案，而是给学生提供一个在线测试摆的程序，让学生回家验证自己在课上得出的结论是否正确。

从以上 STEM 的教学案例中，我们可以分析出 STEM 教师的教学方式，即明确告诉学生这是科学探究课，要经历观察、提问、假设、实验、结论的探究过程，并指导学生按照这个过程进行探究，教师只教给学生如何进行探究，具体每个实验是如何操作的，通过实验能得出什么结论，教师并没有强调，而是学生通过自己的探究找到答案。由此可见，在 STEM 课程教学中，教师教给学生的是一些学习方法，而探究学习的过程，需要由学生自己完成。

经历了上面的学习过程，我们自主设计了《茶》的探究过程。一上课，教师介绍今天我们研究的课题是科学实验——茶的研究。揭示课题后，教师介绍科学实验中变量的知识：变量分为自变量和因变量，并用不同口味的口香糖味道消失的时间长短作为例子说明什么是自变量和因变量。自变量是你对不同品牌的口香糖的选择，因变量是测量口香糖的味道消失的时间。然后，向学生介绍人们喝茶的现状。因为茶对人的健康有益，现在喜欢喝茶的人很多，深受人们的欢迎，并出示一段某茶叶商店卖茶的情境。随后，出示几种类型的茶：黑茶、绿茶和红茶，以及上课要用到的实验材料：大烧杯、温度计、秒表、电子称、滴管、护目镜、不同温度的冷水、热水等，每组学生确定自己小组的研究问题，对研究问题进行假设，按照“如果……那么……”这样的句式来书写研究步骤、变量、控制的量。然后教师启发学生思考记录数据的方法有哪些，并给学生列举一些记录数据的方法：比如以表格形式记录数据等，同时，教师鼓励学生用其他不同的方式记录。接下来，教师向学生交代安全问题，比如防止烫伤、不要喝茶等，告诉学生在做完实验之后，要将自己的研究以图表的形式绘制出来，写出结论，汇报自己的发现，并说一说你从今天的实验中学到了什么。在本节课中，学生研究了茶量、水量、温度、茶的种类，以及沏茶时间等不同因素对沏茶效果的影响，取得了不错的研究结果。

从以上的教学案例中，我们不难发现，STEM 课程在指导学生探究的教学方式上，提供了很好的方法，值得我们借鉴。

（三）教学内容的本土化

在实施中，我们发现 STEM 课程中涉及的一些内容，实施起来有一定困难，我们及时进行调整，使教学更适合我们的孩子。比如制作纸板假手这一课，外教老师在引入新课后，直接让学生对照制作步骤制作一支假手（如图 1-17），但我们在实施中，发现本课内容可以结合《人体的运动》一课，研究骨骼、关节、肌肉的关系，因此，我们修改了原设计，先设计一支生理手（如图 1-18），再创造一支机械手。再比如《深海生物》这节课，外教讲授了大海不同深度中的生物后，让学生用纸黏土设计一种深海中的新的生物，但我们觉得学生对深海环境理解不到位，于是，改变原有设计，先研究不同环境中的生物与其环境相适应的特点，再提供深海环境让孩子创造深海生物，效果很好（如图 1-19）。

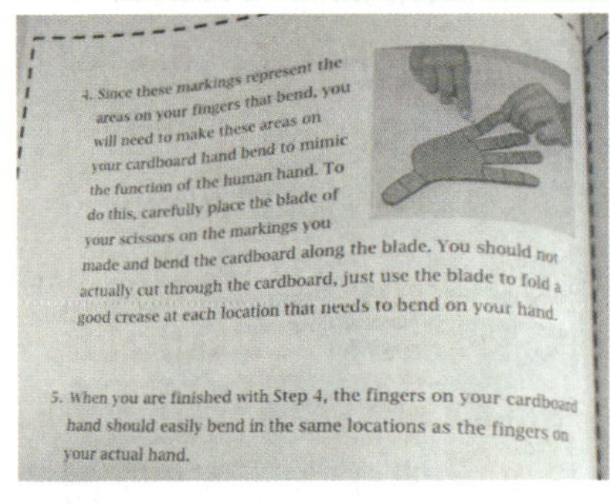

4. Since these markings represent the areas on your fingers that bend, you will need to make these areas on your cardboard hand bend to mimic the function of the human hand. To do this, carefully place the blade of your scissors on the markings you made and bend the cardboard along the blade. You should not actually cut through the cardboard, just use the blade to fold a good crease at each location that needs to bend on your hand.

5. When you are finished with Step 4, the fingers on your cardboard hand should easily bend in the same locations as the fingers on your actual hand.

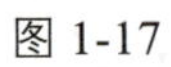

图 1-17

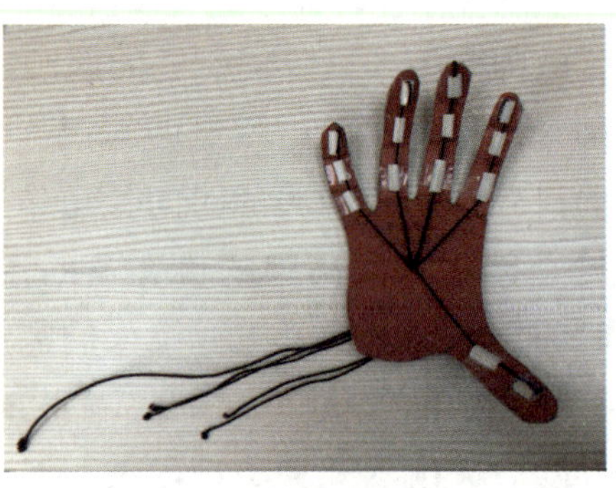

图 1-18

图 1-19

（四）材料选择上的本土化

将国外所使用的材料替换成国内易得的材料，并对材料使用进行约束，减少浪费。有些材料替换成其他材料效果更好，于是我们做了相应调整。比如用留声机黑胶唱片（图 1–20）做弹力小车的轮子，黑胶唱片在国外便宜，但在中国非常贵，于是我们用光盘替代黑胶唱片。

图 1-20

（五）实施对象的本土化

国外 STEM 课堂上一般只有十几个孩子，但国内班级人数众多，一个班级一般三十几个人，怎么本土化？我们更多地采取 3 人一小组合作完成项目的方式，以满足人数多的现状。还有另一种方式，我们采取走班的形式，挑选一部分对科学和工程技术感兴趣的且有一定研究水平的孩子，同质分组，实施教学（图 1-21）。

图 1-21

二、实施中的问题

（一）目标不匹配

STEM 课程是综合课，因此目标也是综合的，具体到我们的课程，我们就要依据对学生的培养目标进行设计，比如《长颈鹿数学》一课（图 1-22）。众所周知，我国的学生数学非常棒，六年级的学生已经对数学中的比例有了很好的掌握，那我们就不要把学生学习比例运算作为本课程的目标。相应地，要依据学生的能力水平进行适当的调整。因此，今后我们在明确课程教学目标时，特别要与我们国家的课标内容相结合、相对应、相匹配，然后在此基础上做进一步的研究。

图 1-22

（二）关注每个学生的实际获得

在实施本土化的 STEM 课程中，因为班级人数多，采取小组合作的模式势必会影响每名学生在课程中的实际获得，因此，今后要提升 STEM 课程的实效性，关注每个学生（如图 1-23）。

图 1-23

（三）在设施设备方面

在我们的 STEM 教室，还达不到课上每人一台电脑，甚至达不到每个小组一台电脑能够上网的要求，而 STEM 课程，很多时候需要学生每人一台电脑到网上收集资料。我们会在新学期着力解决这个问题。

（四）开发符合我国国情的案例

现在我们 STEM 课程中的案例，是美国人开发的，是符合美国国情的，是在美国真实发生的事情，比如《计算教室能装多少大米》那一课（如图 1-24），在美国，真的有这样一间教室用于地震时储存大米，但中国孩子就觉得很奇怪，为什么要在教室里储存大米？因为他们没有遇到过这样的情况，所以很难理解。美国 STEM 课程的产生，是美国人发现他们的学生中这方面的人才越来越少，奥巴马政府为了解决这个问题，从而产生了这样的措施和课程，这个课程的开设是为了解决他们国家的现实问题。所以，今后我们在开发案例时，就要结合我们国家的国情、我们学校的校情、我们学生的学情以及我们国家当今社会的热点、难点问题开发新的案例，解决我们国家的实际问题，让这些真实问题成为学生学习STEM课程的案例。当然师资方面也还存在一些问题，我们会在下一步予以解决。

图 1-24

总之，我们认为，任何好的课程和方案，都要适合我们国家、我们学校、我们学生的特点才能达到好的效果，所以，在STEM研究中，我们的观点是在立足本土的前提下吸纳与借鉴。

我们会将STEM课题继续研究下去。

第二章 在课堂教学中实施小课题研究的教学策略

教学策略是指在教学过程中，为完成特定的目标，依据教学的主客观条件，特别是学生的实际，对所选用的教学顺序、教学活动程序、教学组织形式、教学方法和教学媒体等的总体考虑。那么，在课堂教学中实施小课题研究的教学策略有哪些呢？本章将对此具体说明。

第一节　成果以研究论文呈现的小课题研究指导策略

在实际教学中，科学课的课时量是固定的，但学生的能力和水平不同，因此，我会根据学生课题研究的进展情况，机动灵活地处理每一课的教学内容。一般来说，一个研究课题大约需要 12 课时来完成。

通过前面的介绍，我们已经知道，按照学生最终课题呈现的成果不同，学生的小课题研究可以分成两大类，一类是学生的研究成果是以研究论文的方式呈现的，一类是学生的研究成果是以创新作品方式呈现的。相应的，教师指导学生进行科学小课题研究的策略也分为两种。我们先来说一说，学生最终呈现的研究成果是研究论文这类的小课题研究，教师的指导过程、方法和策略是怎样的。

一般来说，这类小课题的研究过程主要分为六个步骤，每个步骤约需要 2 课时。

第一步：创建学习小组；

第二步：确定研究问题；

第三步：制订研究计划；

第四步：实施探究并收集数据；

第五步：整理数据，分析数据，得出结论；

第六步：反思研究中的问题，制作海报，展示交流。

第一步：创建学习小组

一、介绍小课题研究的内容和意义

选择身边常见的自然事物和自然现象作为我们的研究内容，有关植物的、动物的、自然现象的都可以，只要能深化学生的科学概念，提升学生的实践能力、创新能力、解决问题能力的内容都可以拿来研究。通过科学小课题研究，激发学生的研究兴趣，学习科学的研究方法，发展学生的科学思维能力，锻炼学生收集、整理、分析信息的能力，提升学生的科学素养。

二、进行团队建设

在研究中，自始至终都有一个问题在困扰孩子们，那就是合作能力。他们单打独斗惯了，很难合作，或者说合作时总会是出现问题和矛盾。比如分工不明确，互相推诿，责任心不够，效率低，等等，因此，老师要在第一节课通过活动让学生意识到合作的重要性。

让学生以组为单位做一个挑战活动，或者搭建活动，这类活动一个人很难完成任务，必须两个以上的人合作才可以完成。活动后，让学生谈一谈活动中的收获（一些挑战活动的例子见挑战活动文档）。引导学生明确合作应共同遵守的一些规则，例如：队员之间要积极鼓励，不互相埋怨；每个人分工不同，但都必须有任务；尊重每个人的劳动，遇事要互相商量；既分工又合作……

三、分组，选组长、副组长，留联系方式

教师按照异质分组的方法把学生们分成不同的小组，以三四人一组为宜。组内学生互留联系方式，并把每个人的联系方式给老师一份，选出各组的组长、副组长。老师尽量将一组同学的座位排在一起，这样便于管理，并强调以组为单位对学生进行成绩的评定，并让学生清楚成绩的获得标准。比如作业及时上交，方案、论文、PPT、制作的实物、海报每一项的评价方法以及所占的比例。

选组长时，要选肯付出、肯担当、善于沟通协调、人品好的学生当组长。组长要全力负责本组的课题进展情况，既努力让每个人都有事做，发挥每个人的长处，又要尽最大努力将课题做到最好。此外，组长还要能主动沟通，有布置，有检查和落实。组员一定要听组长的话，组长分配的任务要克服困难去完成。工作要主动，做完没做完，做的情况怎么样，都要及时向组长汇报。

教师建一个微信群，把各班的学生拉进群内，通过微信每天总结学生课题的进展情况，表扬完成情况好的组，鼓励进度慢的组加快速度，发现问题，及时处理。对于组内不团结、组长工作推进不下去的组，教师要进行重点指导。学生出现的常见问题有：组长分配的任务不明确；组长分配任务大家不服从；组长不干，只把任务分配给别人；组长的沟通能力差，不检查、不落实。组员的问题有：对分配的任务不重视；不会做就不做了；没听清要求；不知道东西传给谁；等等。

应对策略：教师给组长和组员开会，说出每个人的问题，教给学生沟通的方法，比如组员和组长都要主动，每天进行联系，做到主动沟通，不等不靠，组员有困难跟组长说，组长要想办法解决，组长有问题要及时跟老师反映。每个人职责明确，分工明确，自己的事不能让别人费心。

第二步：确定研究问题

在提出问题环节，教师可以通过创设一个学生熟悉的生活中的场景，让学生观察，通过观察，学生结合自己的日常经验，提出自己对这个问题的一些想法，根据学生不同的想法，确定各组要研究的问题，并尽量让每个组研究的问题不同。比如，在“大脑的反应速度”课题研究中，教师创设了这样一个教学情境：课上，教师让学生进行30秒钟的抓尺活动，学生通过活动及交流，提出自己在观察中的一些想法。比如，学生说：注意力集中的时候，抓尺成绩好，不太注意的时候，抓尺成绩差；开始的时候成绩差，到后面成绩越来越好；开始成绩好，中间成绩不好；开始和结束时候成绩好，中间成绩是最差的；人小、手短、身子矮的同学抓尺成绩好。

随后，教师让学生根据自己在刚才抓尺中的观察及发现，提出自己想研究的问题。因为有了前面的观察与思考，不同的组都有了自己的研究问题。研究问题可以是：不同年龄段的人群反应速度是不是一样（7组）；动作熟练程度是否影响大脑反应速度（2组）；是否手短、头小、身子矮的人反应速度快（6组）；通过抓尺数据观察人脑反应速度的规律（5组）；练习次数愈多，大脑反应速度越快吗（3组）；通过抓尺游戏观察人脑反应速度的规律（4组）；注意力集中与否是否会影响大脑的反应速度（1组）。

又比如，在“1分钟内跳绳的多少与什么因素有关”的课题研究中，教师首先创设教学情境：放映一段上操时教师测试学生 1 分钟内跳绳的个数的视频，学生发现每个人 1 分钟内跳绳的多少是不同的。由此，教师提出问题，你认为 1 分钟内跳绳的多少与什么因素有关？学生提出自己不同的猜想（教师板书）。有的学生认为跳绳的多少与注意力是否集中有关；有的认为与心情有关；有的认为与跳绳时是否保持匀速有关；有的认为与跳绳选择的时间不同有关；有的认为与场地有关；有的认为与是否有风有关；有的认为与拿绳的位置有关；有的认为与身体状况有关；有的认为与体重的轻重有关；有的认为与摇绳的速度有关；有的认为与绳子的质量有关；有的认为与人的反应快慢有关；有的认为与跳绳的方法（单双摇）有关；有的认为与跳绳的时候绳断与不断有关；有的还认为与衣着、态度、自身体力、单双脚、摇绳方法（大臂或小臂）、测试与不测试、绳子长短等因素有关。（如图 2–1 所示）

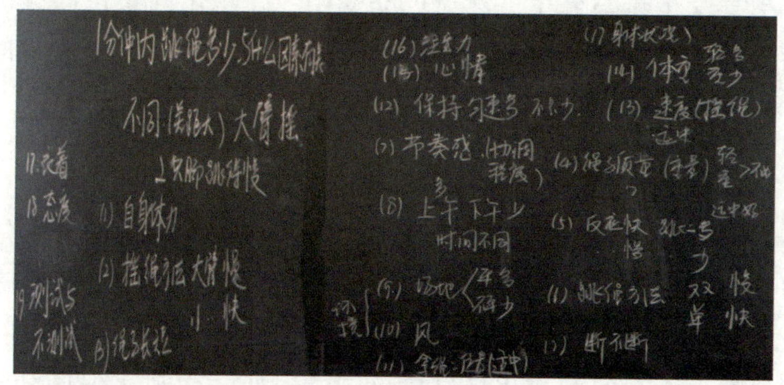

图 2-1

教师引导学生讨论，哪个问题是你想研究又能够研究的问题，最终，学生确定了自己小组的研究问题：

1. 1 分钟跳绳的多少与最先起跳有关吗？

2. 1 分钟跳绳的个数与绳的轻重有关吗？

3 .1 分钟跳绳的个数与是在早上还是在晚上跳有关吗？

4. 1 分钟内跳绳数量与跳绳场地有关吗？

5. 1 分钟跳绳的个数与绳子的材质有关吗？

6. 跳绳速度和反应速度有关吗？

……

提出问题是小学生在进行课题研究时要用到的一项重要的能力。在平时的教学中，教师要认真培养学生的提问能力，因为科学探究始于问题。在一项研究中，学生提出或识别能够通过探究解决的问题，判断探究活动是围绕什么问题展开的，在得出初步结论之后提出进一步研究的问题……这些都是学生具备提出问题能力的重要表现，也是学生进行问题解决、深入探究的必备能力。因此，教师在指导学生进行科学小课题研究的过程中，首先要培养学生提出问题的能力。那么，教师可以采用哪些教学策略培养学生的提问能力呢？主要有以下三种方式。

一、顺向引导式

即教师在课堂教学的各个环节，通过情境的创设、活动的设计等多种方法，引导学生参与其中。在讨论交流中，学生不断提出问题、明确问题，从而提升学生的提问能力。在顺向引导式中，教师又可以采用以下一些具体方法。

（一）观察图片内容，提出问题

结合教学内容，利用图片，引导学生进行观察，在观察、分析的过程中，学生思考并提出问题，师生对问题进行分析归纳，从而确定研究方向。比如，《小水珠从哪里来的》一课的课堂教学起始阶段，教师出示图 2-2，问学生：看到刚从冰箱里拿出的饮料瓶，你观察到什么现象？由此，你能提出哪些问题？很快，学生就观察到瓶壁上的小水珠，提出以下问题：为什么瓶壁上会有小水珠？小水珠是从哪里来的？在交流讨论中，学生进一步提出问题：小水珠是从瓶子里渗出来的，还是在空气中自然产生的？又或者是从冰箱里带出来的？于是，教师就此明确了本课研究的问题——小水珠到底是从哪里来的？又如《给水加热》一课，在使用酒精灯给水加热的过程中，学生常常不清楚酒精灯的外焰在什么位置，为什么要用外焰加热。为了解决这个难点，教师出示了这样一张图片（图 2-3），问学生：通过观察图片，你有什么发现，为此你能提出什么问题？学生提出：为什么木棍在火焰的两侧被烧黑，而中间却安然无恙？为什么要把木棒插入酒精灯的火焰，其目的是什么？小木棍儿的两侧被烧黑，中间安然无恙，难道跟酒精灯外焰和内焰的温度不同有关吗？等等问题。

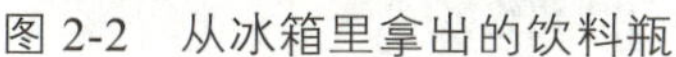

图 2-2 从冰箱里拿出的饮料瓶

图 2-3 木棍燃烧实验

教师不仅可以在课堂教学的不同环节使用图片引导学生观察、提问，还可以在某一章节的开篇，使用图片引导学生提出与本章内容相关的问题，以便学生在以后的学习中，关注自己提出的问题，并逐渐进入单元内容的深入研究中。

总之，在教学的各个环节，引导学生利用图片提问的方法，既能使问题聚焦到本课的重点难点上，有效推进课堂进程，又能很好地锻炼学生提出问题的能力。

（二）记录自然现象，提出问题

引导学生观察身边的自然事物、自然现象，这既是学生了解自然、了解社会的必经之路，也是提升学生提出问题、思考解决问题能力的重要途径。比如，在 2019 年春天，我和五年级的学生一起对校园中的玉兰花进行了为期一个月的观察，通过观察，学生们提出了关于玉兰花的很多问题：

玉兰花有多少种？

二乔玉兰和白玉兰谁先开花，它们的花期一样吗？谁的花期长？

玉兰一年能开几次花？

每年白玉兰和二乔玉兰的开花时间固定吗？

二乔玉兰和白玉来的花朵为什么“侧头”生长？

为什么玉兰花先开花后长叶？

为什么楼后背阴处的玉兰花开得晚？

玉兰花的开花时间以及花期跟温度有关系吗？

玉兰花结果实吗？玉兰花的果实长什么样子？

……

经过学生们对这些问题的记录整理和分析，每个组都确定了自己的研究题目，并根据自己的观察，写出了研究论文，学生的多篇论文在北京市朝阳区乃至北京市的小学生创新论文大赛中获奖。

（三）再现活动场景，提出问题

即教师利用照片、视频、语音等多种方式和学生一起回忆他们经历过的活动场景，引发学生思考，提出可研究的问题。

例如，跳绳是小学生经常玩的一种体育项目，那么，在课堂上，教师就可以播放一段跳绳的视频，学生回忆自己跳绳的情境，并依据生活经验，提出关于跳绳数量影响因素的研究问题。本节前面的图 2-1 是教师记录学生提出的关于跳绳数量与哪些因素有关的问题。

最后，学生从 20 多个问题中精选出每个小组的研究问题：1 分钟跳绳的数量与注意力是否集中、绳的粗细、跳绳的时间（是在早上还是在晚上跳）、跳绳场地、绳子的材质等因素是否有关的研究问题。

（四）展开推理想象，提出问题

在教学中，教师还可以联系学生已有的生活经验，通过推理、想象，提出可以研究的问题。

例如，教师给每个小组一张图片，如图 2-4、图 2-5、图 2-6 中的一张，并提出观察要求：①观察图片上出现了哪些事物；②身临其境地体会图片中的情境，说说你的感受；③选择一种感受，思考为什么会有这样的现象，哪些现象是相互作用的，是与科学概念相联系的，是可以测量的？以图 2-5 为例，小组学生提到，从这张图中，我们想到物体的软硬，从画面中可以感受到孩子们的笑声、走路声和放置物体的声音，可以看到物体的颜色，可以感受到整个画面是开心的。可以测量的量：弹力，按压后可以回弹。与科学概念相联系的：力可以使物体的形状发生改变；物体具有质量体积等特征。由此，学生提出研究的问题：研究不同物体弹力的大小。同样，学生可以根据图 2-4 提出与风力有关的问题；学生可以根据图 2-6 提出与动物的喂食量有关的问题。

图 2-4　风

图 2-5　活动场景

图 2-6　喂食

除了以上提到的方法，教师还可以利用阅读科学故事、做科学小实验等多种方法，引导学生提出问题。

二、反向逆推式

即先呈现所研究问题的过程或结论，学生根据呈现问题的过程或结论，推导出要研究的问题。

（一）根据呈现问题的研究过程，推导研究问题

如图 2-7、2-8、2-9，利用图片呈现几组实验设计，请学生选择哪组实验设计是研究光照对植物影响的实验。

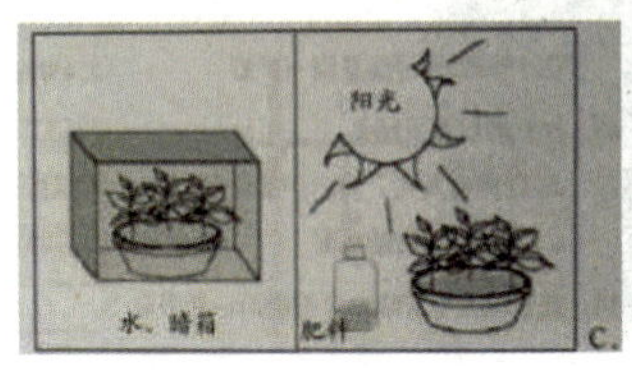

图 2-7　实验 1

图 2-8　实验 2

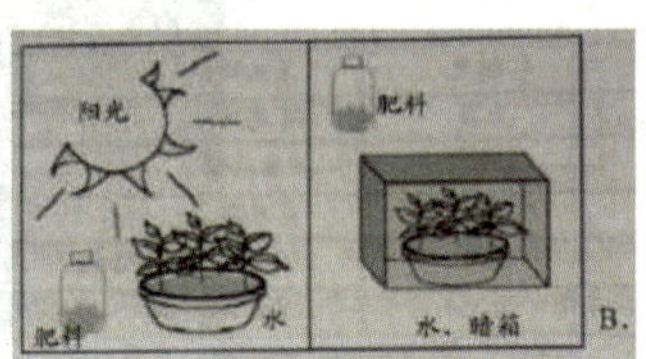

图 2-9　实验 3

再如，根据以下实验过程推导出研究问题：

①组装电磁铁。②在铁钉上缠绕 10 圈导线，通电，吸引曲别针，记录数据。③在铁钉上缠绕 20 圈导线，通电，吸引曲别针，记录数据。④在铁钉上缠绕 30 圈导线，通电，吸引曲别针，记录数据。⑤分析数据，得出结论。

同样，教师也可以通过阅读小故事，引导学生推导出要研究的问题。

（二）呈现问题的答案（或结论），推导出要研究的问题

这种方法即教师先呈现问题的答案，学生依据问题的答案思考问题是什么？例如：

①什么问题的答案是“人类使用化石燃料”。②什么问题的答案是“因为昆虫是无脊椎动物”。③什么问题的答案是“因为在真空中声音不能传播”。

①的答案可以是“为什么化石燃料在逐渐减少？”②的答案可以是“为什么螳螂没有脊柱？”③的答案可以是“为什么我听不到航天飞机爆炸的声音？”

三、综合训练式

即采用一题多问、补充问题等多种方式对学生提出问题的能力进行训练。问题的答案不唯一，以此锻炼学生多角度思考问题、提出问题的能力。

（一）补充问句

根据文中不完整的问题语句，将问题补充完整。例如：

a. ＿＿＿＿＿＿＿，如果你要是把叶子揪光。

b. ＿＿＿＿＿＿＿生物塑料？

根据以上句子中的部分语句，将问题补充完整如下：

a. 的答案可以是“植物会死吗？如果你要是把叶子揪光。”

b. 的答案可以是“什么是生物塑料？”“怎样鉴别生物塑料？”

（二）一题多问

即同一个问题，改变不同的问法或采用不同的方式提问。

比如关于电流和电压的问题，可以问：“电流增加，电压跟着增大吗？”“电流的增大与电压有关吗？”“电压的增加影响电流吗？”又比如，摩擦力大小与物体的轻重之间的关系，可以问“增加物体的重量会影响摩擦力大小吗？”“摩擦力大小与物体的轻重有关吗？”，等等。

四、指导学生提问时要注意的问题

（一）问题要与本节课内容紧密联系

偏离教学内容的问题不适合课上研究，因为课堂上的时间有限，提问的一个重要目的是为了推进教学活动的开展。

（二）提问的方式要多样

小学生的思维特点是以具体形象感知为主，喜欢具体的情节、故事，教师适时地在课程中引入活动、实验、科学故事，当学生进入课堂情境后，才可能提出有价值的问题。

（三）提问能力的训练要循序渐进

刚开始，学生还不能区分哪些是问题，哪些不是问题，哪些是真问题，哪些是假问题，哪些问题能够研究，哪些问题不能研究，哪些是好问题，哪些不是好问题……这些都需要教师循序渐进、耐心细致进行指导，通过生生之间、师生之间的相互启发、讨论交流，在争论思辨的过程中，提升学生的提出问题的能力。

（四）提问要适合学生的年龄水平

低年级可以多用做游戏、听故事的方式，指导学生提出通过观察找到答案的问题；中高年级可以多利用图片、阅读、分析、推理等方式，指导学生提出通过实验找到答案的问题，和通过查阅文献资料、分析资料以及自主探究找到答案的问题。

（五）教给学生收集问题的方法

告诉学生随身携带一个记录问题的小本子，不论什么时候，当看到一些事物、想到一些问题时就要及时地把这些问题记录下来，也可在班级中悬挂班级问题本，当学生有了问题，就把这些问题记录在班级问题本上。以学生提出问题的数量和质量进行小组评价，对于学生提出的问题，教师一定不要只记问题，不去解决问题，而要经常和学生讨论这些问题，给这些问题归类，哪些是学生能够立即回答的，哪些是需要回家查资料解决的，哪些是学生要亲自通过研究找到答案的，对于第三类问题，教师要激励学生通过自己亲自研究来解决问题，在解决问题的过程中，学生还会产生更多的问题，形成良性循环，促进学生提出更多的真问题、好问题。

（六）鼓励学生提出具体可研究的问题

研究的问题越小、越具体越好，问题必须是一对一的，太开放的问题反而无法研究。比如，关于电磁铁的磁力大小问题，如果问“电磁铁的磁力大小与什么因素有关”，就不如问“电磁铁的磁力大小与线圈的匝数（电池）多少是否有关”，因为问题越聚焦，研究方向越清晰越明确，越便于学生研究。

综上所述，采用顺向引导式，重点训练学生提出或识别通过探究解决的问题，采用反向逆推式，重点训练学生甄别和判断研究问题的能力，采用综合训练式更多地是训练学生发散思维，多角度思考、提出问题的能力，只有将三种方式有机结合，才能更好地提升学生提出问题的能力，促进学生小课题研究能力的发展。

在学生提出问题之后，教师要指导学生通过查阅相关图书和上网查看已有研究情况的方法，来确定研究的方向。

由于小学生的学习水平有限，教师组织课题研究的目的更多地是为了锻炼学生研究问题和解决问题的方法，因此，对小学生查阅文献资料的能力的要求可以降低一些。学生通过对收集到的信息资料的分析，了解已有研究情况，确定自己小组的研究问题。

关于查阅文献的具体指导方法，可以阅读《STEM 项目学生研究手册》(【美】达西·哈兰德著，中国科协青少年科技中心译，科学普及出版社出版）这本书的第 35~53 页。

第三步：制订研究计划

接下来，师生就来一起讨论各组的实验方法。比如我们要研究“立定跳远跳的远近与腿的弹跳力大小有没有关系”这个小课题，我们该怎样去研究？学生说，我们可以先找几个腿长的同学，再找几个腿短的同学，分别做一些实验，然后分析实验结果，得出最终结论。教师引导学生思考：腿长从哪里开始量，我们仅仅观察几个人是否能得出正确的结论，引导学生做实验时要科学严谨。

讨论了研究方法之后，学生就开始制定研究方案。研究方案包括七个部分：研究的问题，研究的背景，已有研究成果（鉴于小学生的学习水平，这个环节可以从简），对这个问题的最初的想法（猜想），研究的方法，使用的工具，组内分工。教师不仅要告诉学生研究方案要写哪些部分，还要告诉学生这几个部分都写什么内容。比如研究的背景，就是指你是怎么想起研究这个问题的？问题是在什么背景、什么情况下提出来的。有没有其他人也研究过这个问题，研究到什么程度，和你的研究相比有什么不同……比如“1 分钟内跳绳的多少与什么因素有关”这个课题，有的学生这样写道：在上课的时候，田老师给我们放映了一段视频，是关于课间操的时候教师测试学生 1 分钟内跳绳的个数的，通过观看视频，我发现，同学们跳绳的个数是不同的，有的同学反应快跳的就多，有的反应慢跳的就少，于是，我们组提出了研究问题：1 分钟内跳绳的多少与反应速度是否有关。

对这个问题的最初想法（猜想）：把自己对这个问题的最初认识写出来。比如研究“立定跳远跳的远近与人的体重有无关系”的小组提出的猜想是：立定跳远跳的远近与人的体重有关系，轻的人跳得远，重的人跳得近。

研究的方法：写出准备怎么研究这一问题的具体办法，越详细越好。下面我们来看几组同学写的不同的研究方法。

（1）体重与立定跳远跳的远近有没有关系的实验方法。找 10 个身高相同，但体重差异悬殊的同学，分别称出他们的体重是多少，然后把他们分成 2 组，每组 5 名同学，体重轻的为一组，体重重的为一组。接着，找一把长尺铺在地上，让他们一块跳，如果重的人跳得远轻的人跳得近或者轻的人跳得远重的人跳得近，那就说明立定跳远跳的远近与体重有关系，如果跳的一样近，那就说明立定跳远的远近与体重没有关系。

（2）周同学所在组研究的课题是“1 分钟跳绳多少与时间早晚是否有关”，他们是这样做的：分别找 3~5 人做实验，使用的绳子的材质、长短、粗细、轻重都相同，每个人每天早晨和晚上跳绳的时间相同，分别测试并记录这些人每天跳绳的个数。连续记录 5 天，将数据填入相应的表格，进行比较，然后分析数据，得出结论。

相同条件：材质、长短、粗细、轻重相同的跳绳 3~5 根，相同的环境，相同的人。

不同条件：跳绳的时间不同。

在这个过程中，教师一定要让各组充分地研究、讨论实验的方法。如果实验的方法有问题，那学生收集的数据就会出现问题。比如，一组同学研究立定跳远的远近与腿的长短是否有关系，他们分别找了腿长和腿短的同学进行测试，记录他们立定跳远的成绩。没想到这组同学在记录完实验数据，准备交流汇报的时候，才发现他们找的并不是同样身高的人。每个人的身高不同，腿的长短也不同，经同学们研讨，才发现他们的研究针对的不是腿长腿短是否影响立定跳远的远近的问题，因为这些身高不同的人，腿的长短并不相同，身高高的人腿相应就长，身高矮的人腿相应就短，因此，他们的课题是在研究立定跳远的远近与身高的高矮是否有关。

研究方法直接影响着学生课题的研究质量，一定要在充分讨论的基础上再进行实验。

使用的工具：每个组的研究内容不同，用到的工具也不同。要引导学生尽量写齐需要用到的工具，这样他们在实验的过程中就不会因为工具不齐而耽误实验数据的采集。

组内分工：在合作过程中，学生往往会出现分工不明确，相互推诿责任的情况。因此，在小组讨论的过程中，学生讨论得越细致，职责和分工越明确，课题研究的进展就会越快。例如，在跳绳的课题中，一组学生是这样分工的：

李天娇：计时，跳绳

王正阳：准备较重跳绳，跳绳

刘婧薇：跳绳，准备较轻跳绳

另一个小组是这样分工的：

姓名	分工	工具	备注
艾筱诗	记录数据、上传	电脑、本、笔	自带笔记本
李若菡	照相、录像	相机	自带
尚滢雪	裁判、做 PPT	秒表	借体育老师的
李子藤	跳绳、画海报	跳绳	轻重不同的跳绳 5 根
陈佳雨	跳绳、写论文	跳绳	

这两个组的分工有什么不同？各有什么优缺点？哪一组的分工更合理？

我们不难发现，两个组都有分工，但第二组的分工更明确，更合理，把在整个课题研究过程中每个人要做的工作都写出来了，而不仅仅是实验过程中的分工。

受学生的年龄和阅历所限，学生在制定研究方案时总是不能预设实验中出现的问题，对实验里的步骤、方法也总是想得不周全，因此，指导学生制定科学、详尽的实施方案就显得尤为重要。在学生制定方案时，教师可以采用以下指导策略：

①集体研讨交流：通过教师组织的集体讨论，学生发现制订计划中的问题，加以改进。

②互相观摩学习：通过组间相互观摩学习，提升设计能力。

③典型案例分析：当很多组的学生都出现同样的问题时，教师将典型问题提出来加以指导和讨论，达到共同提高的目的。

④反思研究过程：小课题实验完成后，教师组织学生反思研究的过程，有没有更好的设计方法，现有设计有没有问题，通过反思提升研究能力。

第四步：实施探究并收集数据

■ 一、数据的重要性

数据的作用不言而喻。科学家通过数据发现事物的特点，解释事物发生的原因，揭示事物的本质；工程师通过数据确定新产品的设计与发展；商家通过数据了解市场的需求；医生通过数据，确定病人的病情，甚至被誉为“现代管理学之父”的彼得·德鲁克说“数字的管理才是科学的管理”……可见，数据对于各行各业的人都非常重要。在2001小学科学课标第11页中也明确指出，学生要尝试用不同的方式分析和解读数据，对现象作合理的解释。因此，从小培养学生的数据意识和整理、分析数据的能力是科学教育的重要任务。

但是，在教学中，我发现学生在收集、整理、分析数据的过程中存在着很多问题：学生不知道自己的研究需要收集哪些数据，不知道怎样收集、整理数据，不能用比较科学的方法分析数据，不能客观公正地对待数据，因此，指导学生收集、整理、分析数据势在必行。

■ 二、收集什么样的数据

数据作为证据是用来说明问题的，前提是要收集到有效、公平、详细、真实的数据，只有做到这一点才能将数据转化为证据，为得出正确的科学结论服务。

（一）收集“有效”的数据

研究过程中，我们要根据研究的问题来决定收集什么样的数据，只有有效的数据才能支撑我们的研究假设。比如在研究“1分钟内跳绳的多少与跳绳的时间（早上或晚上）是否有关”这个问题时，我们需要收集什么样的数据？在研究这个问题时，首先我们要随机选取一些会跳绳的人，每个人用同样的跳绳，在同样的地点，分早上和晚上，分别测试其1分钟内跳绳的多少，几天后，对收集到的数据进行整理、分析，得出结论。再比如，要研究“叶柄的结实程度与叶子的种类不同是否有关”这个问题，我们又要收集什么数据？在研究这个问题时，学生们则要寻找不同种类的叶子的叶柄，在叶柄同一位置，用同样的测量工具，测量其结实程度，收集相关数据，找到答案。

（二）收集“公平”的数据

什么是公平的数据呢？即在做对比实验时，在研究条件（对比条件）不同，其他条件完全相同的情况下，收集到的数据。如果没有做到对比条件的公平，收集到的数据就是无效数据。比如，学生在研究“酸碱溶液对酵母菌活性的影响”这一问题时，由于小组的学生之间没有商量好使用放大多少倍数的显微镜来观察酵母菌的活动情况，导致有的学生用4×10的放大倍数进行观察，有的用10×10的放大倍数进行观察，由于每个人使用的放大倍数不同，这样就无法比较不同酸碱溶液对酵母菌活性有没有影响，通过这样的实验数据就很难得出正确的科学结论。

（三）收集“详细”的数据

顾名思义，即数据要具体详实。比如，学生在进行“温度是否影响风信子的生长状况”的研究时，有学生把6盆水培风信子随机分成3组，一组放在冰箱冷藏室里（6℃~7℃），一组放在客厅阳台处（20℃~22℃），一组放在书房暖气下面（温度29℃~30℃），如图2–10。在这个实验中，他记录了风信子从第一天种上到死亡共108天的生长过程，如什么时候开始长根，根长了多少？什么时候长出小芽，什么时候长的叶子，什么时候有的花骨朵，什么时候开的花，开了多少朵花，什么时候花谢等一系列的数据。通过观察记录，他发现6℃~7℃时的风信子长得最好，枝叶长，花期长，花开得多……但是最初长得比较慢，花开得晚。6℃~7℃的风信子最初生长最快，开花也最早，但是花期较短。20℃~22℃时的风信子生长一直很慢，茎长得最短，花期也很短。由此，他还有了进一步的设想：如果既想让风信子早开花，又想让它的花期长，我们就应该最初在20℃~22℃的环境中种植，等2个月进入花期之后，再将其放入温度较低的环境中生长，这样就可以使风信子生长快且花期长了。我们暂不评论这名学生的推测是否正确，但如果没有他100多天的认真观察、详细记录，他能客观公正地评价到底哪种温度下的风信子生长得好吗？他又怎能有那样肯定的推理呢？你看，收集详细的数据是多么重要啊！

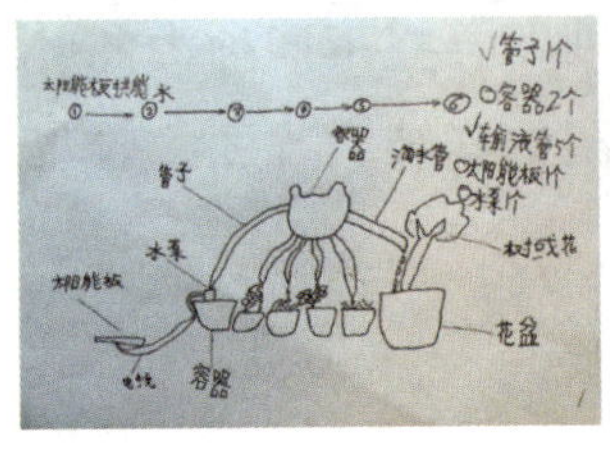

6℃~7℃环境

20℃~22℃环境

29℃~30℃环境

图 2-10　不同环境中，水培风信子的生长情况

（四）收集“真实”的数据

收集真实的数据就是说收集的数据要实事求是，不擅自修改或编造数据，是多少就是多少，是什么就是什么。即使我们得到的数据并不支持我们的猜想，这也并不代表我们的研究失败了，而是支持了另一种的研究假设。我们要以开放的心态接受事实，尊重事实，尊重数据，这才是科学的态度、实事求是的态度。

小学生特别爱把自己的猜想强加到实验数据中去，自己认为是什么样的结果，就会把数据想象成什么样。比如在做摩擦力大小与哪些因素有关的实验时，有的学生认为摩擦力的大小与接触的面积有关，接触面积大，摩擦力就大，接触面积小，摩擦力就小。于是，他们做实验时，在主观上就希望得到与自己猜想相同的实验结果，因此，在实验过程中，他们就千方百计地想让接触面积大的物体摩擦力大一些，这就不是实事求是的科学态度。

（五）收集适合学生年龄特点的数据

小学生初涉科学，有很多专业知识有待学习和提升，一些专业术语还听不懂，高度精确的仪器他们也不太会用，但这并不能阻止他们探索未知的脚步。在研究的过程中，教师可以选择适合学生年龄特点的方法，进行观察和记录，收集相关的数据资料，促进学生对事物的认识，对科学的理解，通过这些方法的训练，还能为学生将来的深入探究和学习打下良好的基础。比如，在观察阴阳面白玉兰的开花时间这个问题上，学生对于花期、开花率、落花期等专业术语都不太明白，也不太会算。如果让他们每天用肉眼去数几棵玉兰树上的上千朵花，那真是不太现实的事情。怎么办呢？经过讨论，我们想出了这样一个办法，观察并记录每棵树上的玉兰花，开第一朵花（张开一个花瓣就算开花）的时间，落第一朵花的时间，全部落完的时间，通过玉兰开第一朵花、落第一朵花、全部落完的时间，来判断阴阳面玉兰开花时间的早晚，只要我们是按照同一个标准去衡量玉兰花开花的时间，就能用这一公平的标准来判断玉兰花开花的早晚。只要标准统一，结果就具有一定的说服力。教师这样处理小学生关于玉兰花开花情况的观察，既降低了观察的难度，适合小学生的年龄特点，又激发了学生的研究兴趣，学生学习了科学研究的方法，效果非常好。看来，适合的方法才是最好的方法。

三、怎样收集数据

（一）实验前制订详细周密的计划

在实验前，学生要制订怎样收集数据、收集哪些数据的详细周密的计划，只有做到有计划、有目的，才能达到预期的效果。比如，在测定“不同浓度的酸性环境是否对油菜籽的发芽情况产生影响”的研究题目中，在制订实验计划时，学生就要详细地列出，什么时候收集数据，怎样收集数据，收集哪些数据，怎样记录数据，把数据记录在什么地方？间隔多长时间记录一次数据，等等。把这些问题都想清楚了，才能收集到合理有效的数据。

（二）进行预实验，保证收集的实验数据更合理

学生在研究中，因为缺乏经验，往往设计的实验方案本身会存在这样或那样的问题，致使学生收集不到应有的实验数据，这是很正常的，也是很真实的问题。因此，在设计完实验方案后，教师可以让学生进行预实验，即先按照已经制定好的实验方案进行一次实验，观察一下会有什么实验现象发生，判断这个实验方案有没有问题，有哪些问题，怎样解决现有的问题。如果有问题就要及时调整实验方案，然后按照新方案再次进行实验，也许还会出现新的问题，那就再次调整方案，直到满意为止，只有这样才能获得比较满意的实验数据。

（三）实验中细心观察，收集尽可能详尽的数据，不放过任何细节

在实验过程中，教师要指导学生认真细致观察，不放过任何细节，尤

其是一些特殊情况的发生。比如，学生在进行“不同的糖溶液对酵母菌的活性是否产生影响”的实验时，用显微镜观察不同溶液中酵母菌的个数，有的组只观察和比较了酵母菌的个数，而有的组不仅关注了个数，还认真观察了镜头下不同环境中生存的酵母菌的活动情况。在细致的观察中，他们发现视野中的大部分酵母菌的个头大小基本相同，但有个别酵母菌却不同，在它的旁边紧挨着一个个头较小的酵母菌，过一会儿，这个较小的酵母菌会越来越大。如图 2-11 中两个圆圈中的酵母菌，通过查资料，他们了解到，这是酵母菌在进行分裂的过程。你看，他们关注了细节，就比别人掌握了更多的信息、资料和证据，实验结论也更真实可靠。

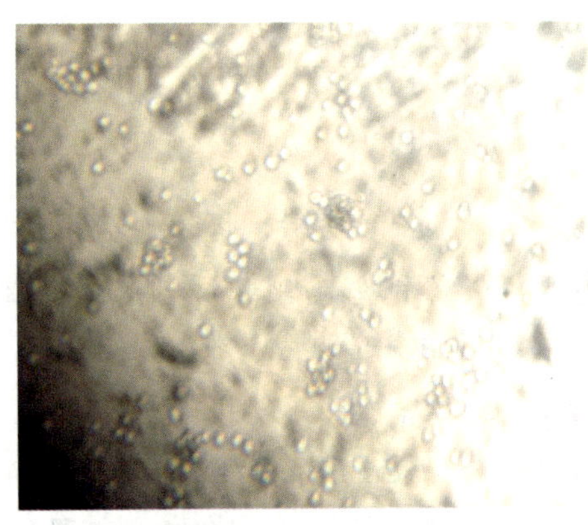

图 2-11　酵母菌分裂的过程

（四）反复实验，使数据更准确

实验的次数越多，越接近事实。比如在做“同一个摆在相同的时间内摆动的快慢是否相同”这个实验时，学生中出现了这样的一组实验数据，他们组的摆在 15 秒内摆动的次数分别是（单位：次）7，8，9。于是，这个组的学生得出了这样的结论：同一个摆，在相同的时间内，摆动的快慢不同。这时，老师没有多说，而是让各组学生再次练习实验的配合，之后，再次测量 15 秒内摆摆动的次数，记录数据。学生得到了这样一组数据（单位：次）9，9，9，9，8，9。这时，学生已经认识到，同一个摆，在相同的时间内摆动的快慢是一定的。可见，多次实验的数据才可能更准确。

（五）收集数据的标准要统一

在收集数据的过程中，计量单位要统一。要始终坚持用同一计量标准来记录数据。比如，测量根的长短的单位是毫米，最好一直用毫米，不要一会儿用厘米一会儿用毫米；测量人的身高一直用厘米作单位，就都用厘米，不要一会儿用米一会儿用厘米，时间一长，就容易出错。

在收集数据的过程中，还要坚持用同一个测量工具进行测量。比如，在测量温度、力的大小等实验时，最好使用同一只温度计或同一个测力计，因为每个温度计或测力计之间也会有小小的误差，会对实验结果产生影响。在前面提到学生用不同倍数的显微镜观察酵母菌时，也出现过标准不统一的问题，这些问题在实验过程中一定要避免。

第五步：整理数据，分析数据，得出结论

得到一堆密密麻麻的数据后，就要去找到数据之间存在的关系，并将数据转化为证据，这对小学生来说有一定的难度。怎样才能更清楚地看出数据间存在的关系，为数据转化为证据服务呢？这就牵扯到如何整理数据。以下这些方法可以用来指导学生进行数据的整理。

一、整理数据

（一）将文档设计成表格

学生在实验过程中，习惯用叙述的方式将观察到的信息以文档的形式记录下来。这样做的优点是不受表格大小的限制，可以随意增加内容，也可能收集到更详细的信息，但是在进行数据分析和比较时，就不太方便了。这时候，教师可以指导学生通过表格的设计和填写来整理数据，寻找实验中的重要信息。表格是最常见的、也是最简洁的整理数据的一种形式。在比较几种不同情况对某一物体或现象的影响时，常常会用到表格。比如学生将不同溶液中发现的酵母菌的个数进行了统计，如表 2-1，通过表格我们能清楚地看出不同酸碱环境对酵母菌活性的影响。

表 2-1　不同溶液中发现的酵母菌的个数统计表

溶液	酸性（pH 值为）3	中性（pH 值为 7）	碱性（pII 值为 11）
10×10 倍显微镜下酵母菌的个数	29	20	10

在将文档设计成表格的过程中，要按照不同的内容，如按照组别、类别、项目、天数、人名等进行分类整理，但这仅仅是第一步，教师要引导学生进一步思考表格中的具体内容，怎样排列才更容易发现数据之间的关系。比如有的组在测试“不同轻重的绳子是否影响 1 分钟内跳绳的个数”时，他们是这样来记录数据的，如表 2–2，如果不经过整理，这张表格看起来就比较杂乱，不容易发现数据之间的关系。

表 2–2 不同轻重的绳子是否影响 1 分钟内跳绳的个数统计表

11 月 4 日	用轻绳子	用重绳子	11 月 5 日	用轻绳子	用重绳子	11 月 6 日	用轻绳子	用重绳子
李天娇	142	136	李天娇	154	146	李天娇	142	136
刘靖薇	151	138	刘靖薇	161	148	刘靖薇	151	168
王正阳	174	172	王正阳	175	170	王正阳	174	178
李天娇	156	146	李天娇	166	147	李天娇	156	146
刘靖薇	160	139	刘靖薇	164	149	刘靖薇	169	139
王正阳	174	169	王正阳	170	170	王正阳	174	169
李天娇	174	159	李天娇	174	159	李天娇	174	169
刘靖薇	169	168	刘靖薇	169	168	刘靖薇	169	168
王正阳	175	170	王正阳	175	170	王正阳	174	170
平均值	163.88889	155.2222	平均值	167.55556	158.5556	平均值	164.77778	160.3333

如果把这些数据按表 2–3 进行处理，学生就比较容易发现轻重不同的绳子对跳绳多少是否产生了影响。

表 2–3 不同轻重的绳子是否影响 1 分钟内跳绳的个数统计表

时间	人名	用轻绳子	用重绳子	人名	用轻绳子	用重绳子	人名	用轻绳子	用重绳子
11 月 4 日	李天娇	142	136	刘靖薇	151	138	王正阳	174	172
	李天娇	156	146	刘靖薇	160	139	王正阳	174	169
	李天娇	174	159	刘靖薇	169	168	王正阳	175	170
11 月 5 日	李天娇	154	146	刘靖薇	161	148	王正阳	175	170
	李天娇	166	147	刘靖薇	164	149	王正阳	170	170
	李天娇	174	159	刘靖薇	169	168	王正阳	175	170

续表

时间	人名	用轻绳子	用重绳子	人名	用轻绳子	用重绳子	人名	用轻绳子	用重绳子
11 月 6 日	李天娇	142	136	刘靖薇	151	168	王正阳	174	178
	李天娇	156	146	刘靖薇	169	139	王正阳	174	169
	李天娇	174	169	刘靖薇	169	168	王正阳	174	170
平均值	李天娇	159.7778	149.3333	刘靖薇	162.5556	153.8889	王正阳	173.8889	170.8889

（二）将数据转化成统计图

把整理好的数据转化成统计图，可以变平面为立体，化“腐朽”为“神奇”，让我们更容易地发现数据中隐藏的关系。按照研究实验的性质不同，可以将统计图分成定性和定量两种。一般来说，定量数据统计图有柱状图、点阵图、茎叶表、箱线图、折线图。定性数据统计图有条形图、饼图[①]。一般来讲，小学生常常用到的统计图有条形图、柱状图、曲线图、饼图，可以根据数据和实验的特点来决定采取哪一种统计图进行分析最合适。

当比较部分占总体多大比例的情况时使用饼图就比较好，例如检测某一种情况的人数占整体的百分比是多少时，就可以采用饼图进行说明。图 2–12 是学生调查班里玩过和没玩过晃人游戏的同学各占全班总体人数的百分比，通过饼图，可以形象地感知到绝大部分学生玩过这个游戏，一目了然，形象生动。

当想观察某一因素受另一因素影响的变化趋势时，可以用曲线图。例如，要观察给水加热过程中，随着加热时间的推移，温度变化的趋势，就可以使用曲线图。通过曲线图，可以清楚地看出在持续加热的过程中，随着时间的推移，水的温度呈现出的变化趋势。开始时，温度较低，随着加热时间的变化，水的温度不断上升，当加热到 400 秒时，温度上升到 100℃，此后温度计上的温度不再升高，而是保持在 100℃不变。通过曲线图的呈现，能使学生较好地理解给水加热的过程中温度的变化，为学生认识沸腾的概念打下坚实的基础。（如图 2–13）

① 【美】达西·哈兰德 .STEM 项目学生研究手册 . 中国科协青少年科技中心，译 . 北京：科学普及出版社，2013.111-128.

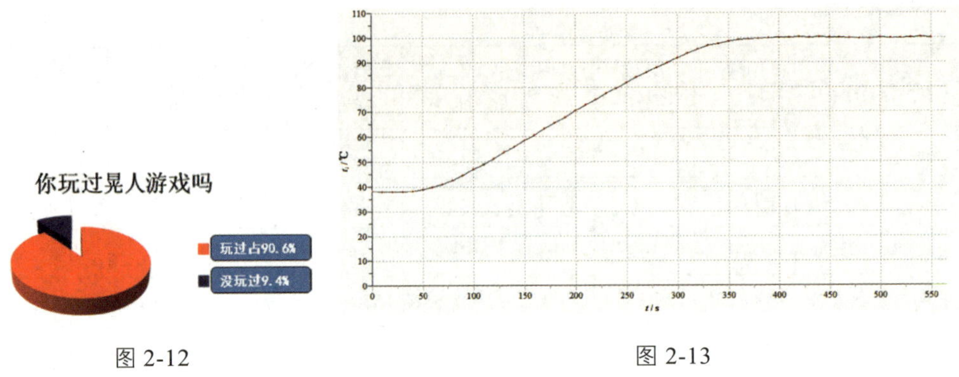

图 2-12　　图 2-13

总之，根据不同的需要，选择不同的统计图来说明，才能让数据变成会说话的工具，促进学生对数据的分析和理解。

（三）将数据扩大或缩小

有时候，学生得到的实验数据过大或过小，不便于学生对数据的观察和比较，为了方便起见，教师可以引导学生将数据全部扩大或缩小一定的比例再进行观察。

比如《太阳系》一课，学生比较八大行星体积的大小，教科书上给了关于八大行星直径的一组数据（见表 2–4），这么大的数据是很难观察和比较的，教师引导学生思考：你有什么办法处理一下这些数据，以便于我们观察和比较？经过讨论，学生同意将表格中的数据同比缩小，这时候，八大行星的数据变成了表格中最后一栏的数字，你看，现在比较起来就容易多了吧。

表 2–4　八大行星直径缩小数据表

名称	行星直径（千米）	缩小两亿分之一	缩小后直径约（单位 cm）
水星	4880	1/200000000	2
金星	12100	1/200000000	6
地球	12760	1/200000000	6
火星	6700	1/200000000	3
木星	142800	1/200000000	71
土星	120000	1/200000000	60
天王星	51800	1/200000000	26
海王星	49500	1/200000000	25

总之，教师要引导学生多动脑筋，采用不同的方法，对数据进行认真的分类和整理，才能为分析数据奠定良好的基础。

二、怎样分析数据

整理好的数据经过分析，才能将数据转变成证据，为得出结论服务。由于小学生的理解水平有限，他们的思维水平还处在形象思维向抽象水平过渡的时期，即使到了小学高年级，学生的抽象思维也还没有完全发展起来，因此，学生分析和解读数据的能力是有限的，在这样的情况下，教师可以教给学生一些分析数据的方法，让学生先模仿，学会方法后再逐渐放手，让孩子自己慢慢摸索。

比如，在研究“1 分钟跳绳个数与在上午还是下午有关”这个问题时，周政桦同学把自己收集的数据制成了这样的条形统计图（如图 2-14），那么，教师可以这样来指导学生分析统计图：这幅统计图是关于什么的图表，你们共测试了多少人，横轴代表什么，单位是什么，纵轴代表什么，单位是什么，在这幅图表中，数据在什么范围内，最大和最小的数据是什么，图表说明了什么？根据这幅统计图，学生的分析如下：这幅统计图是关于我们组测试一些人 1 分钟跳绳成绩的统计表。我们共测试了 5 个人，横轴表示不同的人，纵轴表示具体的跳绳成绩（单位：个）。从统计图中，我们可以看出所有人的成绩都是在 0~200 这个范围内。最大的数据是周政桦下午跳的 185 个，最小数据是全嘉怡下午跳的 80 个，从统计图中我们可以看出，在 1 分钟内，每个人上下午跳绳的成绩都有所不同，有的人上午跳的多，下午跳的少，有的人则正好相反，还有的人从数据中没有发现规律。因此，我们发现 1 分钟内跳绳的多少与跳绳的时间（是上午跳绳还是下午跳绳）没有关系。经过这样的训练，学生渐渐就会掌握分析数据的方法。

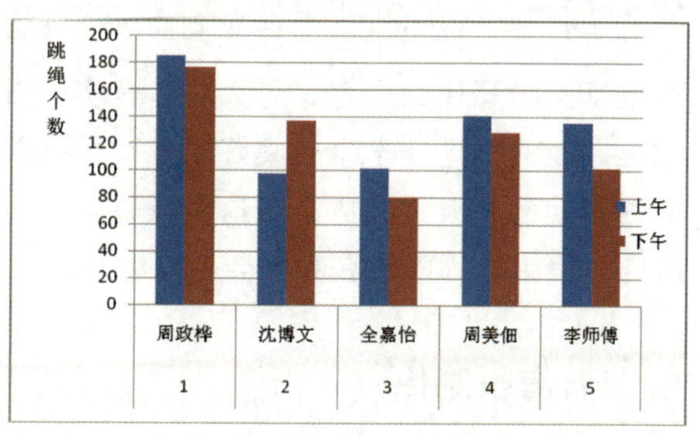

图 2-14　跳绳个数条形统计图

三、特殊数据的处理

在实验的过程中，学生常常会收集到一些特殊的数据，要不要对这些数据进行统计和分析呢？当然要，我们绝不能丢弃这些数据，尤其是一些重要的特殊数据，这些数据往往会反映出一些重要的信息。在整理数据、分析数据的过程中，我们又该如何处理这些数据？我认为，遇到特殊的数据，我们要根据实验的具体情况具体分析，如果是实验时收集到的正常的实验数据，我们就要接受这个数据，将其算入最终的结果，如果这些数据是由于错误的操作或实验仪器的损坏造成的，就不要放到统计图中，而应当在分析数据后，单独进行说明，对实验过程中出现了什么情况，造成这种情况的原因进行说明，以便于给其他研究者提供指导和帮助。

综上所述，数据从收集到整理的过程是一个非常注重责任的过程，也是一项专业性很强的工作，对于小学生来讲是有一定难度的，但鉴于数据在科学分析中的重要性，教师要重视培养学生的数据收集整理和数据分析的能力，帮助学生建立对数据的敏感意识，学会对数据进行敏锐的观察，为将来成为一名优秀的工作者奠定基础。

第六步：反思研究中的问题，制作海报，展示交流

一、撰写论文

最初，学生不会写研究论文，教师要先介绍研究报告的格式，主要包括提出问题（已有研究调查）、设计研究方案、进行实验收集数据、整理与分析数据、得出结论、感想与收获（或问题与反思），教师要明确告诉学生每一步写什么内容，怎么写。其实，有了前面教师对学生在撰写研究方案方面的指导，学生收集好了实验数据并对数据进行整理与分析，基本的内容就已经大致完成，在这里只要学生再补充讨论研究的结论，以及在研究过程中有哪些收获和体会，反思研究中的问题即可。

二、海报制作

在展示交流之前，教师要让学生把自己的研究制作成海报。海报就是

将自己小组的研究问题、研究过程、研究结论等以图文的形式，在大张图画纸上描绘出来。交流之后，教师把学生的海报放在学校的橱窗、走廊、科学教室的后墙等地方展出。这样做，一方面可以让更多的人看到他们的研究成果，便于其他人学习，另一方面，也能通过这样的方式留下研究的宝贵资料，增强学生的荣誉感，激发其他同学积极参与的意识。

三、展示交流

在最后一个阶段，教师要给学生一个在众人面前展示交流的机会，让学生把他们的研究结果公之于众，这是科学研究必须做的事情。在展示中，教师要设计评价单，引导学生给自己和其他组的同学进行评价。评价单可以参考表 2-5 制作，以利于其他学生认真倾听，并提出自己的宝贵意见。

表 2-5 六年级各组课题研究评价表

要求：在你认为相符的选项下面打“√”。评价的是第___组 评价人________

评价项目	选项			
	很符合	符合	不太符合	不符合
研究主题清晰，内容相符				
猜想明确				
数据详实				
研究的方法科学正确				
数据分析准确				
汇报语言清晰、流畅、声音洪亮				
PPT 精美、团队合作到位				
我的意见和建议				

另一方面教师也要根据自己的观察和评价标准对学生进行评价，如表 2-6。

表 2-6　教师评价表

项目	内容	级别	描述	师评
研究论文类	设计方案	A	提出可研究的问题，研究内容与课题相符，研究的方法科学正确	
		B	在教师指导下提出可研究的问题，研究内容与课题相符，研究的方法科学正确	
		C	可完成教师指定的研究问题，研究的方法基本正确	
	实施与分析	A	能按照设计好的步骤完成实验，并根据课题进展情况进行一些有意义的调整 根据收集的数据进行整理分析、得出结论	
		B	能按照设计好的步骤完成研究 能分析实验数据，得出结论	
		C	基本能按照设计好的步骤完成研究 在教师指导下完成数据分析，得出结论	
	汇报交流	A	能用多种形式进行汇报，PPT 精美，汇报语言清晰、流畅、声音洪亮	
		B	能利用 PPT 等方式进行汇报，汇报声音洪亮、语言流畅	
		C	在教师指导下能基本复述研究过程，汇报声音洪亮，语言流畅	

参考文献：

1. 中华人民共和国教育部．小学《科学（3—6 年级）课程标准》[M]. 北京：北京师范大学出版社，2001.

2.【美】达西·哈兰德 .STEM 项目学生研究手册 [M]. 中国科协青少年科技中心，译．北京：科学普及出版社，2013.111-128.

第二节　成果以创新作品方式呈现的小课题研究指导策略

教师指导学生进行小课题研究的课题分为两种，一种是最终以创新作品为结果的小课题研究，一种是最终以研究论文方式呈现的小课题研究。这一节介绍以创新作品为结果的小课题研究的指导过程。

设计创新作品的小课题研究一般分以下六步：

第一步：创建学习小组；

第二步：定义问题，明确作品的设计要求；

第三步：头脑风暴和计划；

第四步：进行建造；

第五步：测试、修改调试；

第六步：展示与分享。

由于成果以创新作品方式呈现的小课题研究的结构内容与成果以研究论文方式呈现的小课题研究在组建团队、做计划、展示与分享等几个环节上有很多相似之处，因此，我将简略地就成果以创新作品方式呈现的小课题研究与成果以研究论文方式呈现的小课题研究方式的不同之处进行说明。

虽然以创新作品方式呈现的小课题研究也要分成6个步骤来进行，但是，与以研究论文方式呈现的小课题研究不同的是，这些步骤可能所用的时间长短不同。比如，定义问题部分，可能长可能短；头脑风暴和计划部分，也许大家讨论的时间并不长，但建造的过程中会有反复的调整与修改，而且在制作、修改、测试的时间上所用的时间会比较长。

定义问题：定义问题部分就是教师创设一个学生进行设计与创作的合情合理的生活情境，激发学生的设计和创作欲望，给学生创新作品的设计提供一个明确的方向，使学生设计的产品符合要求，以达到预期的目的。比如，我们想让学生设计一个避免火山灰侵袭的紧急避难所，那么，在上课之前，教师就可以创设这样一个情景。首先，教师给学生讲一个真实的故事。这个故事发生在1980年5月18日，那天早晨，珍妮像往常一样起床洗漱、出门，天蓝蓝的，看起来是一个不错的早晨，突然，珍妮听到砰的一声响，她看了看，天还是蓝的，感觉地面有一些晃动之后，一切似乎都很正常。老师向学生提出问题：你认为可能发生了什么？让学生回答。然后教师播放火山爆发的视频。看完视频，教师问学生：发生了什么？（火山爆发），你看到从火山里面喷发出来的是什么？（火山灰）今天我们的问题就是围绕“火山灰”来的。由此引发孩子们思考，建立一个什么样的避难所才可以避免火山灰的侵袭？

在定义问题之后，教师要提出设计创新作品（产品）可以使用的材料和用量，产品在外观或者功能上要达到的具体要求。比如，设计避难所，教师提供的材料有 3 根吸管、3 张 A4 纸、30cm 的胶条、剪刀，最终，学生要建造一个内部高度不低于 12cm，能承受更多的火山灰（面粉）的坚固的避难所。

再比如上《电子虫的赛道设计》这一课。一上课，教师就出示了一些小动物（电动的玩具小动物），有小蜜蜂、甲虫、小蚂蚁、瓢虫、牙刷虫。教师问学生：你们想不想知道这些电子虫是怎样运动的？学生当然想知道。然后，各组同学来认领一种小动物，拿回去观察这些小动物有什么特点，它们是怎样运动的，按照动物的外形特征、动物的运动方式进行观察和记录。在认识了这些小动物的外形特征和运动方式的特点之后，教师跟学生进行了以下的谈话内容：今天，老师宣布一件重要的事情。我听说 2021 年 1 月，有一场关于电子虫的重要比赛，即电子虫争霸赛。但据我所知，现有的比赛设置并没有展现这些电子虫独特的能力，你能不能发挥小组合作的优势，为这些动物设计新的比赛规则和比赛轨道，从而发挥出这些动物最好的能力？现在，我们的问题来了：如何设计适合电子虫比赛的规则和跑道，让你的电子虫在比赛中获胜。这就定义了问题。

为电子虫设计赛道，最终的产品就要使你们组设计的比赛规则和赛道能够让你们组的电子虫在与其他电子虫比赛的时候获胜。

头脑风暴和计划：这一步骤其实同上一节的设计方案有些相似，只不过这一部更多地是通过头脑风暴的方式集思广益，把大家好的创意组合在一起，通过画图设计各部分的结构等方式，来完成一张设计图纸。另外，在这一步，学生们还要讨论自己小组的设计思想、设计口号、logo 等，以体现自己小组的设计思想。

在这一步中教师需要关注以下的问题。

学生意见不统一。在设计中，学生们的想法很多，有些时候往往脱离实际，异想天开，想得好但实现起来很有难度。当学生出现意见不统一的情况时，教师不要过多干涉，因为随着设计的实施过程，学生慢慢就会发现问题，从而不断调整与修改方案。这是很正常的。教师唯一要做的就是让孩子把每一步的改变记下来，并说明为什么要改动，以便于他们总结研究中的问题。例如，在建造大坝的设计活动中，一开始，学生在设计中写的材料非常少，有的组这样写到：小石子 5 个，土 50g，冰棍棒 5 根，等实际取材料进行建造的时候，他们才发现，他们设计的材料太少了，根本就没有办法建造大坝，于是赶紧修改材料需求。

面对设计图过于简单这一情况，教师要提示学生，在这一步设计得过于简单，就会在建造的过程中耽误更多的时间和精力去想各部分的结构和设计，这将会大大延长作品的完成时间，而有了详细的图纸，就能提升工作效率。

教师要引导学生充分考虑评价标准。比如，评价要求：①实用性；②内置规格尺寸；③外表（比如比赛场地要注意开放性，便于群众围观）；④整洁美观；⑤坚固性；⑥科学性；⑦创新性；⑧节约成本……

建造中需要注意的问题：

1. 按照图纸建造。在建造的最初阶段，教师最好让学生把他们设计的图画在材料的相应位置，并检查设计的位置是否合适，是否符合实际，不要给生活带来不便。比如，有的学生设计房屋的电路图，他们把开关安装在天花板上，这就不符合实际情况。（如图 2–15）

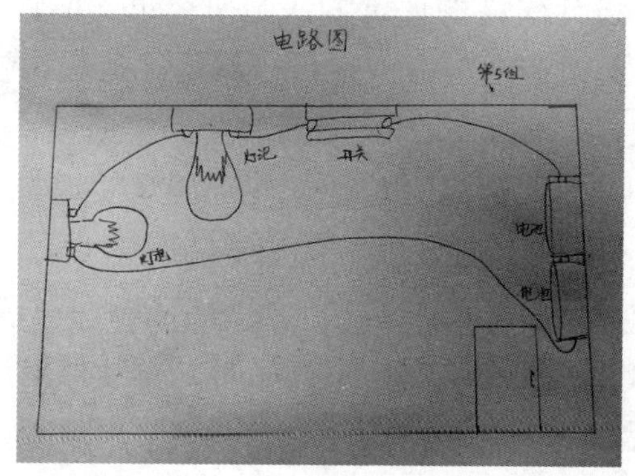

图 2-15

2. 限定时间和材料使用量。这一步，教师不仅要限制学生的材料使用，最好还要限定时间，这样学生合作建造的效率就会提高，否则在这一步，会有一些学生闲下来，无事可做，因为教师没有时间限制，工作都让能干和愿意干的学生做了，那效率就会降低很多。

3. 教师适时指导和帮助。在设计过程中，学生大多会在设计建造中出现问题，这时，教师要及时地发现问题，进行具体指导，对于大多数学生存在的问题，教师要通过集中指导的方法找到解决问题的办法。比如，在学生学习了水的净化，利用水的净化方法制作净水器的过程中，教师发现，同学们制作的净水器，都用到了石子、棉花和沙子，但是，有的孩子把石子放在了最上面，有的放在了中间，有的放在了最下面，说明孩子们不知道颗粒的大小与水的过滤效果之间的关系，因此，老师有必要单独拿出一节课来指导孩子怎样判断不同材料的净水效果。再比如《让小球回家》这节课，老师发现学生们的小球很难“回家”，学生浪费了大量时间修改设计，于是教师就可以拿出一点时间来指导学生如何利用二分法快速找到让小球回家的最佳位置。

4. 注意安全。教师还要提示学生注意安全，不要因为追求速度而造成对身体的伤害，尤其是用电安全，以及工具使用中的安全问题。

测试、修改调试：在建造中，教师要允许学生进行不断的测试，在测试中找到问题，并调整自己的设计，从而达到更好的效果。当然，要在作品能够承受住测试强度的情况下进行测试，我们的测试是想对作品进行调整，而不是要把作品破坏掉。

展示与交流：设计作品的评价方法与研究论文的评价方法是不同的，教师可以和学生一起讨论，怎样来评价产品是好是坏。教师也可以向学生展示产品的设计要求，比如，上面提到的：①实用性；②内置规格尺寸；③外表（比如比赛场地要注意开放性，便于群众围观）；④整洁美观；⑤坚固性；⑥科学性；⑦创新性；⑧节约成本……

让学生衡量和评价自己的产品与他人的产品哪一个更符合要求，哪一个更有新意。比如，在设计跑道这个产品时，通过师生讨论，确定了这样的评价标准。（如表 2–7 所示）

表 2–7　样品评估

要求：给每个类别打分（5 分代表最佳）。并在下面的空白处写出你的评价。

类别	1 组	2 组	3 组	4 组	5 组
科学实用					
规格尺寸					
整洁美观					
坚固性					

续表

类别	1组	2组	3组	4组	5组
节约成本					
创新性					
总分					
评价					

教师还可以用设计作品的评价表对学生的作品进行评价，如表 2-8 所示。

表 2-8　教师评价

项目内容		级别	描述	师评
设计类	设计理念	A	大胆想象，勇于创新，方便操作，具有可实施性	
		B	有创新意识，努力进行创新，大胆尝试	
		C	能够借鉴他人的方式方法，缺乏创新意识	
	制作水平	A	能够很好地实现设计构想，在制作中能够做到科学合理、经济美观、节能环保	
		B	基本能够实现设计构想，在制作中能够做到科学合理、经济美观、节能环保	
		C	基本能够实现设计构想，在制作中欠缺美观性	
	成品展示	A	展示形式新颖，能够清晰地阐明自己的设计理念及科学原理	
		B	能够将自己的作品展示清楚，能表述自己的设计想法	
		C	展示形式单一，基本能够阐明自己的设计想法	

第三章 课程的具体实施

前面和大家讨论了课题实施的方法和过程，那么，在具体教学过程中，教师采用怎样的教学过程，运用哪些教学方法与策略来指导学生进行科学小课题研究呢？本章将用教学案例来具体展开说明。

第一节　研究论文式的小课题研究案例："神奇的大脑"

这个案例是我在2016年实施过的一个案例。起因是我在上六年级科学《我们的脑》一课时，引导学生利用抓尺的游戏活动中发现脑的反应速度不同。在做抓尺游戏活动时，学生提出了各种各样的问题：比如不同年龄段的人群反应速度一样吗？动作熟练程度是否影响大脑反应速度？通过抓尺数据观察人脑反应速度有没有规律？注意力的集中与否是否会影响大脑的反应速度……于是，我决定做一期"神奇的大脑"的小课题研究，先组建研究小组，然后通过情景的创设，学生提出自己小组想研究的问题，梳理问题后，学生以小组为单位展开小课题研究。以下就是教师指导学生进行小课题过程中，教师的教学过程。

第一课　创建学习小组

在以小组为单位进行的科学小课题研究之前，老师不要急于指导学生立即进入小课题的研究，因为学生的年龄小，比较自主，往往听不见别人的劝告，组织协调与合作能力较弱，因此，在开展课题研究之前，教师要组织学生开展一些活动，让学生在活动中体会合作、沟通、协调能力的重要性，并在活动中明确组长和组员的职责和任务，为后面能够顺利开展课题研究做好铺垫。

从这一节开始，我将以目标链接、材料准备、课堂活动的设计几个方面向读者展示每一节课教师是如何指导学生开展小课题研究的过程的，通过具体的指导过程的展示，使读者了解教师采用的教学过程、指导策略和方法。首先我们来看这节课要达到的教学目标。

目标链接：

1. 认识本单元学习的主要内容和进行小课题研究的重要意义。

2. 通过组建团队的活动，初步培养学生的团队意识。

3. 通过分组、讨论、评选组长的活动，初步明确组长和组员的职责和任务，初步具有合作意识。

明确了教学目标后，教师就要准备本节课所需要的教学材料，以便教学能够顺利展开。

准备材料：

教师需要准备：教学 PPT 以及团队活动所需材料，如报纸、胶带、长绳一根、乒乓球、球槽。

准备好教学材料后，教师就可以开展教学活动了。以下是本节课的教学过程设计。

活动设计：

第一部分：小课题研究的内容和意义

1. 小课题研究的意义

1）谈话：同学们，在上课之前，老师想和大家交流一件事。几年前，我们学校有这样一名同学，她特别喜欢观察玉兰。在她每天去食堂吃饭的路上，都会经过北楼楼前的玉兰树。3 月底的一天，在观察楼前的二乔玉兰时，她忽然发现一种奇怪的现象：4 棵二乔玉兰花的花苞都背着太阳光，朝着北面楼群的方向生长（如图 3-1）。咦，这是怎么回事？植物不是具有向光生长的特点吗？难道玉兰不是这样吗？于是她开始研究玉兰背光生长的秘密。

第二年，她又发现了玉兰花的另一个现象：在学校的北楼向阳处和南楼背阴处都种有白玉兰，但是两处玉兰的花期明显不同。于是，她就产生了一个想法，温度是不是造成白玉兰开花时间不同的原因呢？后来她对不同环境中的白玉兰进行了长时间的温度和开花情况的观察，终于发现了其中的原因。

图 3-1

第三年，在观察不同地点的玉兰花时，她发现有的玉兰树的果实多，有的玉兰树的果实少，这又是为什么？为此她又对这个问题展开了研究。

同学们，你们觉得这名同学进行这样的研究有价值吗？有意义吗？

2）请把你的想法和你的同学说一说。

3）小结：这样的研究非常有意义。通过小课题研究学习科学的研究方法，可以激发我们对大自然的观察兴趣、研究兴趣，可以发展我们的科学思维能力，锻炼我们收集、整理、分析信息的能力，从而提升我们对事物的探究能力、解决问题的综合素质，是非常有意义的事情！

2. 小课题研究的基本内容

1）想一想：你觉得日常生活中哪些内容可以作为我们进行科学小课题研究的具体内容呢？

2）小结：我们身边的常见的自然事物和自然现象都可以作为我们的研究内容，只要我们能认真观察和思考，运用科学的方法进行研究，就能够在实践中有所收获，提升我们的研究能力、实践能力、创新能力、解决问题的能力。

■ 第二部分：组建团队

1. 讨论：你觉得要干好一件事，是一个人干效果好，还是几个人一起干效果好？

2. 下面我们一起来做几个游戏，思考一下：做这些事情的时候，是一个人做好，还是几个人合作更好一些。

A. 无敌风火轮

1）道具要求：报纸、胶带

2）场地要求：一片空旷的场地

3）游戏时间：10 分钟左右

4）玩法：12~15 人一组，利用报纸和胶带制作一个可以容纳全体团队成员的封闭式大圆环，将圆环立起来，全队成员站到圆环上边走边滚动大圆环。（如图 3–2 所示）

图 3-2　无敌风火轮游戏

B. 盲人方阵

1）道具要求：长绳一根

2）场地要求：空旷的场地

3）游戏规则：让所有队员都蒙上眼睛，在 40 分钟内，将一根绳子拉成一个最大的正方形，并且所有队员都要均匀地分布在四条边上。（如图 3–3 所示）

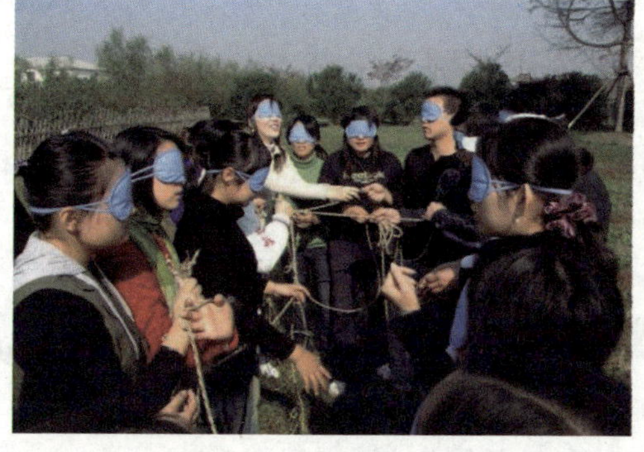

图 3-3　盲人方阵游戏

C. 珠行万里

1）需要器材：乒乓球、球槽

2）场地要求：空旷的平地

3）游戏规则：整个团队每个队员手拿一根半圆形的球槽，将球连续传动（滚动）到下一个队员的球槽中，并迅速地排到队伍的末端，继续传送前方队员传来的球，直到球安全到达指定的目的地为止。（如图 3-4 所示）

图 3-4　珠行万里游戏

3. 讨论：通过以上的游戏，你对团队合作有了哪些新的体会和认识？

4. 小结：团队合作是一种能力。在合作中，队员之间要积极鼓励，不互相埋怨；每个人分工不同，但都必须有任务；尊重每个人的劳动，遇事要互相商量；既分工又合作……

第三部分：进行分组

教师组织学生通过讨论选出本组的组长、副组长，留下联系方式，以便于后期的联系和指导。

讨论：

1）如果你是组长，你希望你的组员怎样做，才能更有利于你们这个小团体的进步？

2）如果你是组员，你希望你的组长具有怎样的才能和胸怀，才能促进你们小组的进步？

3）在完成一项具体工作时，你对组长和组员有哪些具体要求？

4）小结。明确组长的要求：肯付出、肯担当、善于沟通协调、人品好；组长要全力负责本组的课题进展情况，发挥每个人的长处，努力让每个人都有事做，每个人的职责要明确，分工要明确；要主动沟通，有布置，有检查，有落实。

对组员的要求：一定要听组长的话，组长分配的任务要克服困难去完成；工作要主动，做的情况怎么样，每天都要及时向组长汇报。

请大家留下各自的联系方式，稍后，老师会建立微信群，有关小课题的要求老师都会发在微信群中，请大家及时关注。

第二课　提出并确定研究问题

目标链接：

1. 通过抓尺活动，提出关于脑反应速度方面的问题。

2. 通过抓尺活动，学习小课题研究的基本方法。

3. 初步具有“研究大脑反应速度”这一问题的学习兴趣，初步具有求真、坚持、合作的科学态度。

准备材料：

1 米长的尺子、电脑、课件、扎羊游戏、单片机。

活动设计：

■ 第一部分：游戏引入

1. 导入：上课之前，为了缓解一下大家的紧张气氛，我们先来做几个小游戏。

1）打手板，一个同学张开手，另一个同学把手掌放在这个同学的手掌下面，老师一说开始，放在手掌下面的手就要迅速翻上来打上面的手掌，而上面的手掌要迅速抽出，看谁的速度快。（如图 3-5 所示）

图 3-5

2）说五官，教师请几名学生到前面来，老师指自己的五官，其他学生要快速用语言说出五官的名称。（如图 3-6 所示）

图 3-6

3）蹲起立，教室里的同学按照竖行形成不同的组，一行是萝卜，一行是白菜，喊谁蹲谁就蹲。例如：萝卜蹲、白菜蹲，白菜蹲、萝卜蹲……（如图 3-7 所示）

图 3-7

2. 思考：在刚才游戏的过程中，你有什么发现？

3. 小结：我们发现每个人的反应速度是不同的，有的人快一点，有的人慢一点，这反映我们每个人的大脑反应速度的快慢不同。

■ 第二部分：测量大脑反应速度的快慢

1. 讨论：我们怎么知道每个人的大脑反应速度到底是多少？（测量），怎么测？

小结：可以用刚才我们游戏中的方法；可以用体育课课上打地鼠的游戏；可以用科学书上抓尺子等的方法。

2. 分组活动：做抓尺游戏（如图 3–8 所示）。

讨论：每个组的同学都试一试，思考怎样做这个抓尺游戏，才能公平测试每个人的大脑反应速度？怎样做才能既收集到准确、客观的数据，又干得又快又好？

3. 交流分享。

4. 小结。

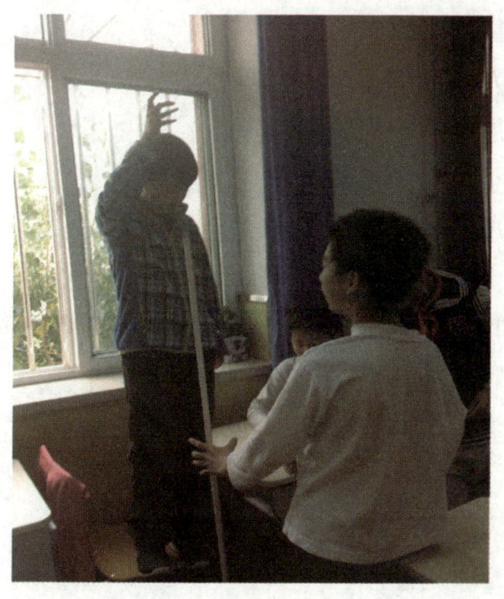

图 3-8 抓尺游戏

1）实验时可以分工合作，有监督员、实验员、记录员、操作员等。

2）操作时，实验员先用尺子帮助抓尺的同学找准大拇指和食指之间的距离，接着让尺子零刻度线与抓尺同学的手平齐（如果放尺同学的身体高度不够，可以站到椅子上）；放尺时要做到突然，不能有任何提示。

3）在整个过程中，抓尺的同学要注意力集中，其他同学不能干扰，做完实验由抓尺的同学说出数值，以手上沿尺子的刻度为准，另一个同学记录。

4）先试几次，再正式实验。

5）如果抓不到尺子就不能收集这个数据，但要把在哪一次发生失误的记下来；根据抓尺时尺子上的数据就能看出每个人的速度快慢。

5. 小组进行抓尺练习，收集数据，并计算出每个人的抓尺速度是多少。

第三部分：确定研究问题

1. 通过抓尺过程中收集的数据，除了发现每个人抓尺的速度不同之外，你还有什么发现？由此你想研究关于大脑反应方面的什么问题，思考这个问题我们能不能够进行研究。

2. 下面是一些同学提出的关于大脑反应速度方面的研究题目，有没有和你们组的研究题目相同的内容？

不同年龄段的人群反应速度一样吗？

动作熟练程度是否影响大脑反应速度？

是否手短、头小、身子矮的人反应速度快？

通过抓尺数据观察人脑反应速度有没有规律。

练习次数愈多，大脑反应速度越快吗？

注意力的集中与否是否会影响大脑的反应速度？

3. 请确定你们小组想研究的问题，并记录下来。

4. 课下，请大家收集小课题研究方法、步骤方面的资料。

第三课　撰写研究方案

目标链接：

1. 知道在观察实验、收集数据之前，要制定好研究方案。

2. 根据自己小组的研究题目确定研究方法、实验步骤和人员分工。

3. 通过研讨交流，制定研究方案。

4. 在讨论交流中，各组制定的研究方案初步做到认真细致、思维严密、步骤清晰。

准备材料：

上节课每个组确定好的研究题目、学生课前收集的关于研究方法、研究步骤的小课题研究资料；教师收集以往学生进行科学小课题研究的具体案例。

活动设计：

第一部分：学习研究方案的撰写方法

1. 研究内容包括哪些内容？

谈话：上一节课，我们一起确定了各组关于大脑反应速度方面的研究课题，是不是课题确定好了，我们就可以开始做实验了呢？不，在实验之前、在收集数据之前，我们还要做一项重要的工作，那就是撰写研究方案。研究方案撰写的好坏，直接影响课题研究的效果。研究方案通常包括以下内容：研究的问题、研究的背景、已有研究成果（鉴于小学生的学习水平，这个环节可以从简）、对这个问题的最初想法（猜想）、研究的方法、使用的工具、组内分工等。

2. 怎样撰写研究方案

1）研究的背景

这部分如何撰写呢？就是写你是怎么想起研究这个问题的，问题是在什么背景、什么情况下提出来的。比如要研究“1 分钟内跳绳的多少与什么因素有关”这个课题，有的学生这样写研究背景：在上课的时候，田老师给我们放映了一段视频，是关于课间操的时候教师测试学生 1 分钟内跳绳的个数方面的，通过观看视频，我发现，同学们跳绳的个数都是不同的，有的同学反应快跳的就多，有的反应慢跳的就少，于是，我们组提出了这样一个问题：1 分钟内跳绳的多少与大脑反应速度是否有关的研究问题。

2）已有研究成果

有没有其他人也研究过这个问题，研究到什么程度，和你的研究相比有什么不同……我们可以通过图书或互联网查阅资料进行分析，比如，一名同学在研究“营养液浓度对水培风信子生长情况影响的研究”课题时，撰写的“已有研究成果”内容如下。

通过查阅知网、万方数据等资料，得知：李风童、陈秀兰等人在《不同配方营养液对水培风信子生长及观赏品质的影响》的文章中介绍了他们研究的不同营养液配方对水培植物生长发育的影响；赵娇娇等人的《不同水培条件对风信子生长的影响》一文中总结了不同水培条件对风信子生长的影响，结果表明：卡耐基品系的风信子在水培时，其根系在浓度为 0.05 mmol/ L KH_2PO_4 水培条件下的根系长度与其他 KH_2PO_4 浓度水培条件下的风信子根系长度有显著差异。而在不同的 KH_2PO_4 浓度水培条件下，风信子的花期时长、花茎高度和叶片长度并没有显著差异。

陈永华在《不同营养液浓度与配方对水培观赏植物的影响》一文中，以风信子、月季、鹅掌柴、金琥、吉祥草、苏铁等 6 种观赏植物为材料，进行不同营养液浓度和不同营养液配方对水培观赏植物的影响研究。结果表明：随着营养液浓度的降低，水培观赏植物的新生叶数和新生根数出现“先增多后降低”的变化规律，1/2 园试标准营养液浓度最适合其生长，其浓度为 0.5~0.6 g/L；斯泰纳配方有利于鹅掌柴的生长；山崎配方有利于金琥、吉祥草生长；园试标准配方和山崎配方更有利于苏铁的生长。因此说明，不同植物适宜的营养液配方不同。

通过对以上资料的查新，我们发现已有资料阐述了利用不同营养液配方对水培植物生长发育的影响，在已有资料中没有查到就学生经常使用的普通的天堂鸟牌观花型植物营养调理剂、营养液的浓度对水培风信子的生长有何影响。此研究意在找到这种营养液对水培风信子生长是否有促进作用，浓度在什么区间，水培风信子生长得比较好。

3）对这个问题的最初的想法（猜想）

主要是把自己对这个问题的最初认识写出来：比如研究“立定跳远跳的远近与人的体重有无关系”的猜想：立定跳远跳的远近与人的体重有关系，轻的人跳得远，重的人跳得近。

4) 研究的方法：你们组准备用什么方法研究这个问题？比如观察法、

实验法、调查法、查阅文献法……一个小课题往往会用到不同的研究方法。要充分研究讨论实验的方法，如果实验的方法有问题，收集的数据就是无效数据。

讨论：如果要研究“体重与立定跳远跳的远近有没有关系”“1分钟跳绳多少与时间早晚是否有关”这两个问题时，具体可以用什么方法、怎么研究呢？请同学们来说一说你们的研究方法。

下面是一组同学对这两个研究问题的具体研究方法：

在研究“体重与立定跳远跳的远近有没有关系”这个问题，可以采用观察实验的方法。找身高相同但体重差异悬殊的10个同学，分别称出他们的体重是多少，把他们分成2组，每组5个同学，体重轻的分为一组，体重重的分为一组，接着找一把长尺铺在地上，让他们一块跳，如果重的人跳得远、轻的人跳得近或者轻的人跳得远、重的人跳得近的话，那就说明立定跳远跳的远近与体重有关系，如果跳的一样近，那就说明立定跳远跳的远近与体重没有关系。

研究“1分钟跳绳多少与时间早晚是否有关”的课题时同样也运用了观察实验的方法：找5个以上的人做实验，使用的绳子的材质、长短、粗细、轻重都相同，每个人每天早晨和晚上跳绳的时间相同，分别测试并记录这些人每天跳绳的个数。连续记录5天，将数据填入相应的表格进行比较，然后分析数据，得出结论。

相同条件：材质、长短、粗细、轻重相同的跳绳3~5根，相同的环境，相同的人。

不同条件：跳绳的时间不同。

5）研究步骤：从确定研究问题开始，每一步干什么，怎么干，用什么材料，谁来操作，怎么记录等都写清楚，越详细越好。在研究中用到哪些工具和实验材料，要写清数量。不要因为工具不齐而耽误实验数据的采集。

6）组内分工：做到分工明确、责任清晰。从撰写研究方案开始，列出研究过程中每一步骤的人员是如何分工的，要求每个人知晓并签字，明确责任。

图 3-9

第二部分：制定小课题的研究方案

1. 请各组讨论自己的小课题研究的具体方案，边商量边记录。

温馨提示：

1）利用头脑风暴的方法，让每个人都说说想法，然后选择一个最佳方案进行打磨。

2）为了让实验方法、实验步骤更科学，可以试做一次实验。

3）一次实验会不会具有偶然性？怎样做才能使我们的证据更充分，让更多的人信服？

4）一种实验方法和三种实验方法哪个更能说明结果的准确性？当然是多次实验更能使实验结果接近真实。老师提供几种测试反应速度的小游戏：比如利用扎羊（用鼠标点击电脑屏幕中突然出现的山羊，看点击的速度）、闪电手（当屏幕开始出现字，快速让手通过扫描位置，观察手运动的速度），请你根据这些小游戏测试反应速度。

5）即使没有人监督，实验时也要做到客观、公正。

2. 各组讨论确定研究方案

3. 小结。今天，我们提出了人脑反应速度的课题，并进行了实验方法的讨论，请大家准备实验工具和材料，下节课我们来收集数据、整理数据。

课堂评价：

表 3–1

<table>
<tr><td rowspan="3">课题类</td><td rowspan="3">实施与分析</td><td>A</td><td>能按照设计好的步骤完成实验，并根据课题进展情况进行一些有意义的调整
能根据收集的数据进行整理分析、得出结论</td></tr>
<tr><td>B</td><td>能按照设计好的步骤完成研究
能分析实验数据，得出结论</td></tr>
<tr><td>C</td><td>基本能按照设计好的步骤完成研究
在教师指导下完成数据分析，得出结论</td></tr>
</table>

第四课　收集数据

目标链接：

1. 知道收集真实、有效的数据对于科学研究具有的重要意义，知道根据研究问题的不同收集有效的数据。

2. 能够通过自主探究收集有效的数据。

3. 通过实验探究，初步具有小课题研究的兴趣，初步具有严谨认真的收集数据的科学态度。

准备材料：

1 米长的尺子、记录用的纸和笔、电脑、椅子、若干被测试者。

活动设计：

■ 第一部分：收集数据的重要性

1. 提问：你认为在科学研究中，实验数据重要吗？为什么？

2. 小结：科学家通过数据发现事物的特点，解释事物发生的原因，揭示事物的本质；工程师通过数据确定新产品的设计与发展；商家通过数据了解市场的需求；医生通过数据，确定病人的病情……可见，数据对于各行各业的人都非常重要。

第二部分：收集什么样的数据

1. 思考：对于科学实验而言，你认为什么样的数据才是有效数据？

2. 思考在你的实验中如何做到以下几点

1）收集“有效”的数据；

2）收集“公平”的数据；

3）收集“详细”的数据；

4）收集“真实”的数据；

5）收集关键的数据。

3. 小结

1）实验前制订详细周密的计划；

2）进行预实验，保证收集的实验数据更合理；

3）实验中细心观察，收集尽可能详尽的数据，不放过任何细节；

4）反复实验，使数据更准确；

5）收集数据的标准要统一。

第三部分：收集数据

各组首先完善自己小组的研究方案，然后根据分工，小组合作收集数据，并把数据输入 Excel 表格中。

图 3-10　通过抓尺测试大脑反应速度

图 3-11　通过扎羊游戏测试大脑反应速度

图 3-12　通过“剁手”游戏测试大脑反应速度

图 3-13　将数据记录在 excel 中

表 3–2　课堂评价

项目	内容	级别	描述	自评	师评
课题类	实施与分析	A	能按照设计好的步骤完成实验，并根据课题进展情况进行一些有意义的调整 能根据收集的数据进行整理分析，得出结论		
		B	能按照设计好的步骤完成研究 能分析实验数据，得出结论		
		C	基本能按照设计好的步骤完成研究 在教师指导下完成数据分析，得出结论		

第五课　处理数据

目标链接：

1. 知道数据要通过整理、分析的过程才能转化为证据。

2. 初步学会几种整理数据的方法，初步学会对数据进行简单的分析，提升整理和分析数据的能力。

3. 认识到整理、分析数据的方法对于实验结论的得出具有重要的价值，对研究数据、分析数据产生浓厚兴趣。

准备材料：

各小组收集的实验数据、电脑。

活动设计：

第一部分：认识整理数据的重要性

1. 讨论：出示以下一组数据，通过观察数据，你有什么发现？

表 3–3

11月4日	用轻绳子	用重绳子	11月5日	用轻绳子	用重绳子	11月6日	用轻绳子	用重绳子
李天娇	142	136	李天娇	154	146	李天娇	142	136
刘靖薇	151	138	刘靖薇	161	148	刘靖薇	151	168
王正阳	174	172	王正阳	175	170	王正阳	174	178
李天娇	156	146	李天娇	166	147	李天娇	156	146
刘靖薇	160	139	刘靖薇	164	149	刘靖薇	169	139
王正阳	174	169	王正阳	170	170	王正阳	174	169
李天娇	174	159	李天娇	174	159	李天娇	174	169
刘靖薇	169	168	刘靖薇	169	168	刘靖薇	169	168
王正阳	175	170	王正阳	175	170	王正阳	174	170
平均值	163.88889	155.2222	平均值	167.55556	158.5556	平均值	164.77778	160.3333

2. 下面，我们把数据整理一下，再次观察数据，你又有什么发现？

表 3–4

时间	人名	用轻绳子	用重绳子	人名	用轻绳子	用重绳子	人名	用轻绳子	用重绳子
11月4日	李天娇	142	136	刘靖薇	151	138	王正阳	174	172
	李天娇	156	146	刘靖薇	160	139	王正阳	174	169
	李天娇	174	159	刘靖薇	169	168	王正阳	175	170
11月5日	李天娇	154	146	刘靖薇	161	148	王正阳	175	170
	李天娇	166	147	刘靖薇	164	149	王正阳	170	170
	李天娇	174	159	刘靖薇	169	168	王正阳	175	170
11月6日	李天娇	142	136	刘靖薇	151	168	王正阳	174	178
	李天娇	156	146	刘靖薇	169	139	王正阳	174	169
	李天娇	174	169	刘靖薇	169	168	王正阳	174	170

续表

时间	人名	用轻绳子	用重绳子	人名	用轻绳子	用重绳子	人名	用轻绳子	用重绳子
平均值	李天娇	159.7778	149.3333	刘靖薇	162.5556	153.8889	王正阳	173.8889	170.8889

3. 对比以上两次的数据有什么不同，由此你有什么发现？

4. 小结。数据不经整理，就不容易发现数据的价值以及数据之间存在的关系，更不能将数据转化为证据，从而推出结论。

■ 第二部分：学习整理数据的方法

（一）将文档设计成表格

一组同学在 10×10 倍显微镜下，观察不同酸碱环境中的酵母菌的个数并进行了记录，记录的数据如下。

文字描述：在 10×10 倍显微镜下，我观察到的显微镜下的酵母菌的个数为中性 pH 值为 7 时有 20 个酵母菌，碱性 pH 值为 11 时酵母菌个数为 10，酸性 pH 值为 3 时，酵母菌的个数为 29 个。

而另一组同学采用了表格式的方法进行了记录。

表格式记录如表 3-5 所示。

表 3-5

溶液	酸性（pH 值为 3）	中性（pH 值为 7）	碱性（pH 值为 11）
10×10 倍显微镜下酵母菌的个数	29	20	10

思考：通过以上两种不同形式的记录方法，你觉得哪一种方法更便于我们对数据进行分析？

（二）将数据转化成统计图

把整理好的数据转化成统计图，可以变平面为立体，化“腐朽”为“神奇”，让我们更容易发现数据中隐藏的关系。按照研究实验的性质不同，可以将统计图分成定性和定量两种。一般来说，定量数据统计图有柱状图、点阵图、茎叶表、箱线图、折线图。定性数据统计图有条形图、饼图。对小学生来说，常常用到的统计图有条形图、柱状图、曲线图、饼图，可以根据数据和实验的特点来决定采取哪一种统计图进行分析最合适。

1. 比较部分占整体的百分比，通常用饼图。如图 3–14。

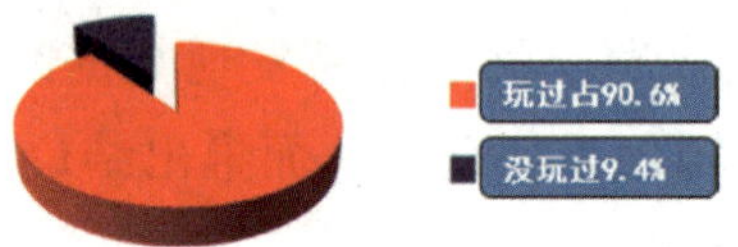

图 3-14

2. 观察某一因素受另一因素影响的变化趋势时，可以用曲线图如图 3–15。

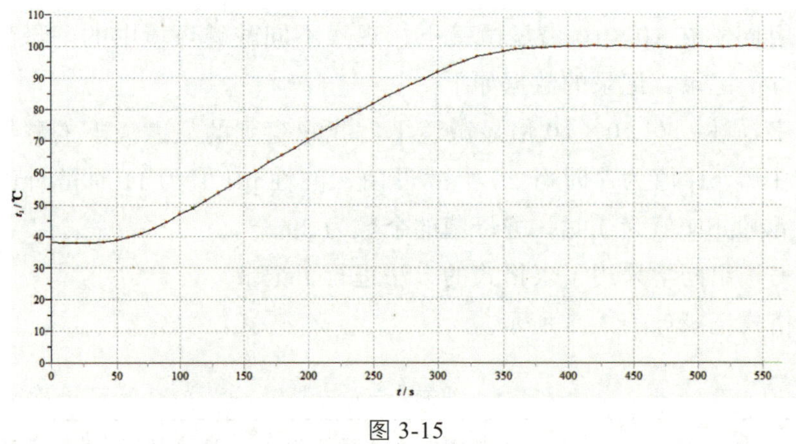

图 3-15

3. 比较不同个体前后不同的变化情况，可以用条形统计图，如图 3–16。

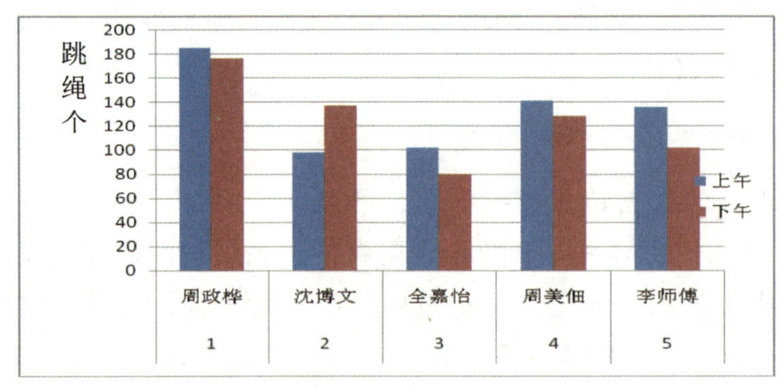

图 3-16

4. 小结：根据不同的需要，选择不同的统计图来整理数据，才能让数据变成会说话的工具。

■ 第三部分：怎样分析数据

1. 说一说，以往你在分析数据时有哪些方法？怎样进行数据的分析？

2. 小结。分析数据的方法，先将数据进行整理，整理成图表后，看一看数据是关于哪一方面的，测试了多少个样本，横轴代表什么，单位是什么，纵轴代表什么，单位是什么，在整个图表中，数据在什么范围内，最大和最小的数据是什么，数据说明了什么？

3. 请试着用上面的方法对某组同学测试的“跳绳个数与跳绳时间不同是否有关”的问题收集的数据进行分析。

4. 以下是某位同学分析数据的过程，你看她分析的过程是否合理？

“这幅统计图（见图 3-16）是关于我们组测试一些人 1 分钟跳绳成绩的统计表。我们共测试了 5 个人，横轴表示不同的人，纵轴表示具体的跳绳成绩（单位：个）。从图中，我们可以看出，所有人的成绩都是在 0~200 个这个范围以内的。最大的数据是周政桦下午跳的 185 个，最小数据是全嘉怡下午跳的 80 个，从图中我们可以看出，在 1 分钟内，每个人上下午跳绳的成绩有所不同，有的人上午跳得多，下午跳得少，有的人则正好相反，还有的人从数据中没有发现规律。因此，我们发现 1 分钟内跳绳的多少与跳绳的时间（上午还是下午）没有关系。”

■ 第四部分：特殊数据的处理重复

在实验的过程中，我们常常会收集到一些特殊的数据（与其他数据相比，太大或太小的数据），这些数据要不要统计和分析呢？我们又该如何处理这些数据？

遇到特殊数据时，如果是实验时收集到的正常的实验数据，就将其算入最终的结果，如果这些数据是由于错误的操作或实验仪器的损坏造成的，就不要放到统计图中，而应当在分析数据后，单独进行说明，并对实验过程中出现了什么情况，造成这种情况的原因进行说明，以便给其他研究者提供指导和帮助。

第六课　撰写论文、展示交流

目标链接：

1. 通过各小组间的交流展示，了解其他小组的研究成果，丰富对大脑反应问题的认识。

2. 通过交流实验方法等，发展表达与交流能力。

3. 通过小组间相互交流，产生继续研究大脑的浓厚兴趣。

准备材料：

各小组准备的研究报告，可以多种形式呈现（演讲、科普剧、海报等）。

活动设计：

1. 撰写论文

1）交流谈话：科学家为什么要把研究的过程写成论文？

2）你写过科学研究论文吗？你知道对小学生来讲，研究论文一般包括哪些内容？

3）小结。科学家要把研究的结果公之于世，才能让其他人了解自己的研究结果，促进科学研究的发展。对小学生来说，我们要写的研究论文包括：提出问题（已有研究调查）、设计研究方案、进行实验收集数据、整理与分析数据、得出结论、感想与收获（或问题与反思）等。

2. 海报制作

1）交流：在展示交流之前，请大家把自己的研究活动过程首先制作成海报。什么是海报？海报就是将自己小组的研究问题、研究过程、研究结论等以图文的形式，在大张图画纸上描绘出来。大家的海报一定要设计得美观、科学、简洁、清晰。

2）图 3-17 是一些同学进行小课题研究后制作的海报，这些海报的制作是否给你一些启发呢？

图 3-17

3. 展示交流

1）下面我们就请同学们把你们的研究结果跟大家做汇报交流。为了便于大家学习汇报和交流，老师制作了评价表，请同学们进行自评和互评。

2）评价表如表 3–6 所示。

表 3–6　六年级各组课题研究评价表

要求：在你认为相符的选项下面打“√”。评价的是第___组　评价人______

评价项目	选项			
	很符合	符合	不太符合	不符合
研究主题清晰，内容相符				
猜想明确				

续表

评价项目	选项			
	很符合	符合	不太符合	不符合
数据详实				
研究的方法科学正确				
数据分析准确				
汇报语言清晰、流畅、声音洪亮				
PPT 精美、团队合作到位				
我的意见和建议				

课堂评价：

表 3–7

项目	内容	级别	描述	自评	师评
课题类	汇报交流	A	能用多种形式进行汇报，PPT 精美，汇报语言清晰、流畅、声音洪亮		
		B	能利用 PPT 等方式进行汇报，汇报声音洪亮，语言流畅		
		C	在教师指导下能基本复述研究过程，汇报声音洪亮，语言流畅		

第二节　创新作品式的小课题研究案例：“灵动的纸板机”

第一课　它是怎么动起来的

目标链接

1. 使用泡沫板等材料，利用简单机械——轮轴探究使物体实现围绕中心轴旋转和在围绕中心轴旋转的同时上下运动的结构，使学生认识轮轴的结构与运动方式之间的关系。

2. 通过设计、制作与交流活动，使学生初步具有根据物体围绕中心轴旋转的结构推想物体既能围绕中心轴旋转又能上下运动的结构的能力，初步具有探究、比较、分析、归纳、概括以及空间想象能力。

3. 学生具有研究物体结构与运动方式之间关系的学习兴趣。

准备材料

教具准备：纸板机模型 3 个，李子君花样滑冰视频片段，凸轮应用视频，板贴，PPT。

学具准备：研究轮轴结构与物体运动方式的装置一套，三角形、椭圆、圆形、偏心圆等不同结构的轮轴，记录单 1、2，彩笔。

活动设计

■ 第一部分：

老师给学生带来一段花样滑冰运动员表演的视频，请学生仔细观察在这段视频中，运动员做了哪些动作，看完视频后找人给大家学一学。

■ 第二部分：纸板机的奥秘

1. 老师不仅喜欢花样滑冰这个运动，还把运动员的动作做成了模型（如图 3–18），当转动手柄时，运动员围绕中心轴旋转。请学生思考，老师这个盒子里设计了怎样的结构使运动员围绕中心轴旋转呢？

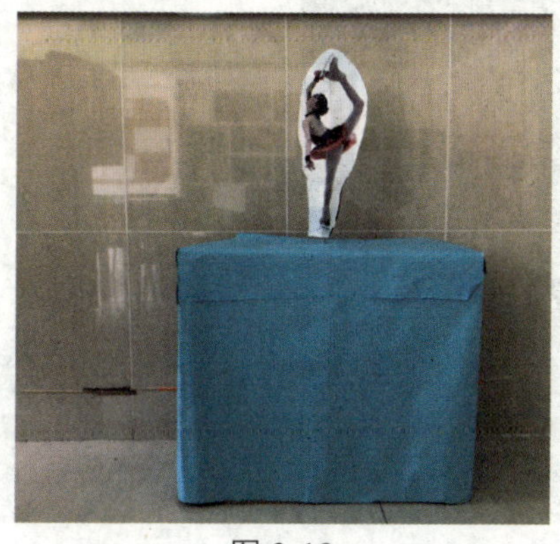

图 3-18

2. 教师打开盒子，请学生仔细观察里面的结构，思考这个模型里用到了哪种简单机械？这个装置是如何实现让这个人物围绕中心轴旋转的目的的？

图 3-19

■第三部分：探究什么样的结构可以让轮上的物体实现上下运动的效果

请学生将不同结构的轮轴竖直放入桶内，将带接头的木棍从两侧的桶壁穿进去，与不同结构的轮轴连接，然后从桶壁外转动木棒，观察人物是怎么运动的，边观察，边记录（如图 3-20 所示）。

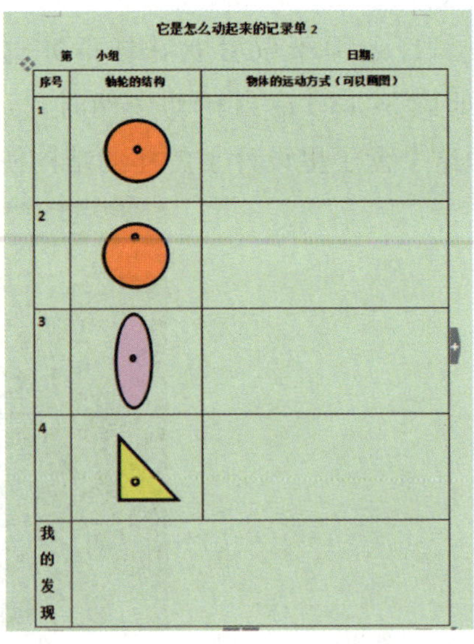

它是怎么动起来的记录单 2

第　　小组　　　　　　日期：

序号	轴轮的结构	物体的运动方式（可以画图）
1		
2		
3		
4		
我的发现		

图 3-20

通过尝试我们发现：当轮边与轴心的距离（半径）不同时，轮上的物体就会实现上下运动的效果，但三种轮轴结构不同其运动效果不同，有几个突起就有几次上下运动。

学生的想法对不对呢？教师和学生一起打开盒子看一看（如图 3-21 所示）。

图 3-21

思考：如果让物体上下运动的同时还能左右运动，那么，盒子里又该有怎样的结构？请学生课下自主探究。

课堂评价：

通过今天的学习，请学生说一说他们对纸板机都有了哪些了解？

第二课　设计纸板机

目标链接：

1. 进一步了解纸板机中的机械运动，认识凸轮在生活中的广泛用途。

2. 根据所给材料以及所学的纸板机的工作原理，设计并制造一个纸板机。

3. 在设计并制造纸板机的过程中，进一步对简单机械产生浓厚研究兴趣。

准备材料：

教具准备：各种凸轮的玩具、纸板机各种运动的图解、工程日志、纸盒、竹签、泡沫板、吸管、热熔胶枪、毛根儿、彩纸等。

活动设计：

第一部分：玩具中的凸轮应用

讨论：向学生提问：仔细观察下面的玩具，你知道这些玩具的哪些地方用到我们上节课学到的凸轮结构吗？它们是如何工作的？

图 3-22

凸轮被广泛地应用在我们的生活中，很多有意思的玩具的内部结构中，藏着各种各样的凸轮。同学们，你们是不是也很想自己做一个这样的玩具呢？我们可以利用纸盒、竹签、彩纸、热熔胶等材料制作一个含有凸轮结构的纸板机。还等什么，现在就行动起来吧！

第二部分：设计纸板机

1. 纸板机的工作原理（如图 3-23 所示）

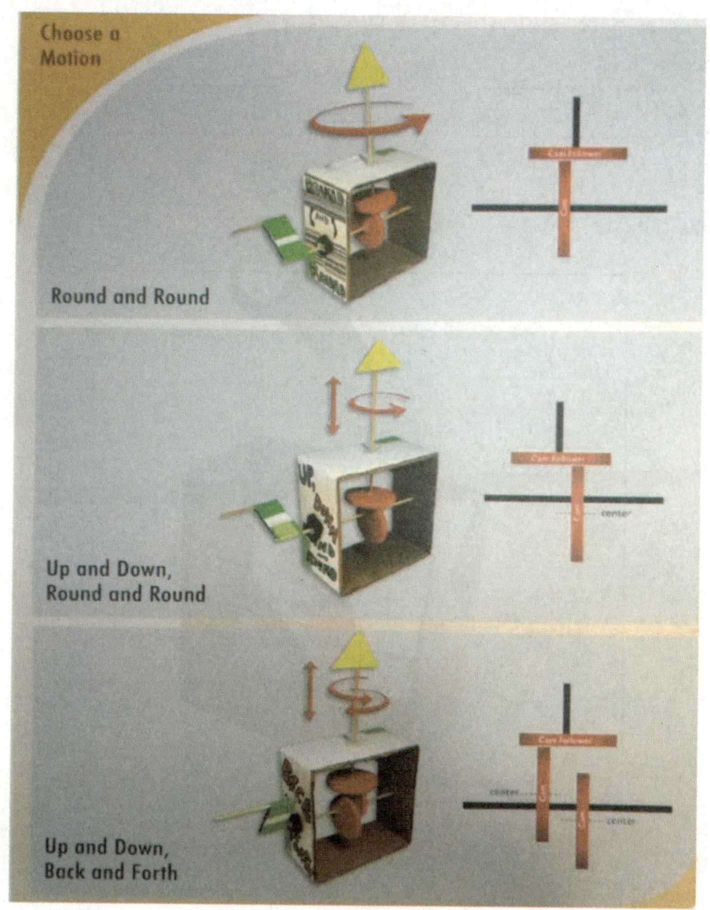

图 3-23

2. 设计纸板机

《＿＿＿＿纸板机设计方案》

1. 团队成员：＿＿＿＿

2. 明确团队分工

每个团队的四名成员分别承担以下工作。

演讲者：具有较强的演说能力，负责本团队的产品发布。

视听觉导演：想象力、创造力丰富，善于创作故事。

技术总监：动手能力强，善于处理各种技术细节。

产品美工：负责美化产品外观。

【任务】：确定本团队中每位成员的分工

演讲者：______________ 视听觉导演：______________

技术总监：______________ 产品美工：______________

3. 进行设计

外部设计简图：

内部构造简图：

课堂评价：

表 3-8

内容		级别	描述	自评	师评
设计类	设计理念	A	大胆想象，勇于创新，方便操作，具有可实施性		
		B	有创新意识，努力进行创新，大胆尝试		
		C	能够借鉴他人的方式方法，缺乏创新意识		

第三、四课　制造并改进纸板机

目标链接：

1. 通过不断的设计、制作、改进，体验工程设计周期，并逐步完善纸板机。

2. 根据图纸，能使用简单工具，完成设计，制造纸板机。

3. 在不断尝试改进纸板机的过程中，体会“做”的成功与乐趣，并逐渐形成通过“动手做”解决问题的习惯。

准备材料：

教具准备：纸板机各种运动的图解、纸盒、竹签、泡沫板、吸管、热熔胶枪、热熔胶、毛根儿（一种捆绑固定的材料）、彩纸等。

学具准备：笔、纸板机设计图（工程日志）。

活动设计：

■ 第一部分：制造纸板机

1. 经过前面几节课的学习，相信同学们对凸轮结构，以及纸板机都有了比较深入的了解。这节课，就请同学们根据自己的设计图，进行建造。

2. 在制作过程中，我们要用到一个工具——热熔胶枪。教师示范讲解。

①先准备热熔胶枪一把，如图 3-24 所示：

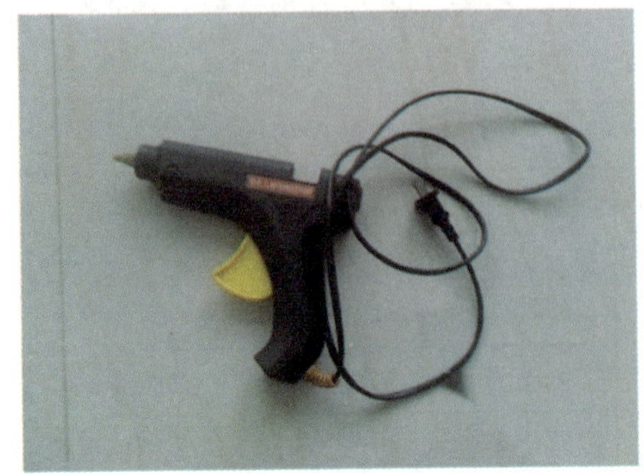

图 3-24

②再准备热熔胶一条，如图 3–25 所示。

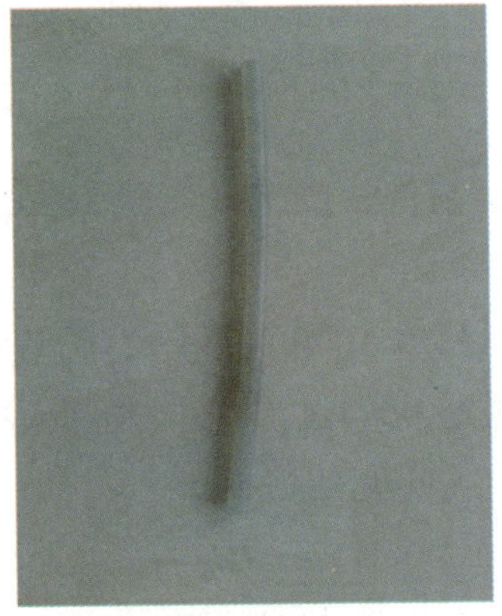

图 3-25

③把胶条插入胶枪中，如图 3–26 所示。

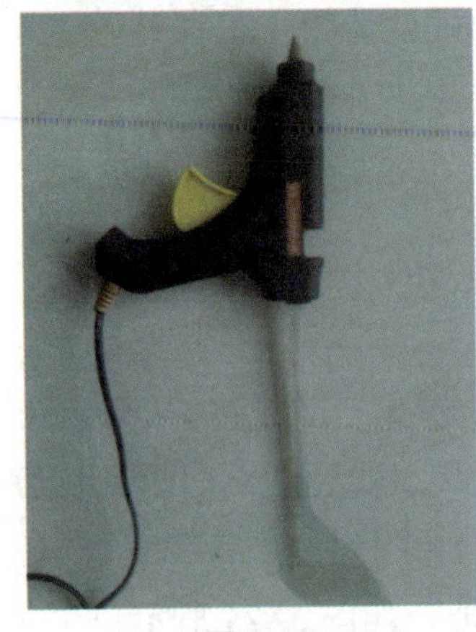

图 3-26

④一直插入到尽头，如图 3–27 所示。

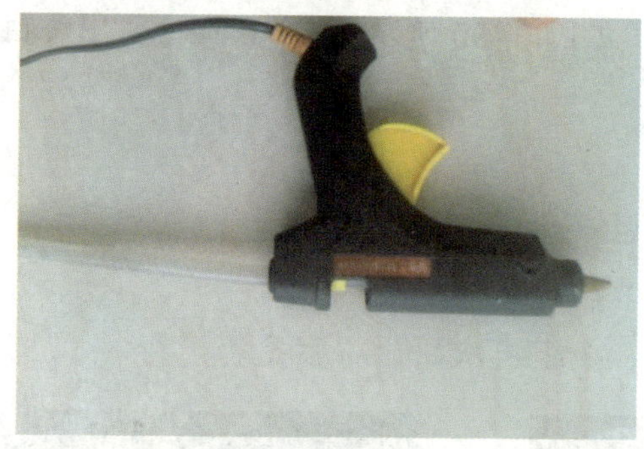

图 3-27

⑤接下来给胶枪通电，如图 3–28 所示。

图 3-28

⑥等 5 分钟，给足够的时间让胶枪预热，否则温度不够高的话不能顺利打出胶。（如图 3–29 所示）

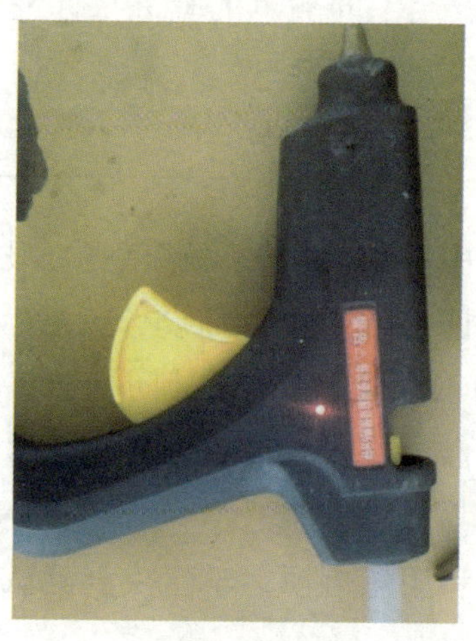

图 3-29

⑦时间到了之后，就可以使用了。把出胶口对准要粘的部件，按下出胶开关就可以使用了（如图 3-30 所示）。注意事项：出胶口金属部分的温度很高，要注意别烫伤！

其他注意事项：

①使用剪刀注意安全；

②使用材料要节约；

③在建造之前，小组再次研讨方案是否可行。

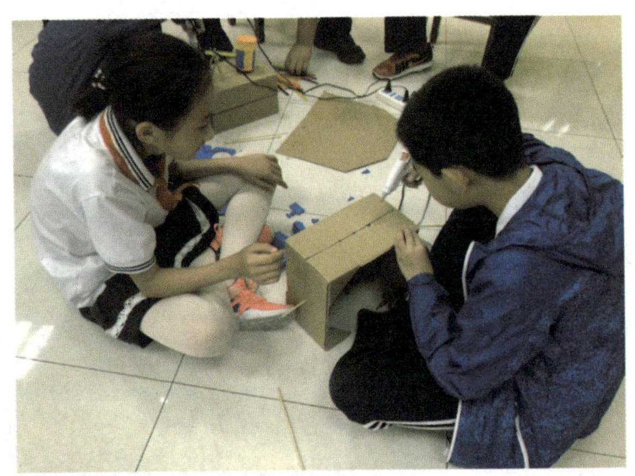

图 3-30

下面请同学们根据自己的设计图，利用各种工具和材料，制作纸板机吧！

注意将修改的部分，用不同颜色的笔进行标注。

第二部分：测试并改进纸板机

1. 刚刚在建造过程中我们发现了一些问题：比如，有的同学设计的结构不转；结构达不到设计的效果；有的设计挺好，但制作不出来；有的是比例不对，有的是结构问题，有的是设计问题，有的是实施问题……

2. 请你分析一下自己所在的小组在制造过程中出现问题的原因，调整并改进设计纸板机。

3. 再一次提示安全和注意事项，学生反复测试、改进。

课堂评价：

1. 制作过程中，你认为最耗时的步骤是什么？为什么？
2. 你们是否对设计图进行了修改？修改了几次？为什么修改？

第五课　展示、交流、评价

目标链接：

1. 通过不断地设计、制作、改进，体验工程设计周期，逐步完善纸板机。

2. 根据图纸，能使用简单工具完成设计，制造出纸板机。

3. 在不断尝试改进纸板机的过程中，体会“做”的成功与乐趣，并逐渐形成通过“动手做”解决问题的习惯。

准备材料：

教具准备：小组评价表。

学具准备：各组需准备好本组的纸板机和工作日志。

活动设计：

第一部分：展示设计图和纸板机

1. 经过前面几次课的设计、制作和反复测试修改，相信同学们都有了比较满意的纸板机。下面就让每组同学和大家分享一下各组是如何设计纸板机的。出示评价单，要求学生按照评价单进行评价。（如表 3-9 所示）

表 3-9　纸板机小组互评表

评价的是第___组　评价人____

评价项目	选项			
	很符合	符合	不太符合	不符合
团队创造的纸板机富有想象力				
这个团队在他们的工作中投入了大量的精力				

续表

评价项目	选项			
	很符合	符合	不太符合	不符合
他们在纸板机中添加了很多细节				
他们的演讲有趣且易于接受				
总分				
我的意见和建议				

注：很符合 =20 分　符合 =15 分　不太符合 =10 分　不符合 =5 分

2. 提出汇报要求：

（1）你们组是如何设计的？讲述纸板机中蕴含着怎样的故事情节或道具？

（2）你们是否修改了最初的设计，为什么修改？

（3）在制作的过程中你们都遇到了哪些困难？是如何克服的？

3. 每一组学生上来汇报，其他小组打分。

第二部分：小组互评

图 3-31

第三部分：让我们来欣赏一些同学的作品吧！

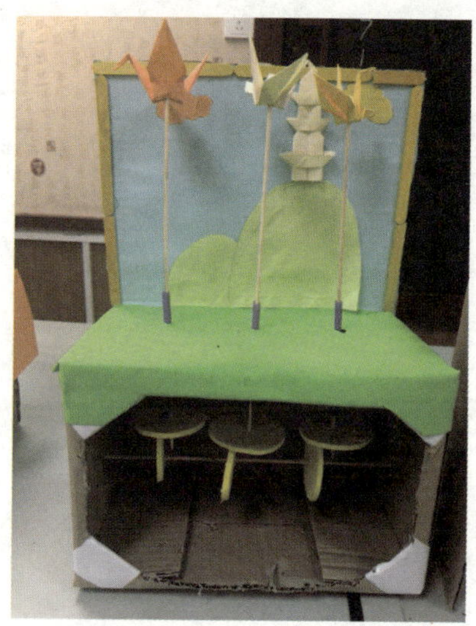

图 3-32

课堂评价：

表 3-10

内容		级别	描述	自评	师评
设计类	成品展示	A	展示形式新颖，能够清晰地阐明自己的设计理念及科学原理		
		B	能够将自己的作品展示清楚，能表述自己的设计想法		
		C	展示形式单一，基本能够阐明自己的设计想法		

第四章 实施效果——部分学生的获奖作品

从设计构思，到申请课题进行研究，到今天的总结提炼，本课题的研究走过了10年的光阴。在这10年中，我们积累了经验，获得了丰硕的课堂研究成果，课题组老师们指导学生进行了大量的小课题研究，很多学生的小发明、小论文在市区级金鹏、创新比赛中获奖。下面我选取了一些有代表性的作品，详细呈现了这些作品的创作过程，希望这些作品能给读者带来一些启发。

第一节　创新作品篇

以下这些内容都是学生的发明作品，是学生在日常生活中发现了问题，经过不断的设计、改进，而创造出来的。

柔性夹具研制报告

六年级 7 班　邓旭雯

一、项目名称

柔性夹具

二、创作背景

去年国庆节时，我想打开一瓶山楂罐头吃，可怎么也拧不开瓶盖，就学着大人的一些做法（如图 4–1 所示）：

（1）把罐头瓶倒过来，用手拍瓶底。

（2）把罐头瓶放到热水中烫。

（上述两种做法都打不开瓶盖）

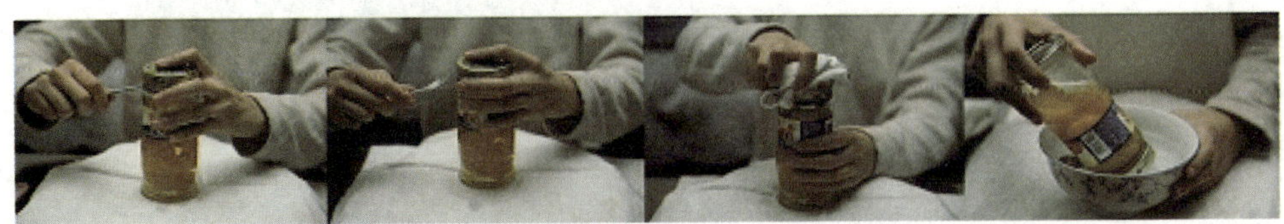

图 4-1　传统开启方法

没办法只好再试试爸爸妈妈的一些老办法：

（1）先用不锈钢勺把撬，因勺把太厚打不开瓶盖。

（2）再用较薄的螺丝刀撬，瓶盖打开了，玻璃瓶口却崩了一块，自己的手划破了，既麻烦又不安全。

从那以后，我一想起开圆形玻璃瓶盖就害怕，想在市场上买一个方便开启瓶盖的工具，一直没有买到。于是我心里想，要是能做一个像钳子一样的开瓶工具那该多好呀！既方便又省力。

1. 选题

（1）生活中一些圆形的瓶、罐的包装盖都非常紧，每次为打开瓶盖，都要用勺把、螺丝刀撬，特别容易受伤，既麻烦又不安全。

（2）我看见修理水管的工人叔叔，背着装满不同规格的大小钳子、螺丝刀等工具的工具包，然而在对一些圆形塑料管进行维修拆装时却没有合适的工具。既不方便，工作效率又很低。

2. 查新

通过查询 www.sipo.gov.cn 国家官方网站，发现目前没有和我一样构思的发明，仅有两项类似的，但主要用于大型机械。

（1）一种柔性夹具。专利号：98218877.3

（2）轧花机肋条压掌底面加工柔性夹具。专利号：99242289.2

三、设计目的和基本思路

我模仿大人手拧瓶子盖的动作（增大扭转力），设计制作一个使用简单、安全可靠，适用于多种圆形瓶盖的开启，也能轻松方便地对多种圆形塑料管件进行拆装工作的类似钳子的柔性夹具。只需轻轻扭动手柄，使钳口状的金属件紧紧压住橡胶带，就能达到轻松方便地开启及拆装的目的，满足我们日常生活的需要。

1. 柔性夹具使用材料

（1）改装用的压蒜器是从小商品市场花 5 元钱买的，尼龙带是从小商品市场 2 元钱 2 米买的。

旧橡胶条、螺丝、螺帽、铁丝，都是家中的废旧物，小金属件的制作材料是从工厂索取的。（如图 4–2 所示）

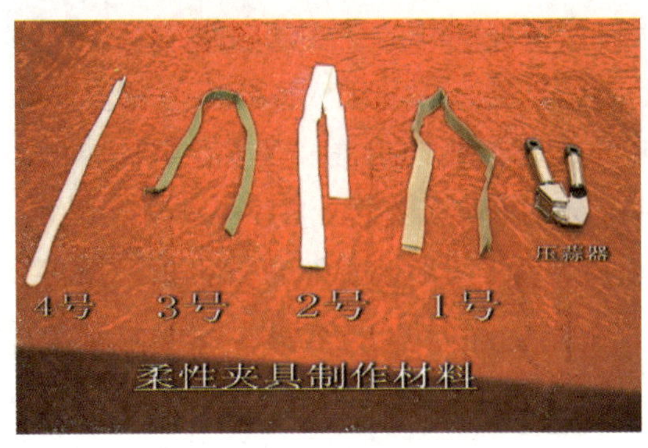

图 4-2　柔性夹具使用材料

（2）使用的工具；家中现有的手电钻、小台钳、锉刀、钢锯、锤子、扳手、螺丝刀、针线。

四、设计制作过程

1. 我先用尼龙带裹住瓶盖，然后用钳子夹着，结果一用力钳子就转圈打滑。

2. 为了不让它打滑，我找了一个较厚些的尼龙带，用钳子用力夹着，结果还是打滑，打不开瓶盖。

3. 我又使用不同材质的带子（棉布带、绳等）固定瓶盖，做了多次试验都未成功，我有些灰心。

4. 今年夏天家中更换纱窗时，我看到工人叔叔使用的固定封严橡胶条有较大的摩擦力，我很受启发，就在家中找到一根废旧胶管，用剪子把它剪开，把其中一条用钳子夹住，裹在瓶盖上一试，感觉不打滑了，但一用力胶条就伸长了，结果还是不能打开瓶盖。

五、研究过程

1. 我又想，如果把橡胶条和尼龙带缝在一起，既增大了摩擦力又增大了拉伸强度，是否就可以打开瓶盖了呢？一试还真行，瓶盖开了。

2. 新的问题又来了。每次开瓶盖都拿着钳子和缝制的带子，很不方便，如果把它们的作用结合在一起就好了。家中的压蒜器给了我一个启示，它的力量能把蒜瓣挤压成泥，压紧缝制带也肯定行。我把想法告诉姥爷，姥爷说咱俩将压蒜器槽用锉刀锉一个方孔，把胶带穿过去并用螺丝固定住带子的一头，你的想法就能实现。

3. 虽然胶带压住了但效果并不是很理想，由于压蒜器的前端与胶条的接触面既窄小又光滑，有时还是打滑。我想，如把钳子口的一半锯齿槽装在压蒜器上效果一定会更好。姥爷非常赞成我的想法。我们就一起制作了一个类似钳口的金属件，装在压蒜器的前端。装好后一试，我的想法实现了，使用这个夹具能很轻松地打开瓶盖了。

4. 当手握夹具把手，压住橡胶带对瓶盖紧固并开启时，由于反作用力，需一直握住不能松手，很累。我看到姥爷修剪花草用的剪刀，闭合时末端有一个定位钩，这个定位钩启发了我。我让爸爸用钳子也做了挂钩装到夹具把手末端，实际操作后，效果很好，省力多了。（如图 4–3 所示）

图 4-3　柔性夹具使用图示

就这样，经过数月对不同材质紧固带的反复试验，和对压蒜器的多次改装，在家中没有理想的材料和完善的加工工具的条件下，经历了多次失败，终于完成了柔性夹具制作。（如图 4–4 所示）

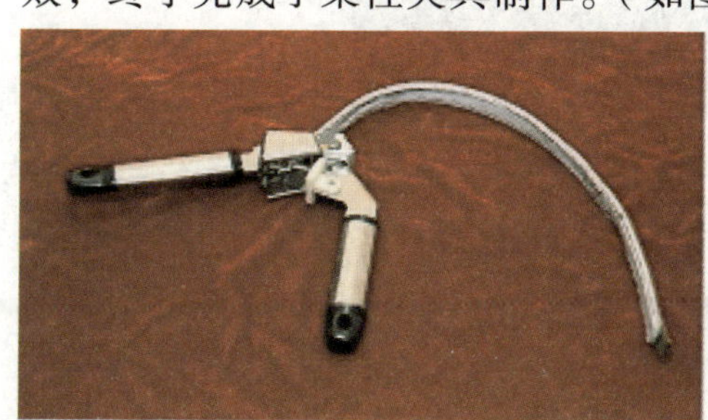

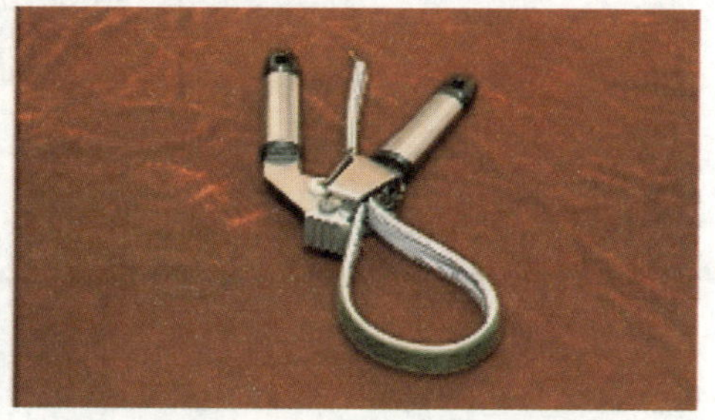

图 4-4　制作完成的柔性夹具

六、应用原理

压蒜器、钳子等工具给了我一个杠杆省力的启发，用废旧橡胶带把直线加力转变成为柔性的曲线加力，制成了一个柔性夹具。

（1）用橡胶带把直线运动变成为柔性的曲线运动。

（2）杠杆省力：$F_1 \times L_1 = F_2 \times L_2$

七、柔性夹具测试

1. 力臂（压蒜器的握把）15cm 长，自制的紧固胶带长约 50cm 时，可打开多种 2~15cm 直径的圆形瓶盖。

2. 在上述数据的基础上，如加长力臂和紧固胶带，在生产维护中可将其应用到更大直径圆形件的拆装。

八、科技创新点

1. 用柔性的橡胶带为紧固材料，把类似钳子的直线用力转变为曲线用力的夹具。

2. 在压蒜器前端加装了一个钳口状的金属件（如图 4-5 所示），起到橡胶带与圆形瓶盖的定位作用。

图 4-5　仿老虎钳口防滑金属件

在压蒜器槽内进行改装以紧固橡胶条。

在压蒜器手柄末端加装定位钩，使用时方便、省力。

3. 改变力臂和胶带的长度即可制作成适用于各种直径圆形物件拆装的柔性夹具。

九、进一步完善及设想

1. 依据柔性夹具的设计思路，希望将压蒜器改装后制成的柔性夹具主要组成部分（手柄）一体化。手柄由金属或高强度的非金属材料制成（其中包括定位作用的钳口状部分、固定橡胶带的锁扣部分和进行操作开启、闭合的单柄握把）。

2. 通过生产不同规格的由金属或高强度的非金属材料制成的一体化手柄组件和橡胶带，制造出适用生活和生产多规格多型号的柔性夹具。新的柔性夹具生产成本低、使用安全方便、外观简洁漂亮。让新的柔性夹具为我们生活打开瓶瓶罐罐排忧解难，为工人叔叔安全、高效的生产提供一个有力的工具。

十、感言

感谢北京市朝阳实验小学给我这次参加 2010 年朝阳区青少年科技创新大赛的机会，特别感谢辅导老师的精心指导，感谢家长的大力帮助，感谢文献资料单位的大力支持。通过参加科技创新大赛，自己在各方面得到了锻炼。

自动浇花器研制报告

北京市朝阳区实验小学三年级 4 班 朱柯冰

一、项目名称

自动浇花器

二、创作背景

我家里养了许多花草，但是我们不在家或人忙的时候常常忘记给花浇水，这样花就干死了。于是我就想，能不能做一个自动浇花器，能够自动给花浇水，而且还能控制浇水量。

三、思考过程

1. 我从网上查阅了许多自动浇花的方法，通过 www.sipo.gov.cn 国家官方网站，查到了几种浇花器，大致分为三类：

（1）用计时器来控制浇水的。专利号 200910167627.5

（2）用细的塑料管自吸水到花盆。（如图 4-6 所示）

图 4-6

（3）通过控制土壤湿度来浇水的（专利号 00129899，200810231862）。（如图 4-7 所示）

图 4-7

2. 通过比较我发现，第一种不适合在家中给小规模的盆花浇水，因为其成本高，最便宜的也在 350 元以上；后面的这两种我买回来试了试，发现了它们的缺点：持续 24 小时渗水，无法控制浇水量，而且水浇完后如果人不在家就没有办法补充水了。此外，这几种浇花器都是人为地设定浇水量或浇水时间，能不能设计一种根据植物的需要来“自动”控制浇水量的浇花器呢?

3. 我看到池塘里用的太阳能小喷泉，太阳晒到的时候它就喷水，阴天或有影子遮挡住太阳能电池板的时候就不喷水。

于是，我就想，能不能用太阳能电池板来控制水的流量呢，太阳晒到的时候浇水，晒不到的时候不浇水，这样就可以通过控制太阳能板的日照时间来控制浇水量。

四、设计目的和基本思路

1. 最初我想的是直接用小太阳能喷泉来把水喷到花盆里，用遮挡物来遮挡太阳能电池板，使太阳能电池板每天只在早上或黄昏的时候接受光照，这样就只会在早上或晚上浇水。

如图 4–8 所示：水桶挡在太阳能电池板前面，当太阳光照在太阳能电池板的大部分面积上时，太阳能电池板开始工作，小水泵开始抽水，当水桶影子的遮挡面积大于太阳能电池板面积的一半以上时小水泵就不工作了，停止抽水。

图 4-8

2. 但是用喷泉浇水，水会洒得满地都是，只适合浇院子里的花，对于房间里的盆花不适用。于是我进一步改进，设计了一张还可以给屋里的花浇水的设计图。（如图 4–9 所示）

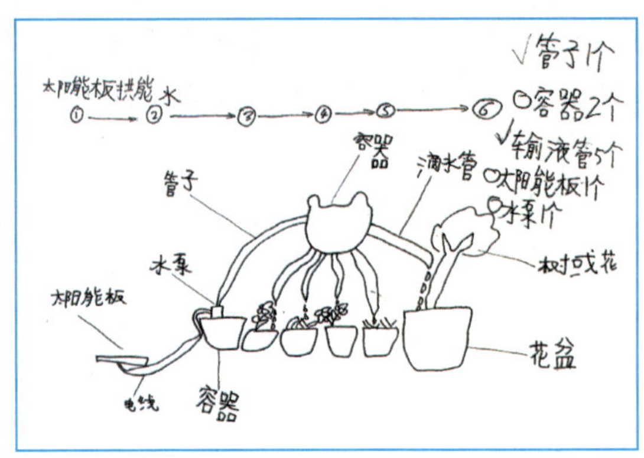

图 4-9

用太阳能电池板给喷泉的小水泵供电，小水泵把水抽到容器里，然后，用塑料管和容器连接往花盆里滴水。

3. 实验之后，我发现滴水量很大，需要控制滴水量。于是，我就从医院买来了输液管连接到容器底部，发现这个很好用，不仅能控制流量，而且还不漏水，它的可调节性还能满足大小不同盆花的需水量。

■ 五、材料准备

1. 所需材料：

太阳能电池板一块，小水泵一个（是从家里的池塘找到的），塑料管一根（家里的废旧材料），输液管 4 根（从诊所买的，2 元一根），小容器一个（塑料点心盒）。（如图 4–10，图 4–11 所示）

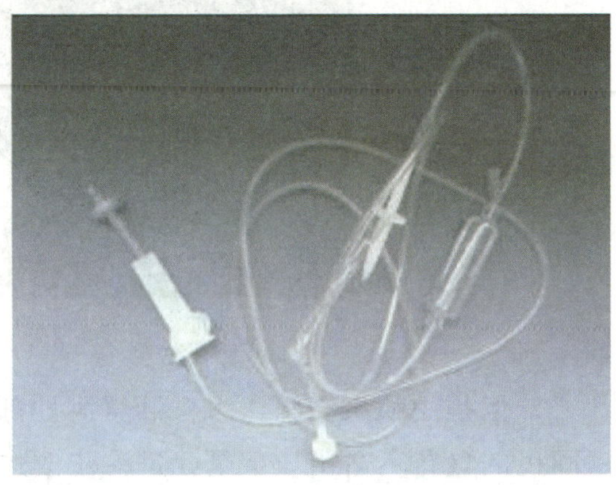

图 4-10　小容器，输液管（输液管的插头很好用，密封性很好，不漏水）

图 4-11　太阳能板、小水泵、水盆

2. 使用的工具：锥子，剪刀。

六、设计制作过程

1. 制作小水泵的供水装置：把小水泵的喷水头去掉，安上一根塑料管。（如图 4–12 所示）

图 4-12

2. 通过遮挡阳光来控制小水泵的工作时间。

把塑料管放到花盆里，把太阳能板放到阳光下，右前方用小水桶作为遮挡物。把小水泵放到水桶里，观察小水泵的工作情况，实验通过遮挡阳光来控制小水泵的抽水时间。

图 4-13a　早上当充足的阳光照在太阳能电池板上的时候，小水泵就抽出水来

图 4-13b　小水泵放在水桶里。早上 9 点左右时，小水泵工作

图 4-13c　早上 10 点半左右时小水泵慢慢停了

实验是成功的。每天早上，当阳光照在太阳能电池板上时，小水泵开始抽水，时长大约为一个半小时，之后因为太阳的移动，太阳能电池板被

小水桶的影子挡住了，小水泵就停止抽水。看来通过遮挡阳光的办法是可以控制小水泵的工作时间的。

3. 实验一盆花的用水量：先用一个饮料瓶插一根输液管来浇一盆花做实验，研究输液管的控水性和一盆花的用水量。（如图 4-14 所示）

把一根输液管插头插到一个饮料瓶底部。管口放在花盆里，尝试控制滴水量，并且记录一瓶水的用量。

图 4-14a

做记录：

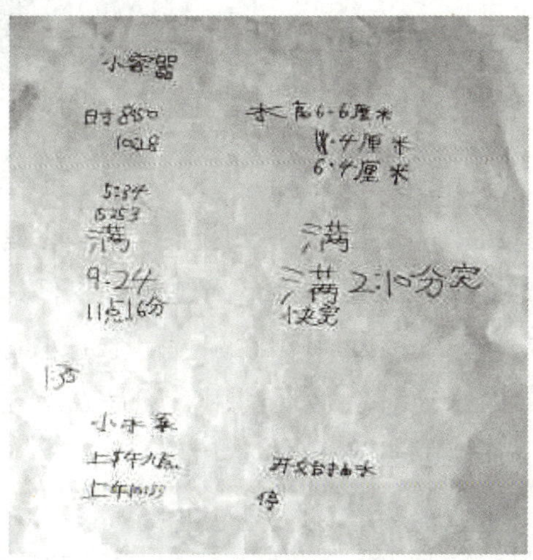

图 4-14b

发现用输液管的流量调节器可以很好地控制滴水量，但一瓶水不停地滴下来，不到一天就滴完了。这样的话，人不在家几天，花还是会干死。所以除了控制滴水量外，还需要不断地给小容器供水。

于是我就想到用太阳能小喷泉的小水泵抽水来给小容器供水，再通过对太阳能电池板的遮挡来控制小水泵的工作时间，从而控制给小容器供水的时间，这样就可以控制给花的浇水量了。

4. 制作小容器和浇水管：把三根输液管插头从容器底部插到容器里，发现这个输液管的插头设计得很好，插进去之后居然滴水不漏，把输液管另一头的针头部分拆掉，把管子放在花盆里。（如图 4–15 所示）

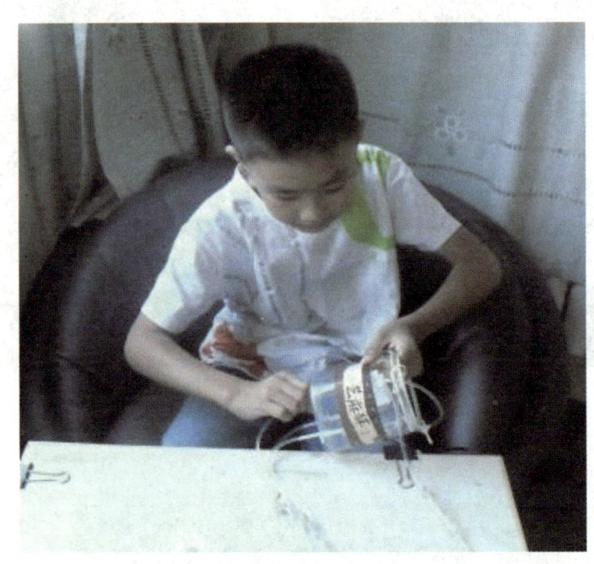

图 4-15

5. 制作溢水管：制作完成之后，发现小水泵抽水到小容器里，小容器很容易满，水会溢出来，这个问题难住了我。这时妈妈提示我说：你去看一看家里的洗脸池，是怎么解决这个问题的。我仔细观察了洗脸池，有三个溢水口。我有办法了，我给小容器装了一个溢水管，通到蓄水池（水桶）里，这样，溢出的水还可以循环利用。于是我又在小容器的上部插了一个输液管，作为溢流管（如图 4–16）。

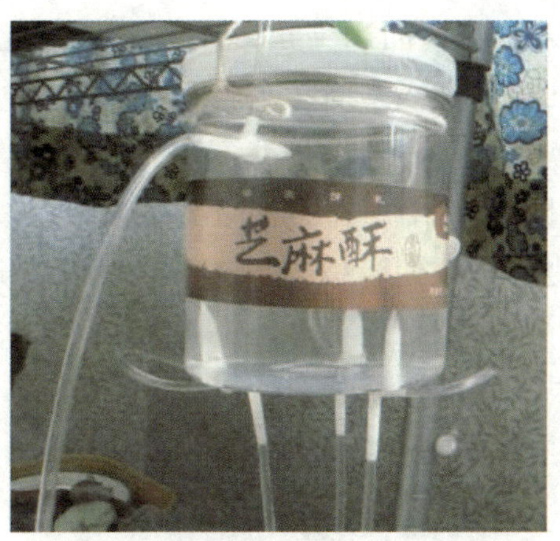

图 4-16

七、测试及调试

全部安装好后，我把自动浇花器挂在花架子上，找了三盆花来测试，滴水量根据花盆大小和不同植物的喜水程度进行调整，我种的花都是小盆的，所以我把滴水量控制在较小位置。

我的自动浇花器同时给三盆花滴水，用时 1 个小时左右，水就会从每个花盆底部渗出，说明已浇透，实验很成功。

但是经过几天的测试，发现了新的问题：

1. 测试的过程中，小水泵往小容器里上水太快，溢水管来不及排水，水从容器里流出来了。我想是因为溢水管太细，输液管中有空气时水向下流得很慢，来不及将多余的水溢出，于是我把作为溢水管的那个输液管剪掉，改成了粗一点的塑料管。（如图 4–17 所示）

图 4-17　溢水管很快将水排下来，问题解决了

2. 可是过了几天，新的问题又出现了。每天浇完水之后，三根输液管中进了空气，第二天再加入水时，水就很不容易从输液管中流出来，虽然用手把气泡挤掉就可以了，但这样就不“自动”了。于是我研究了好几天，发现输液管的针头部分有一个过滤装置，我向它吹气都吹不动，说明它的透气性不好。也许是它使管中的空气不能很快排出，顶住了水，使水很不容易流出来吧，于是我把这个过滤头剪掉了（如图 4–18），一试，果然解决了问题，水很快就自己滴进了花盆里。

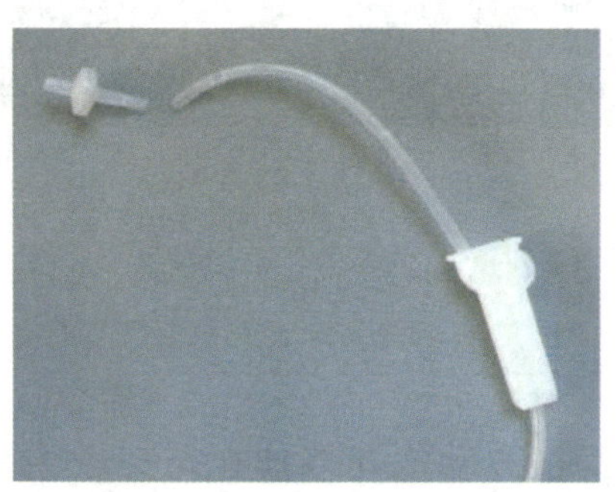

图 4-18

小结：通过遮挡阳光，使太阳能小水泵在阳光充足的情况下每天只工作一个半小时左右，保证每天给植物浇适量的水。阴天或雨天不工作。这就真正实现了“自动”给花浇水的效果：阳光充足时，植物散失的水分多，需要浇水，太阳能小水泵每天定时、定量给植物浇水；阴天或雨天，植物散失的水分少，不需要浇水，太阳能小水泵不工作或少工作（日照不足时）。

图 4-19　完成之后的自动浇花器

八、应用原理

1. 利用日照来控制太阳能水泵工作。太阳能转换成电能，电能转换成电磁能，使水泵工作，将水从水桶中抽出来。

2. 容器中的水因为受到重力作用向下流动，通过输液管流入花盆中。

3. 输液管的流量调节器是一个一边宽一边窄的滑轮槽，滑轮的滑动会挤压导管，从而控制水的流量。

九、科技创新点

1. 利用植物和日照的关系控制浇水量。晴天日照强时植物的水分散失得多，需要浇水，太阳能水泵开始工作，给植物浇水。阴雨天时花儿散失的水分少，花儿不需要浇水，太阳能电池板不工作。用自然天气来控制浇水量。

2. 合理利用自然资源。利用太阳能产生电能，安全，无污染，不浪费。

3. 用流量调节器控制水流量，满足不同需水量的植物。

4. 实现了水的循环利用。

十、进一步完善及设想

设想一：依据自动浇花器的设计思路，希望能将容器和浇水管一体化，用塑料制成，太阳能电池板及小水泵做成一个完整的水循环。（如图 4–20 所示）

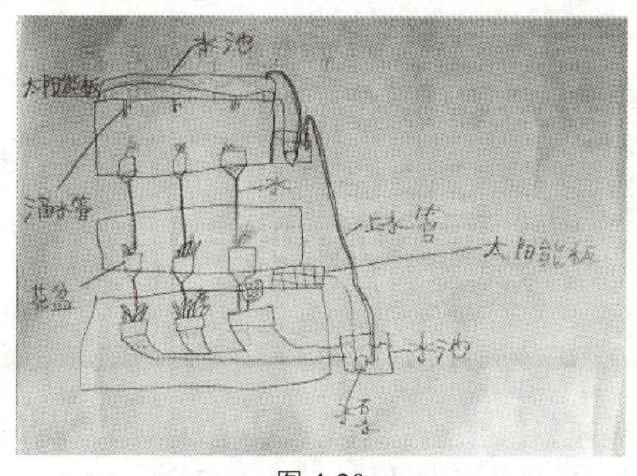

图 4-20

设想二：依据自动浇花器的设计思路，希望能制成一个完整的“自动浇花水循环式花架”，集太阳能电池板、小容器、浇水管、小水泵和集水容器（或连接自来水管）为一体的一个立式花架，单层可单独使用，多层可组合使用。

图 4-21

设想三：夏天可以收集空调水给放小水泵的蓄水桶供水，所以整个夏天都可以有水浇花。

塑料袋便捷密封条研制报告

朝阳区实验小学四年级 4 班　朱柯冰

一、项目名称

塑料袋便捷密封条

二、创作背景

前些天我在烤面包的时候，打开了好几包食品：面包粉、全麦粉、燕麦片、全脂奶粉，妈妈告诉我做完面包之后，一定要把这些食品袋密封好，不然就会受潮或长虫。我找来了奶奶平时用的密封夹，可是发现密封夹的尺寸有限，小一点儿薄一点儿的塑料袋还可以，像面包粉这样的比较厚比较硬且大的塑料袋就夹不住了。而且有的密封夹因为用了较长的时间变得松了，夹在塑料袋上不一会儿就开了。于是我想，有没有一种塑料袋的密封装置能适用于各种塑料袋的密封，且使用方便呢？

三、问题及查新

我上网查阅了国家专利网，发现专利网上没有与便捷密封条类似的产品，后来，在市场看到这种功能的产品有两种：一种是密封夹，另一种是密实塑料袋。（如图 4–22 所示）

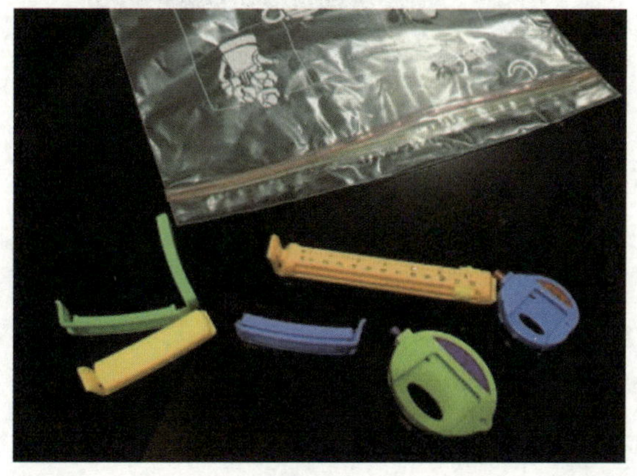

图 4-22

我去超市买回来试了试，发现它们除了受规格大小的限制，且并不能适用于不同材质的塑料袋的密封，像面包粉或是奶粉这样质地厚且比较大的塑料袋，密封夹就夹不住了。

四、设计思路

1. 我希望能设计一种很便捷的密封条，能方便地用于各种塑料袋的密封，密封条不受尺寸的限制，就好比胶带一样，使用的人根据自己的需要裁剪需要的尺寸，从而达到密封各种塑料袋的效果。

2. 密实袋的封口给了我启发，这种细小的密封条能否做到像胶带一样

很长，或像胶带一样卷成一个卷，使用的时候根据自己的需要任意剪裁到合适的尺寸，方便使用呢？（如图 4–23 所示）

图 4-23

3. 除了可以任意裁剪成所需要的尺寸，密封条又怎样固定在需要密封的塑料袋口上呢，我想到了双面胶。

五、准备材料

塑料密实袋一盒，双面胶两卷，剪刀。（如图 4–24 所示）

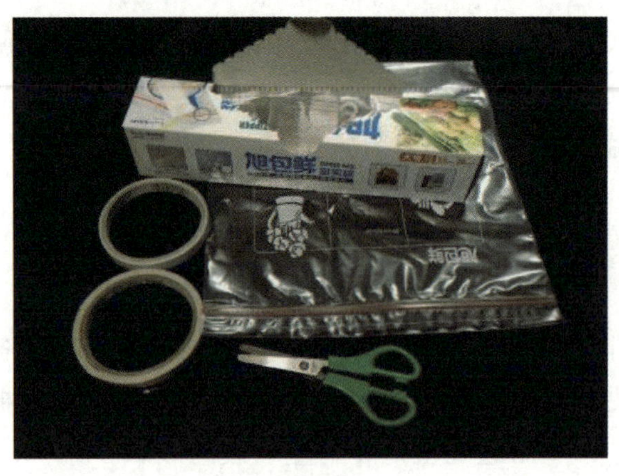

图 4-24

六、设计制作过程

1. 制作：我先将塑料密实袋上的密封条剪下，然后分别在密封条的外侧贴上双面胶，双面胶不剪断，接着贴下一个密封条，让几个密封条连接起来。

①将密封条从密实袋上剪下。（如图 4–25 所示）

图 4-25

②在密封条的外侧粘上双面贴。

③双面胶不剪断，接着贴下一个密封条。（如图 4–26 所示）

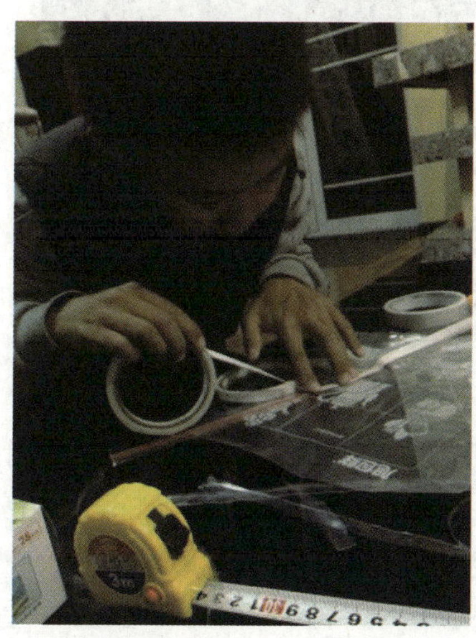

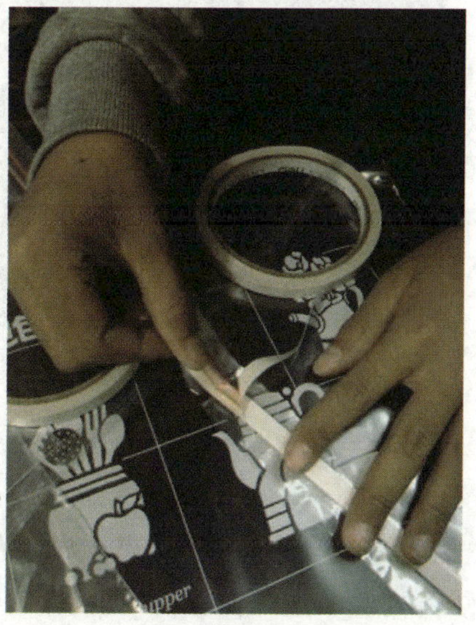

图 4-26

2. 实验：我找来一个已经剪开口的塑料袋，根据它的开口大小在我的便捷密封条上做好记号，然后用剪子剪下所需的尺寸。我把密封条放在塑料袋开口的内侧，撕去双面贴上的油纸，把密封条粘在开口内侧两面。（如图 4–27 所示）

图 4-27

3. 发现问题：把密封条按照塑料袋开口的大小剪下来比较容易，可是要把密封条粘在开口的内侧就很不好操作了，我好不容易把它粘上了，可是，我发现，由于密封条是有一些厚度的，因此造成封口的两边出现了不小的缝隙，密封不严。于是我想，把密封条粘在塑料袋开口内侧是行不通的。（如图 4–28 所示）

图 4-28

4. 修改：发现了上述问题，我决定改变密封条的粘贴位置，把密封条粘在塑料袋开口的外侧，这样就得把双面贴贴在密封条的内侧。于是我重新进行了制作：剪下密封条时，要把密封条下面的塑料袋留宽一些，在塑料袋的内侧粘上双面胶。（如图 4–29 所示）

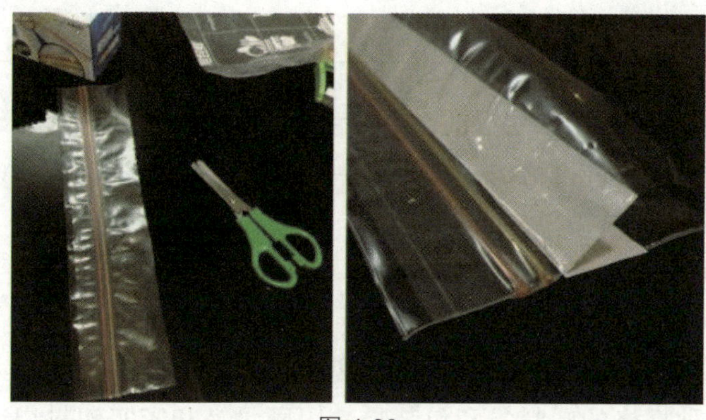

图 4-29

5. 实验：我用新改进的便捷密封条来密封一个被剪开口的食品袋，这次好操作多了，轻而易举地就剪裁到合适的大小并粘贴好。可是一个新问题又出现了：由于粘胶带的位置和密封条之间有一定的距离，这样会在袋口两边出现两个小缝隙，不密封了，于是我又调整了胶带的位置，使胶带紧挨着密封条粘贴，问题解决了。（如图 4–30 所示）

图 4-30

七、应用原理

1. 密封条特有齿形双层拉链，咬合后密封性好，可用于保鲜及防止异味。

2. 利用双面胶进行粘接，起到进一步的密封效果，且方便、好操作。

八、科技创新点

1. 便捷密封条的长度可自由剪裁，不受尺寸大小的限制。适用于各种材质、各种规格的塑料袋和包装袋。用密封夹和密实塑料袋这两种密封方法，都会受食品袋尺寸的大小的影响，不是大，就是小，很难合适，而且一些材质较硬的塑料袋用密封夹根本无法密封，而用便捷密封条来密封食品袋就克服了这个缺点，用多少，裁多少。

2. 用便捷密封条来密封塑料袋或包装袋，可反复多次开合，直至食品吃完、用完，长久保持食品新鲜，有效防止窜味，防潮防湿。

3. 用便捷密封条密封食品袋，操作起来比较简单，使用方便，制作成本低。密封条利用双面胶进行粘接，利用密实塑料袋的齿形双层拉链，密封性好，制作成本低。

九、进一步完善及设想

1. 将密封条制成卷筒，像胶带纸一样，方便储存、抻拉。

2. 用一种比双面胶更轻薄的胶与密封条一次成型，使用起来会更方便。

“捡乒乓球机”研制报告

朝阳区实验小学三（6）班　许文哲

一、问题的提出

我很喜欢打乒乓球，每个星期三的下午我都去我家附近的乒乓球培训班练球。每次训练时，我们需要用很多球，妈妈就在我们周围来回不停捡球。

培训班的捡球工具五花八门。有的人用簸箕和扫帚来捡球，扫球时灰尘也扫起来了，把球弄得很脏，而且球很容易就从簸箕中弹出来；有的人用渔网捞，但需要很高的技巧，而且时间长了，手腕会很酸；也有人在羽毛球球筒里加了一根橡皮筋来捡球，球虽然不易弹出来了，但羽毛球球筒装的球比较少，要把口对准球才能捡球而且只能一次捡一个，效率比较低，而且捡一次得弯一下腰，也很累。

我就想，要是能制造一个自动捡球的捡球机，能连续不断地捡球，方便、省力、便宜又实用，那该多好！

■ 二、思考过程

1. 资料收集

我用百度搜了一下，发现有人用可乐瓶代替羽毛球球筒，把羽毛球球筒里加橡皮筋的方法完善，效果还不错。但是，我在网上没有发现能连续地、滚动地捡球的手动工具。

2. 思考

用吸尘器的原理将球吸起来，但是，吸尘器的体积大，要插电，不利于捡球机自由移动，而且灰尘也会一起吸进来，费用也比较高。

我想到用风扇吹，于是，我买了一个风扇，试了试。乒乓球很轻，被风吹得到处跑。要想解决这个问题，我们需要做个风道以便收集乒乓球，但很麻烦。

最后，通过再三思考，我想借鉴在羽毛球球筒里加橡皮筋来捡球的方法，利用橡皮筋的弹性，让乒乓球挤进羽毛球球筒中，并且能管住球不从球筒掉出来的方法来制造捡球机。（如图 4-31 所示）

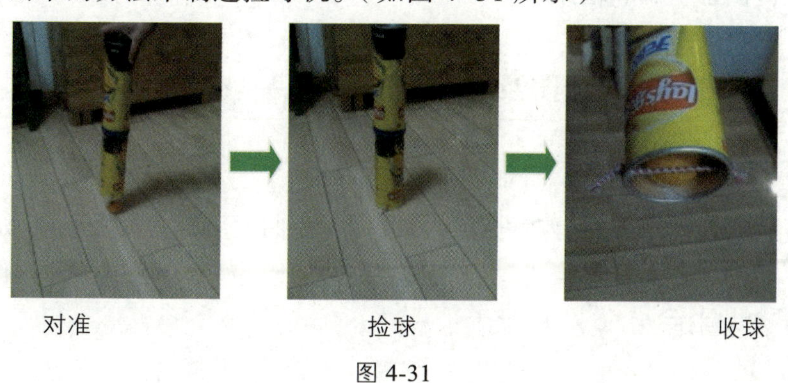

图 4-31

但是，怎样克服这个办法中效率不高的缺点，让捡球机连续不断地捡球呢？经过再三思考，我想到，如果将羽毛球球筒的上下运动变成连续不断的滚动来捡球就好了，这样就解决了上面的问题。

从《被砸晕的猛犸——力的奥秘》一书中，联合收割机中卷筒的原理启发了我。（如图 4–32 所示）

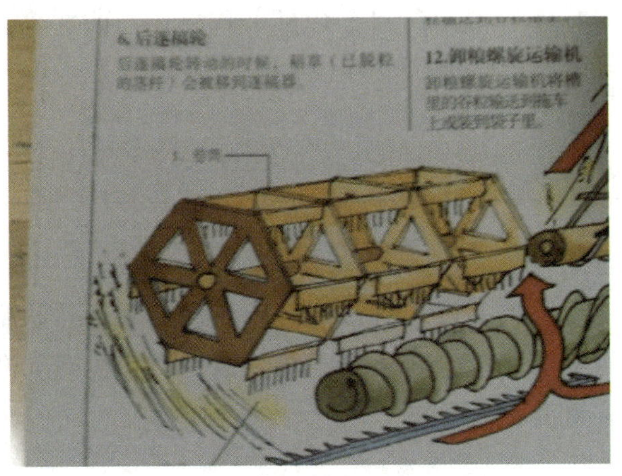

图 4-32　联合收割机卷筒

我们可以像举重的杠铃一样用一根棍穿起两个轮子，让轮子和棍固定在一起，在两个轮子的边缘垂直均匀地穿上间隔小于乒乓球直径（40 毫米，由乒乓球上的标示所知），并且和棍（轴）平行的橡皮筋，这样，就像联合收割机的卷筒一样，轮子一滚，就可以连续不断地捡球了，省力又方便。

另外，这个有轮子的方案也为我下一步用单片机控制电机做一个自动捡球机提供了基础和框架。

■ 三、初试，画设计图及准备材料

1. 初试

事不宜迟，当天晚上在爸爸的帮助下，我们就用鞋盒的纸板就做了一个模型（如图 4–33 所示），试一试，效果基本上还行；下一步就是画设计图和准备材料制作了。

图 4-33　初试模型

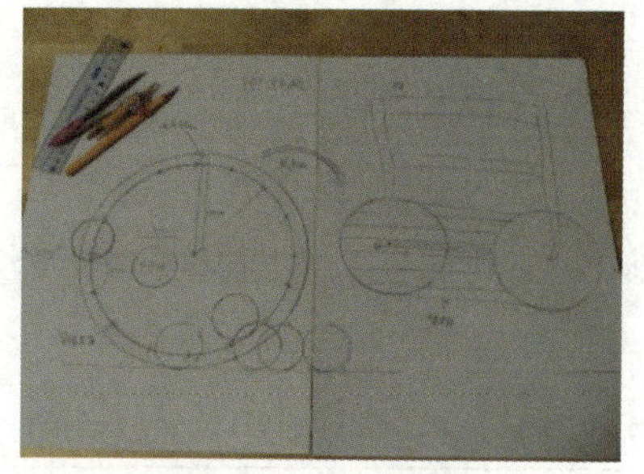
图 4-34　初设计图

2. 画设计图（名称和数据已在图纸上标注）（如图 4-34 所示）

两个大轮子：半径 100 毫米

连接轴：长 220 毫米

一个推的把手

在大轮子的边缘（离边缘 10 毫米）均匀打孔，孔间距 30~33 毫米，用来穿橡皮筋。

3. 准备材料（见图 4-35）

厚的胶合板（8~10 毫米厚，200×200mm 的方形，作轮子用）

木擀面杖一只（长 250 毫米，作轴用）

小木条若干（ 3 毫米厚）

塑料板若干（5 毫米厚、50 毫米宽，可作推手、架子用）

小铁棍两根（直径 6 毫米，作固定架子用）

橡皮筋（约 5 米）

胶合板

擀面杖

小木条

塑料板

小铁棍

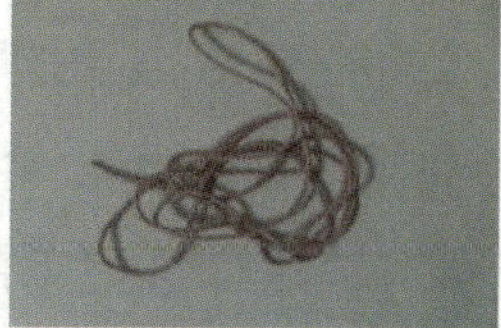
橡皮筋

图 4-35　准备材料

4. 工具

家里已有的工具：小钢锯、木工钻头、改锥、金属钻头、老虎钳、小手电钻、小钢锉、小台钳；

从五金商店购得的工具：螺纹丝锥、木工锉、钉子和螺钉等。

■ 四、制作、调试和改善提高

1. 制作

1）制作大轮子

在厚木板上画两个200毫米长和宽的正方形，在正方形中用圆规画一个半径100毫米的圆；将厚木板锯成正方形，然后再一点一点将它锯成圆轮，最后用木工锉修圆。

在大轮子的边缘（离边缘10毫米）均匀打孔，孔间距30~33毫米，用来穿橡皮筋。在轮子中心再打一个大孔（直径18毫米），用来穿轴。(如图4-36所示)

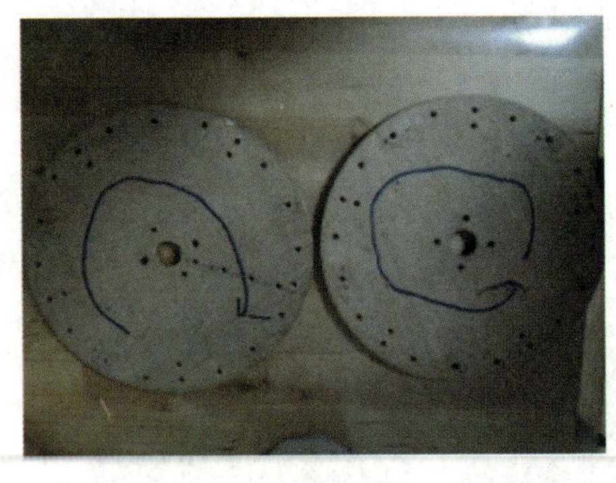

大轮

轴

图4-36

2）制作连接轴

在木工商店将木擀面杖两端车成直径18毫米的圆柱形，然后将大轮子连接起来，两个大轮子距离220毫米。同时，在木擀面杖两端打孔（直径6毫米），这样推把手的插销可以插进去。

2. 组装和调试

橡皮筋穿在两个轮子上，像联合收割机中的卷筒。

做一个推把手，和卷筒组装在一起，捡球机就做成了。（如图 4–37 所示）

图 4-37

推动把手，卷筒在地上滚起来，滚动中就可以把乒乓球挤进卷筒中，把球捡起来。（如图 4–38 所示）

图 4-38

可是，我发现有的球成了漏网之鱼，没有被捡起来。（如图 4–39 所示）

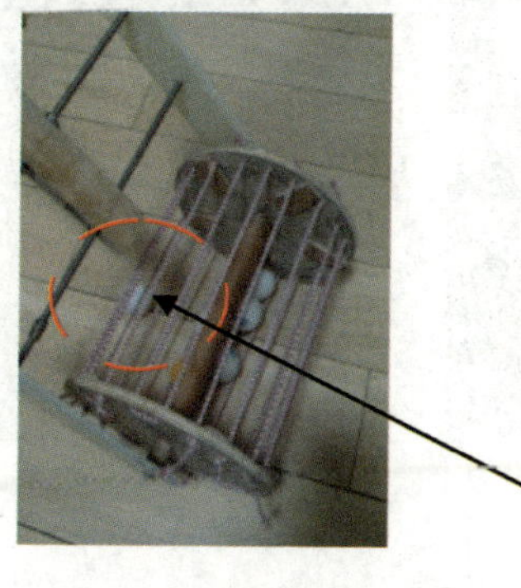

图 4-39　漏网之鱼

怎么回事呢？在爸爸的引导下，我观察到：当乒乓球中心位置正好被压在一根橡皮筋上时，乒乓球被这根橡皮筋正压在地上，起不到任何将乒乓球收进来的作用；卷筒滚过后，球仍然在原地，不能被捡起来，成了漏网之鱼。（如图 4–40 所示）

图 4-40　乒乓球中心位置正好被压在一根橡皮筋上

必须找出一个办法不让乒乓球中心正好被压在一根橡皮筋上的情况发生。

3. 改善提高

有一天，当我再次翻看《被砸晕的猛犸——力的奥秘》时发现，联合收割机中卷筒上有五排尖齿耙子，用来整理麦秆。捡球卷筒上能不能加上类似的东西，不让乒乓球中心正好被压在一根橡皮筋上？爸爸同意我的想法，认为可以加 5 块小板在轮子上，而且宽度要在 40~50 毫米。其作用是：①当卷筒滚过，小板可以将乒乓球挤偏，使它不正好压在一根橡皮筋上；②利用轮子转动的离心力，小板用来卡住滑跑的乒乓球。（如图 4–41 所示）

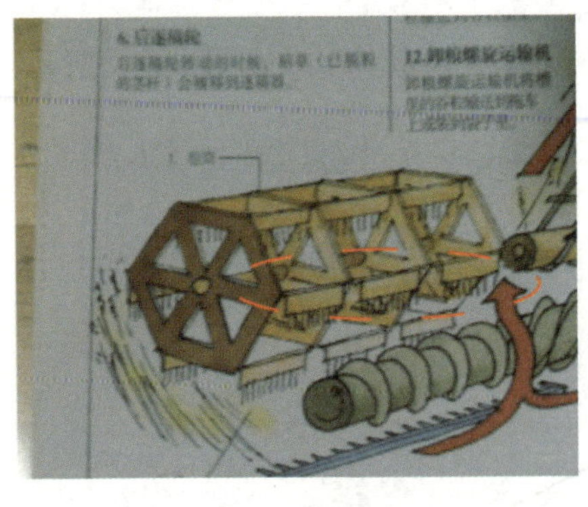

尖齿耙子

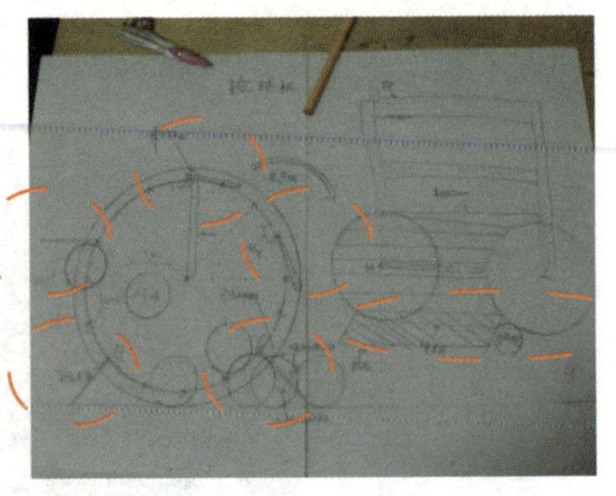

更新设计图

图 4-41

用塑料板锯成 220 毫米长的小板，共 5 块。在两端离上边 4 毫米处打孔。（如图 4–42 所示）

图 4-42　小塑料板

在两个木轮上，钉上限位块和转动销，使小塑料板可以自由活动 90 度。（如图 4–43 所示）

图 4-43　限位块

最后，组装调试。

注意：小塑料板上可能需要粘角度调整块来保证小塑料板不要成仰角。（如图 4–44、4–45 所示）

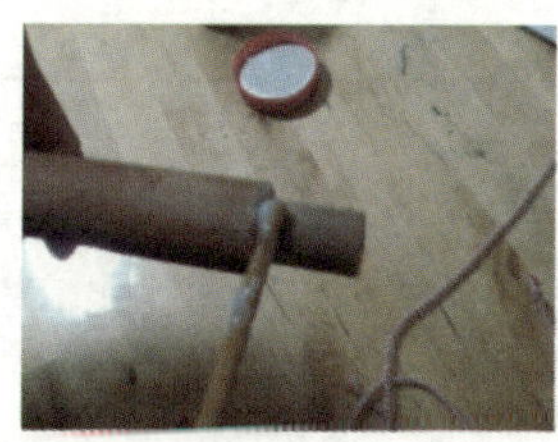

涂胶

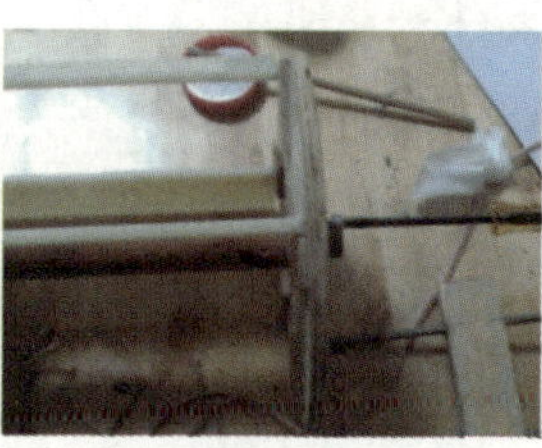

固定

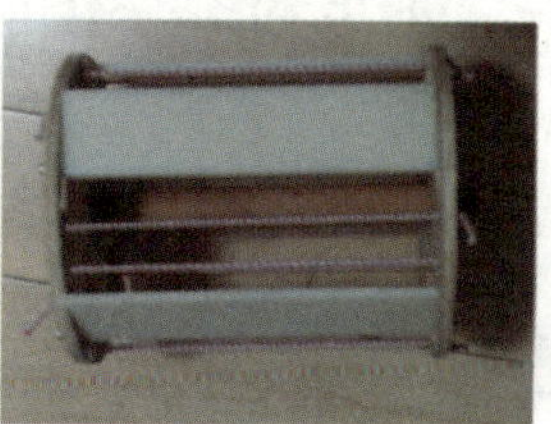

卷筒

图 4-44

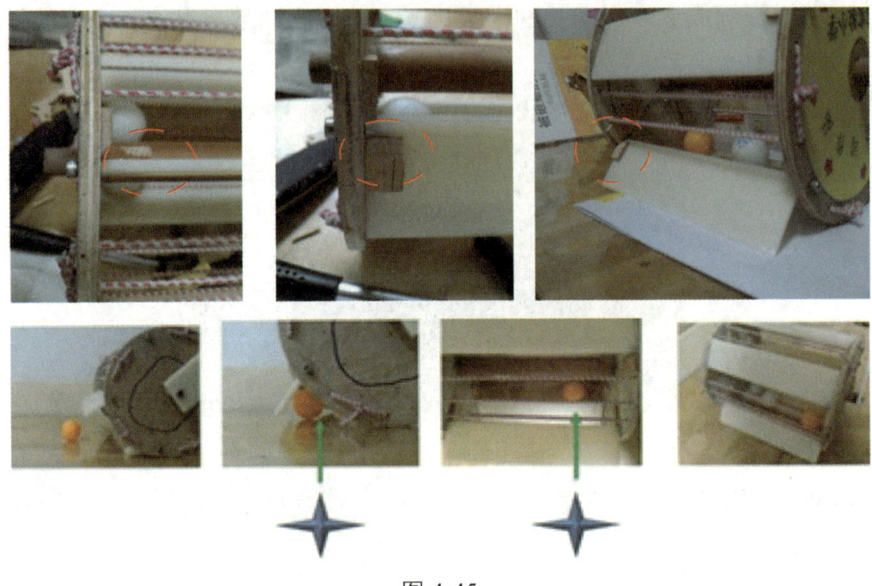

图 4-45

装上推把手，推一推、试一试捡球，还真管用。（如图 4–46 所示）

图 4-46　作品：捡球机

■ 五、不足和下一代自动捡球机

由于这个捡球机是利用轮子转动带动附在轮边的小塑料板偏心运动将乒乓球卡住、推动乒乓球，和橡皮筋一道将球挤进捡球机中，因此它捡不到墙脚最里面的球。

在捡球机的前面两侧加两块板，形成向前开口的漏斗形，这样就可以捡到墙脚最里面的球了。同时还能增加捡球的范围。

将来，我计划用单片机控制步进电机和一些传感器一起，利用这个捡球机作为基础和框架，做一台自动捡球机。

“自动感应互动展示”研究方案

朝阳区实验小学　朱柯冰

一、问题的提出

有一段时间，我总能在电视上看到一个广告，一个人走过一面墙时，墙上画着的巨大的花朵随着人的移动慢慢开放，很好看。妈妈说这是电视视频合成的，现实生活中如果能发生这种变化那就太神奇了。之后我又从网上看了一个关于人体感应互动的专题节目，于是我想，也许用一个远红外感应器就可以让这种神奇的变化成为现实。

二、思考过程

1. 查新：我上网查了查，发现人体的远红外感应技术现在已经得到很广泛的应用了，我又上专利网查了一下，没有关于感应展示方面的创新。

2. 我的房间的床对面一直放着一个小感应灯，是从宜家买的，一有人经过它就会亮，过一会儿自己就灭了，很方便，尤其是晚上。这个小感应灯给了我启发。我想那就借用这个感应灯的感应器来完成我的设想吧。现在感应器接的是 LED 灯，如果我给它接上能动的花朵，不就能实现我的想法了吗？（如图 4–47 所示）

图 4-47

三、画设计图及准备材料

1. 画设计图

起初我想用一个人体的远红外感应器，连接一个能转动的花朵，人走过感应器前面的时候，感应器就会带动花朵的开关，使花朵转动。如果在一面墙上有很多个这样的花朵自然排列，那么人从一端走到另一端，花朵也会随着人的移动一个一个转动（本来想做花朵开放的动作，但太复杂，我不会做，于是就改成了花儿转动的动作，想先试一试），人走过去之后就停止。而且还想把它做成香水的橱窗展示，花朵转动的时候刚好可以使放在它前面的香水的香气吹出。我画了几张设计图，并做了计划。（如图 4-48 所示）

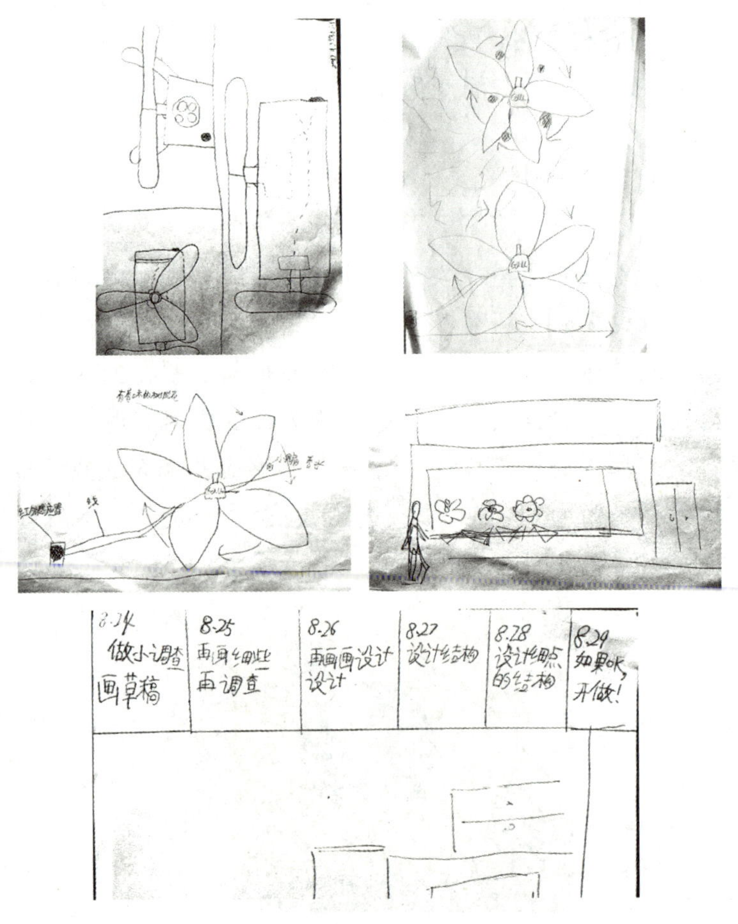

图 4-48

2. 试验感应器能否带动转的马达

我把我床头的小感应灯拆开，又把我的电子积木中的小马达接到感应灯的线路上，当有人走过感应器的时候，感应灯亮，可是小马达不转。我又换成小灯泡，小灯泡亮，大约 20 秒的延迟之后就自动关闭，说明这套电路原理是行得通的，可是小马达带不起来。（如图 4–49 所示）

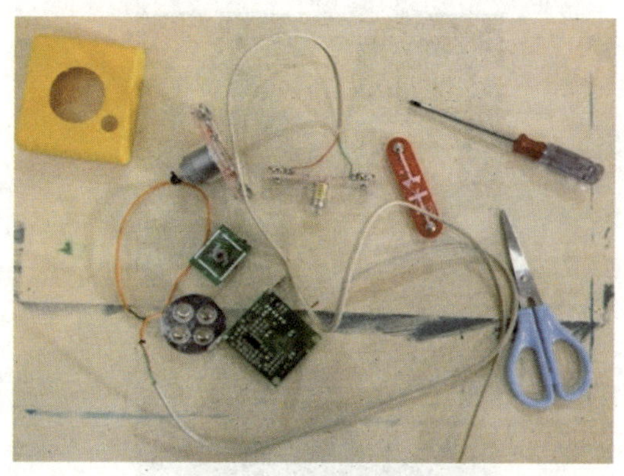

图 4-49

3 试验原理虽然成立，可同时也出现了两个问题。第一个是延迟关闭的问题。我的感应花朵需要很高的灵敏度，需要与人的行动一致，所以这个延迟关闭我是不需要的。于是我又上网查，发现这种人体感应开关的感应时间和延迟时间都是可调的，我从淘宝上找了找，找到了一种可以调整感应时间和延迟时间的人体感应开关，不贵，于是我买了下来。（如图 4–50 所示）

图 4-50

第二个问题是功率的问题。本来想直接用小感应灯的这套电路板，可是它功率太小，带不起来我的马达，所以我决定自己接一套电路系统，用人体远红外感应器做开关，带动一个能转动的花朵。我看到妈妈的太阳花小电风扇挺好看，我就想用感应器来做它的开关来实现我的想法，当人经过感应器前面时花开始转动，人离开时它就停下来。（如图 4–51 所示）

图 4-51

4. 于是我把小风扇拆开，装上远红外器，可是没有成功，人走过时小风扇根本不动，试了很多次都不行。于是我拿着线路图和说明书，请了电工叔叔和我的同学帮忙解决，他们帮我重新接了线路，解决了问题，当人走过感应器时，花朵开始转动，稍后便会停止。

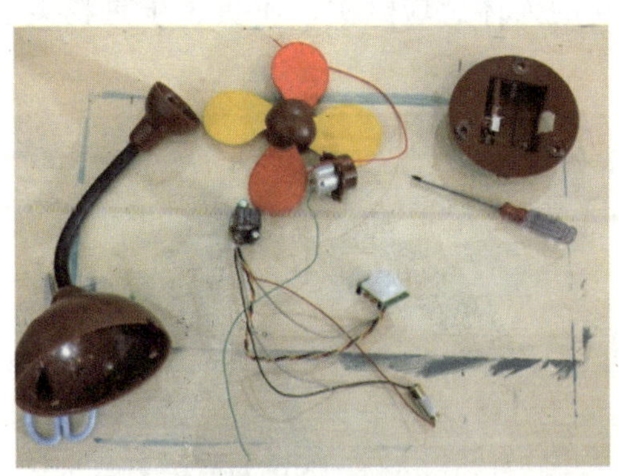

图 4-52

5. 可是这个小电风扇的花朵太小了，转速也太快，不是我想要的效果。我想了又想，突然看到我的一个玩具枪靶，这个枪靶能转而且有 LED

灯，转速也不快，我想用它来试一试。

■ 五、准备材料

人体远红外感应开关系统一组，电动玩具枪靶盘一个，木栅栏一根，装饰纸，剪刀，电线，电焊，双面胶，钉子，螺丝刀，美工刀，木螺丝等。（如图 4-53 所示）

图 4-53

■ 六、设计制作过程

1. 我先将电动玩具枪靶盘拆开，找到控制开关的线和接头，把人体远红外感应器的线接上，进行测试，测试成功后用电焊把线头焊住，然后把枪靶盘背面用烧热的锥子扎了一个小洞，使人体远红外感应器的线伸出来。（如图 4-54 所示）

图 4-54

2. 用木螺丝将人体感应器系统安装在木栅栏上，配件安装固定在背面，将感应器固定在大花朵下方。（如图 4–55 所示）

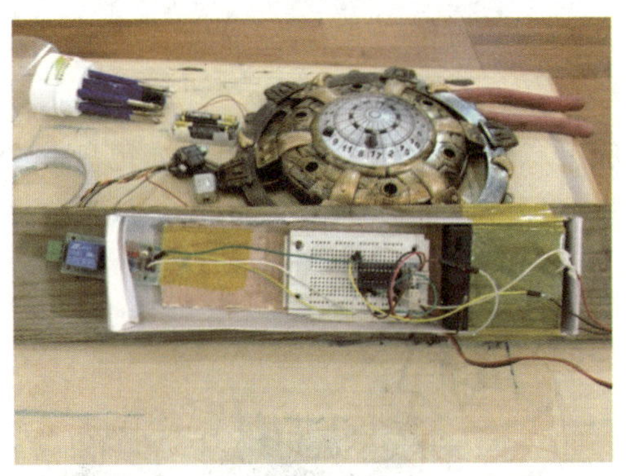

图 4-55

3. 给花朵做装饰，我找来黄颜色的纸，剪成花瓣的形状，然后用双面胶粘在枪靶盘的最外圈。

4. 经过反复测试，发现人从花朵前走过时，它对左右的感应不够灵敏，对上下的感应反而很灵敏。于是我又找来感应器的说明书研究，发现这个感应器是有方向性的，一侧感应的开角大，一侧感应的开角小，我在安装的时候没注意到，于是我又调了感应器的方向。现在人走过的时候它灵敏多了。（如图 4–56 所示）

图 4-56

5. 一个感应花朵做成了，我又画了它展示时应用于一面墙的效果图。（如图 4–57 所示）

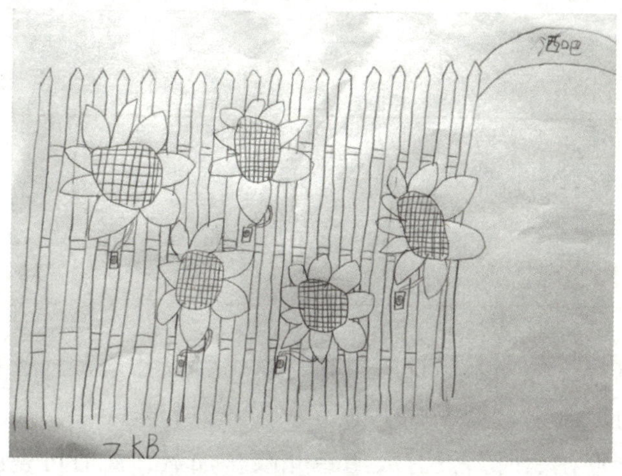

图 4-57

图 4–58 是请爸爸帮我做的效果图。

图 4-58

鱼缸自动加氧喂食器设计报告

仇奕曾

一、项目名称

鱼缸自动加氧喂食器

二、创作背景

养鱼赏鱼是一个令人愉悦的过程！家里养了几条鱼，各式各样的鱼儿在鱼缸中自由地游动，给家庭生活带来了活力和乐趣。但是，当我们远游时，探亲访友不在家时，没有人给鱼儿喂食加氧，此时可爱的鱼儿就要饿肚子了，甚至有一年春节因为我们离家时间太长，回来后发现一缸鱼全死了，水也浑浊了，这种情况让家人很烦恼。每当假期全家要出行前，总要考虑留谁在家照顾这些小生命，所以我一直思考能不能设计一款可以全自动给鱼缸喂食加氧的装置，帮助我的家人解决喂鱼的后顾之忧，这样我们就可以全家一起愉快地享受旅游的欢乐了！

三、思考过程

1. 首先考虑使用闹钟做定时器，因为闹钟在生活中很常见，我每天早上都会被闹钟准时叫醒，我在想，能不能利用闹钟里的定时装置进行自动投食加氧呢？

第一个想法：利用闹钟进行设计。（如图 4–59 所示）

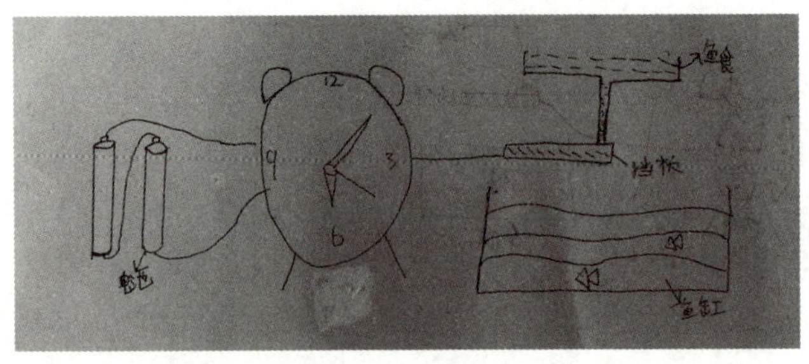

图 4-59

我上网查阅了很多关于定时装置的资料，发现使用闹钟无法做到对时间间隔的设定，同时又不能设定投食和加氧持续的时间。查阅了大量资料后，我选择用电子式定时装置，通过设定对饲料槽以及加氧装置开启和关闭的时间进行定时投食和加氧。

第二个想法：利用电子式定时装置。（如图 4–60 所示）

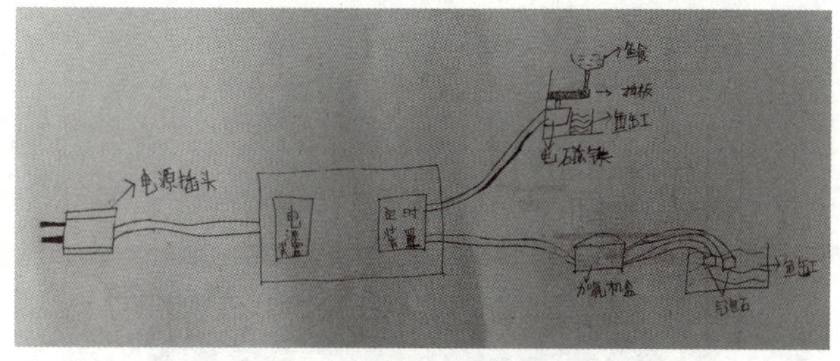

图 4-60

■ 四、设计目的和基本思路

1. 我先在网上购买了几块电子式定时装置用来做实验，先给定时装置接通电源，可以看到定时装置开始工作了。我仔细研究了这种定时装置的说明书，发现它的定时时间可以在 0.1 秒到 720 小时之间调节。通过设置，可以让定时装置每隔几个小时规律地给鱼缸投食。（如图 4–61 所示）

图 4-61　电子式定时装置

2. 我发现既然这种定时装置可以定时投食，为什么不用它进行定时加氧呢？我询问了老师，发现可以将加氧装置的电线剪开，接进定时装置，这样家里 220V 的电压就可以被定时装置控制了。

3. 我按照说明书设定了时间，当设定的时间结束，可以听到定时装置发出响声，我用万用表测定时装置两端电阻，发现电阻为 0，说明此时定时装置变成了一个闭合的开关，接通了投食和加氧的装置。

4. 定时部分的设计完成后，我设计了投食和加氧装置的设计图（如图 4-62 所示）。我使用两块定时装置，分别控制投食和加氧。

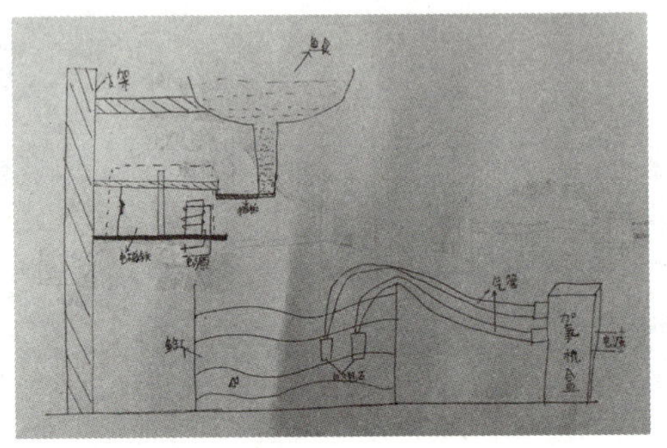

图 4-62　投食、加氧装置设计图

五、准备材料

电磁铁一只，散热片一只，万用电路板两块，电源线一根以及电烙铁、尖头镊子、各种型号的螺丝刀、钳子等工具。（如图 4-63 所示）

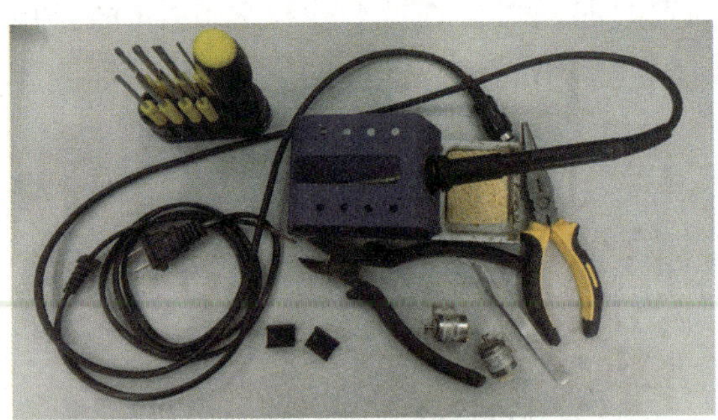

图 4-63　材料准备

六、设计制作过程

1. 先将电子定时装置安装在万能电路板上，我用塑料柱将电子定时装置垫高，防止拧螺丝时挤压变形。（如图 4-64 所示）

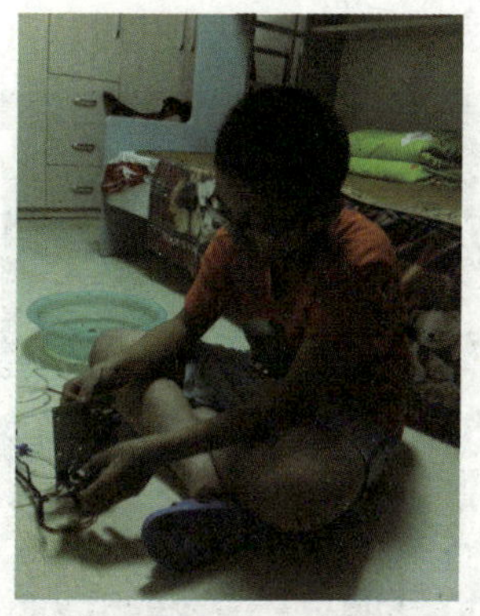

图 4-64

2. 安装好两个电子定时装置并接上导线。（如图 4–65 所示）

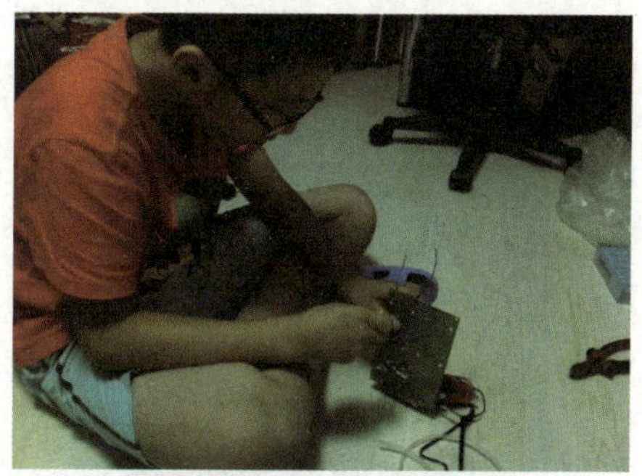

图 4-65

3. 用大漏斗做饲料槽，将漏斗用 AB 胶固定在支架上。（如图 4–66 所示）

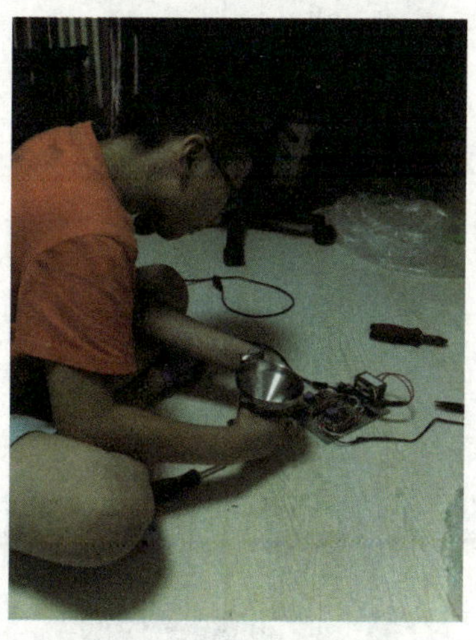

图 4-66

4. 将电磁铁也固定在支架上，并接上导线。（如图 4-67 所示）

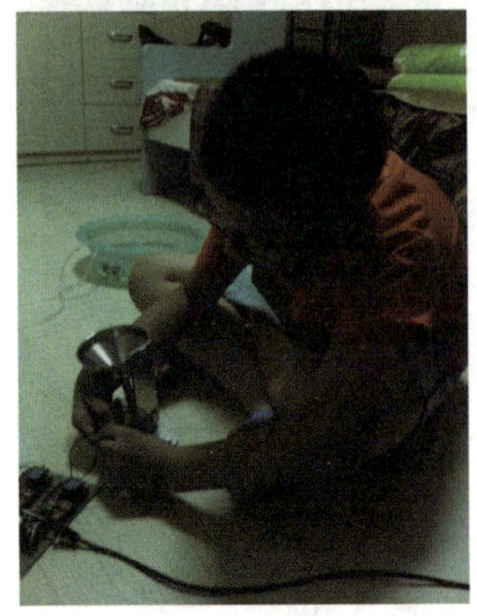

图 4-67

5. 将气管安装在加氧装置上。（如图 4-68 所示）

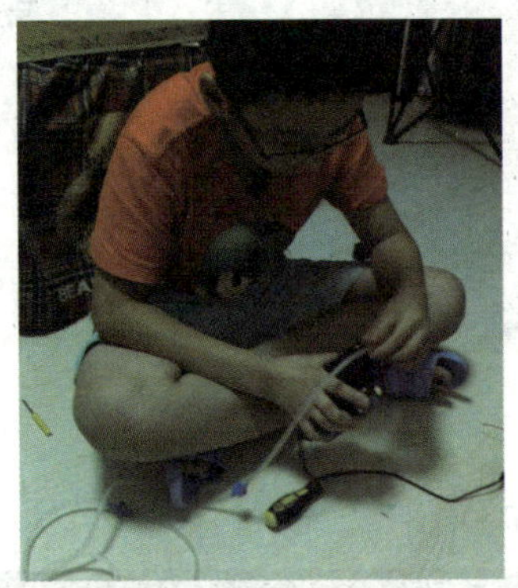

图 4-68

6. 安装另一根气管。（如图 4-69 所示）

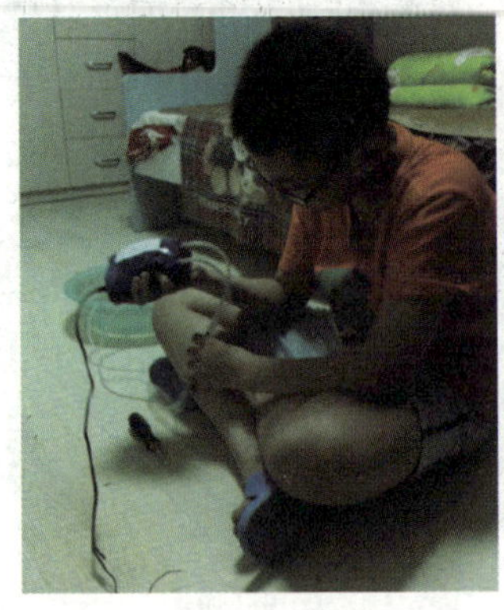

图 4-69

7. 将全部装置用导线连接，并用电工胶带做好绝缘工作，检查无误后，我接通电源，发现没有异常情况出现，定时装置可以正常工作。（如图 4–70 所示）

图 4-70

8. 给定时装置设定需要的时间。为方便实验，我将定时装置设置成每隔 30 秒接通 5 秒，在设定的过程中需要把工作模式的开通时间和关断时间设置准确。（如图 4–71 所示）

图 4-71

9. 在设置完成后，我进行了实验，将投食装置放在鱼缸正上方，将加氧装置的软管与气泡石放入鱼缸内。可以看出它已经能基本达到自动投食加氧的功能了。（如图 4–72 所示）

图 4-72

10. 在经过一系列实验之后，投食装置和加氧装置已经能基本达到自动投食加氧的功能了。

七、应用原理

利用电子定时装置可以定时开通和关闭的功能，使投食装置和加氧装置可以自动工作。在日常生活中，可以代替人工对鱼缸进行投食和加氧，帮助我们照顾鱼儿。

八、科技创新点

将自动投食与自动加氧结合到一套设备内，降低了制作的成本，方便了我们的生活。

九、进一步完善和设想

1. 食槽开口比较小，体积较大的鱼食卡在食槽口无法进入鱼缸。我希望能改进饲料槽和投食口，避免大粒的鱼食堵住投食口。

2. 装置防水效果不好，溅起的水花可能损坏电子元件。我希望能提高装置的防水效果。

“多变无极电池盒”的研究与制作

北京市朝阳区实验小学 杨婧

关键词

不分正负极，5 号电池和 7 号电池通用，供用合适电压，电池盒

创新点

1. 突破了现有单一电池盒的设计，能够达到多种电池通用的目的。

2. 将二极管接成桥式结构，并应用于电池盒中电极的导通，达到输出固定电极的目的。

3. 电池盒内部增加电子电路，使其成为一个系统，并设置转换开关，使其可以输出需要的电压。

查 新

经过在中国专利网中查询“多变无极电池盒”，未查到与“多变无极电池盒”相关的技术和专利。

引 言

一次，奶奶突然很着急地叫我，让我看看是不是电视机坏了，说怎么也开不开。我吓了一跳，赶紧去看。我一看，唉，原来遥控器没电了，奶奶换电池，但是却把电池装反了，怪不得打不开呢。我在科学课上学过，如果把电池的正负极装反了，轻则电器不工作，严重的还会烧毁电器呢。我赶紧给奶奶普及正确安装电池的知识，让她下次一定要注意。结果，奶奶说：“我这老眼昏花的怎么看得清啊，怎么记得住啊，你不是学科技吗，你就不能发明一个不用分正负极的遥控器啊，这样对我们老年人多好啊。”我一想，对呀，我可以发明一个不用区分电池正负极的电池盒，而且最好还可以多一些功能，比如 5 号电池和 7 号电池可以通用等，然后把它应用到遥控器上，这样不就可以了吗！

要研究这个电池盒的问题，我觉得得先去调查调查，要是已经有了这样的电池盒，我直接给奶奶看就行了，也能应用到遥控器上。而且还应该调查一下现在的那些电池盒都是什么样子的，方便以后的研究。

调　研

利用假期和周末的时间，我通过去中关村等电子市场、网上查询和询问的方式进行了调查，主要调查的问题有以下三个：

（1）5 号电池和 7 号电池的电池盒长什么样子？

（2）市面上是否有 5 号电池和 7 号电池通用的电池盒？

（3）市面上是否有不分正负极的电池盒？

通过调查，我知道了目前市面上没有 5 号电池和 7 号电池通用的电池盒，也没有不分正负极的电池盒。但是，日常生活中和实验中会经常用到电池盒，有时会因为电池型号不合适，或者没有合适的电池盒，或者不小心装错正负极，造成无法实验或者无法使用的困扰。

清楚了这些，我决定研究一个 5 号电池和 7 号电池能够共用且不分正负极，还能得到不同电压的电池盒。

我的想法

我想要研究的电池盒一定要具有以下几个功能：

①在用法上与原有的电池盒基本相同，这样人们在使用的时候很容易接受。

②能够达到原有电池盒的功能。

③与原有电池盒相比，新的电池盒能够让 5 号电池和 7 号电池通用。

④能够在安装电池的时候不用区分正负极。

⑤能够根据需求得到需要的电压而不需要更换电池盒。

⑥外形简洁美观，成本低，具有实用性。

我的研究

在研究新的电池盒的过程中，我主要想解决三个问题：第一个，如何让电池盒不分正负极；第二个，如何让 5 号电池和 7 号电池在一个电池槽里和平共处；第三个就是如何让电池得到需要的电压。为了解决这三个问题，我首先请教了我的科学老师，又上网查阅了相关的资料。最后，找到了解决问题的方法。

我解决问题的步骤是这样的。为了方便工作，我制作了工作流程图。（见图 4–73）

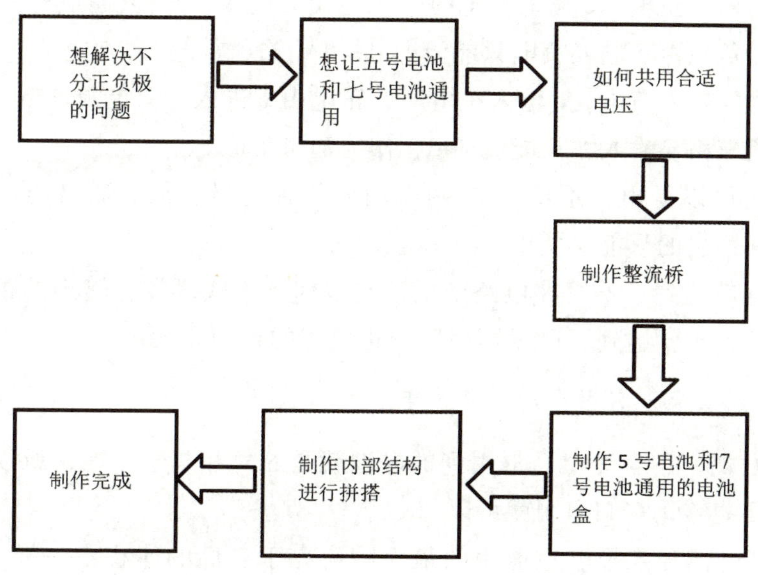

图 4-73　研究流程图

第一个问题的解决：不分正负极

解决第一个问题的关键要素就是：整流桥。我用 8 个二极管架起两座整流桥，用于整合电池的电压。整流桥的样子如图 4–74。

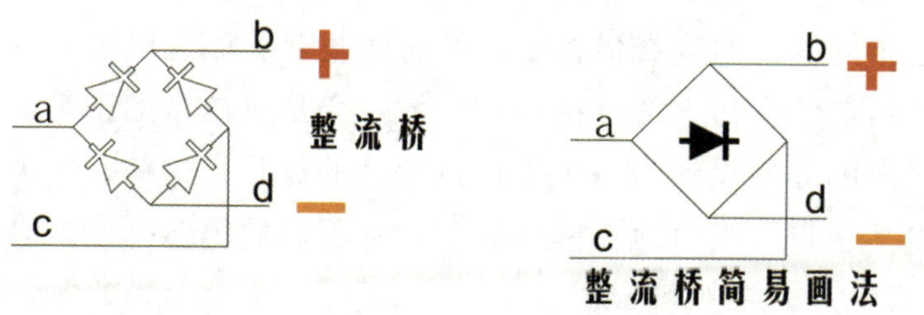

图 4-74　整流桥

整流桥是采用四个二极管，互相接成桥式结构，利用二极管的单向导电性，正向导通和反向截止：正半轴，两个二极管导通，两个截止，在负半周内，正好相反。就是说，二极管只允许它的正极进正电，负极进负电，二极管只允许电流单向通过，所以，将其接入电路时它能使电路中的电流只按单向流动。

在图中，a、c 作为电源的输入端，b、d 作为电源的输出端。

当 a 输入正电，c 输入负电时，正电由 a 进入，只能流向 b，b 端输出正电荷，负电由 c 进入负电只能流向 d，d 端输出负电。

而当 a 输入负电，c 输入正电时，正电由 c 进入，只能流向 b，输出正电荷，负电由 a 输入，只能流向 d，作为输出负电。

由此可以得出，不论 a、c 两端输入何种电极，从 b 输出的只能是正电，从 d 输出的只能是负电。

这样就达到了不管在电路中电池是以何种方式摆放，输出的正负极都是固定的，也就达到了可以不用区分正负极的目的。

第二个问题：5 号电池和 7 号电池通用

我发现，在生活中经常用到的电池就是 5 号和 7 号电池，所以在研究时我只要能够让它们通用就可以了。

5 号电池和 7 号电池通用的最大障碍在于它们的体积不一样，5 号电池比较大、比较胖。它们的尺寸经过测量是这样的（见表 4–1）。

表 4–1　电池尺寸表

电池型号	高（mm）	直径（mm）
5#	50.0	13.5
7#	44.7	10.0

在解决这个问题的时候我借鉴了调研时的收获。原有电池盒的两个设计优势，一个是电池盒边上的环抱设计，另一个是电池盒的弹簧设计。如果我把电池盒上的环抱设计为一个个可以活动的拨片，这样，当电池大的时候它就收得多一点，当电池小一些的时候它可以放得多一些。具体的设想如图 4–75。

图 4-75　电池盒拨片设计

图 4–75 中展示的是拨片的两种状态，在拨片下端有一根轴固定拨片，让拨片可以根据电池的胖瘦改变张合的大小。就像现在的车载手机座，可以根据手机的大小调整它的松紧。这样就解决了电池直径不同的问题，那么它们的高矮不一样的问题怎么解决呢？

解决这个问题就要用到弹簧。其实它的名字叫作塔簧（见图 4–76），长得像个小宝塔。我在网上找到了比电池和内塔簧长一些的塔簧，让电池可以导电。同时又运用了另外一种弹簧——压簧（见图 4–77）。

图 4-76　塔簧

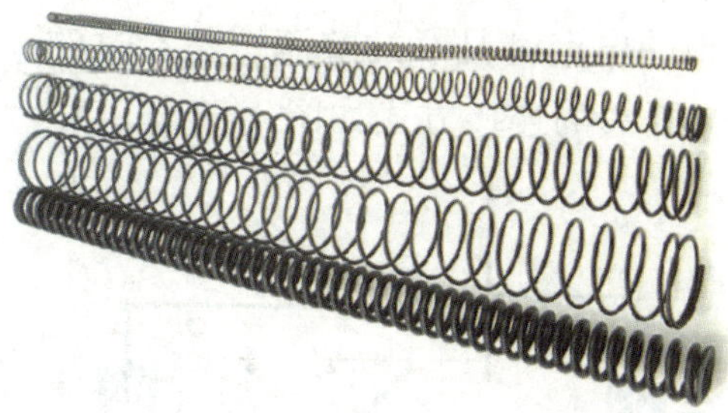

图 4-77　压簧

我用压簧在电池盒内做了一个复位的装置，这样，不论电池大小就都可以卡住了。当电池长的时候复位弹簧会压得紧一些，当电池短的时候复位弹簧会松一些，这样无论电池多大，都可以卡住电池。

第三个问题：供应需要的电压

电池盒需要多少电压？这是我最先考虑的问题。最终我确定设计一个可以供应 1.5V、3V、4.5V、6V 电压的电池盒，如果需要更高的电压可以根据需求再改造。生活中我见过的低压最多的就是 6V 的电压，比如测压机。

我们可以计算一下，如果我们有四个电池的位置，该如何获得如下电压呢？（见表 4–2）

表 4–2

需要电压	1.5V	3V	4.5V	6V
串联	1 节	2 节	3 节	4 节
并联	2 并	2 串 2 并	无	无
需要电池节数	1 节或 2 节	2 节或 4 节	3 节	4 节

从表 4–2 可以看出，如果想获得固定的电压就必须采取串联的连接方式。但为了增强电流，我们也可以采用并联的方式，这样就能够让用电器用的时间更长久。可是，如何才能达到这种效果呢？

于是，我设计了电池盒的外观，让电池盒有两个电池槽，每个电池槽最多可以放两节电池，也可以放一节电池。两个电池槽可以有两种连接方式，一种是串联，一种是并联。然后用一个三向的开关控制它，使它可以有三种状态：串联、并联和关闭。

每个电池槽输出的电流都是经过整流桥整合过的，具有固定电极的电流。这两个电池槽与开关的连接方式如图 4–78。

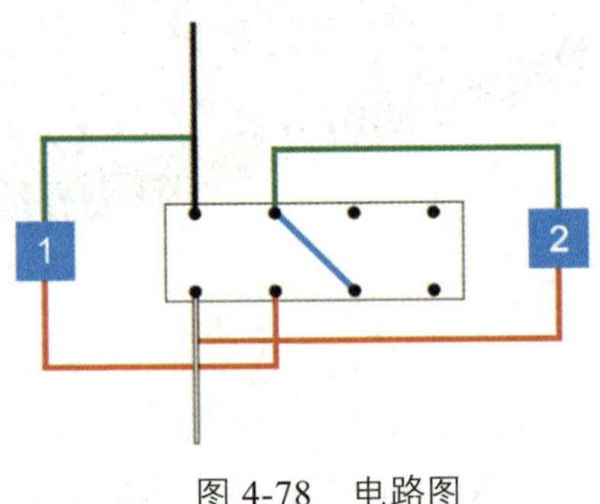

图 4-78　电路图

在图中框 1 和框 2 分别代表整流过的电池槽 1 和电池槽 2，它们在开关中的连接方式如图所示。它们的三种状态是：并联（见图 4–79）、串联（见图 4–80）、关闭（见图 4–81）。

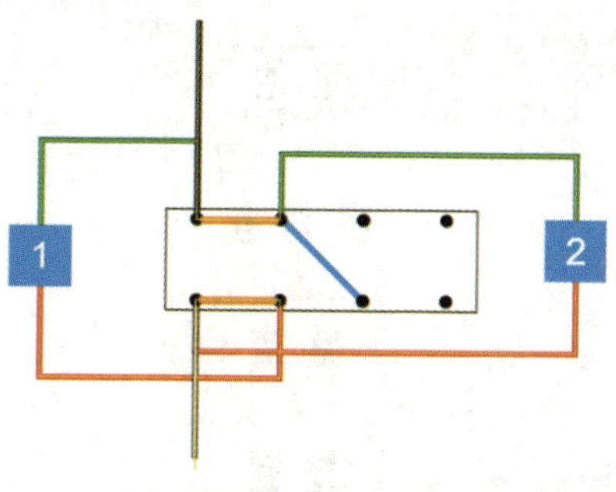

图 4-79　并联状态

当开关放到一档时，电路整体成为并联电路，电池槽 1 和电池槽 2 处于并联，这个时候可以获得 1.5V 的电压或者是 3V 的电压。

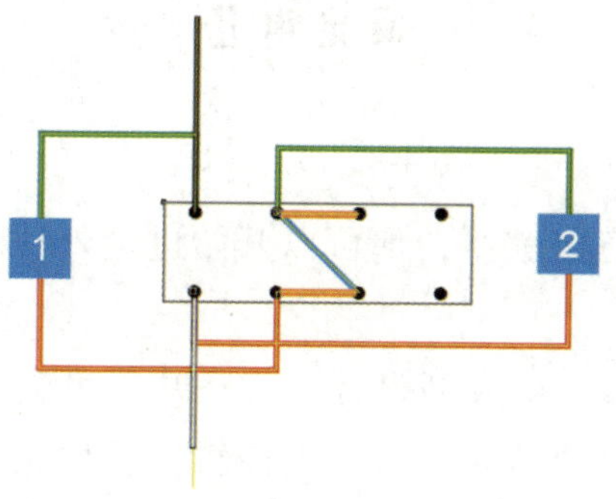

图 4-80　串联状态

当开关放到第二档的时候，电路处于串联状态，电池槽 1 和电池槽 2 是采用串联的方式连接在一起，此时，可以得到 3V、4.5V、6V 的电压。

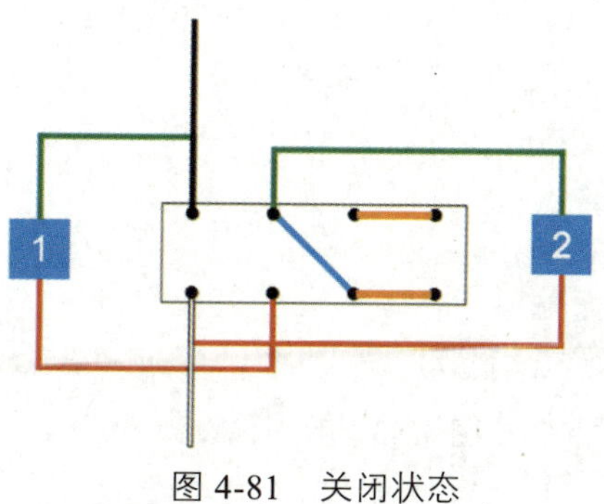

图 4-81　关闭状态

当开关放到第三档，电路处于断开状态，为整体电池盒的关闭状态。

三个基本问题已经解决了，它的工作原理也已经明朗，图 4-82 是它的工作流程图。

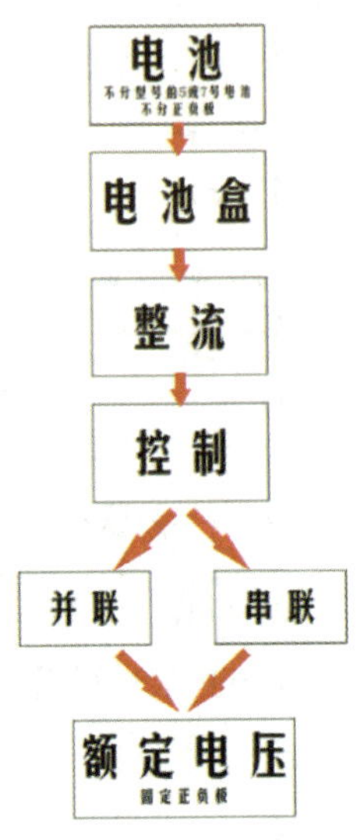

图 4-82　工作流程

所有的准备工作已经就绪，那可以开始进行外观的设计了。

外观设计

图 4-83 是我的第一稿成型设计，在图中，我将电池盒设计为两个电池槽，每个电池槽有 8 个拨片，一个整流桥。具体见图 4-83。

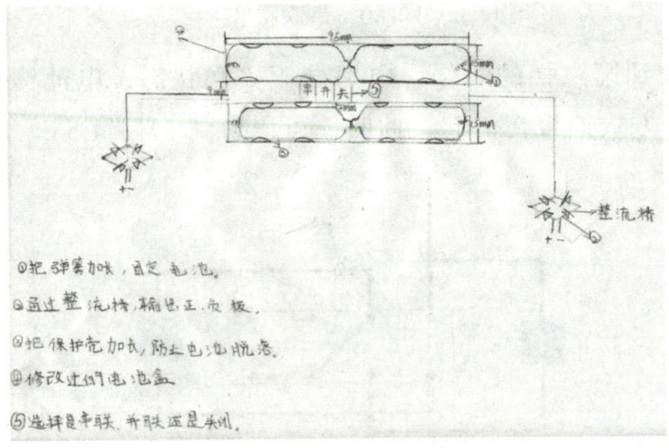

图 4-83　第一稿设计

第一稿中，我将弹簧加长用于固定电池；用玻片当作保护壳，能够将电池抱住，防止脱落；每个电池槽连接一个整流桥，用于电流的整合；还有一个负责变换模式的开关。基本要素已经具备了。但是，在设计时我没有考虑材料问题，因此整个设计显得特别紧凑，而且在电池槽的设计上，有些偏大，虽然有拨片保护但是也并不保险，因此需要改进。

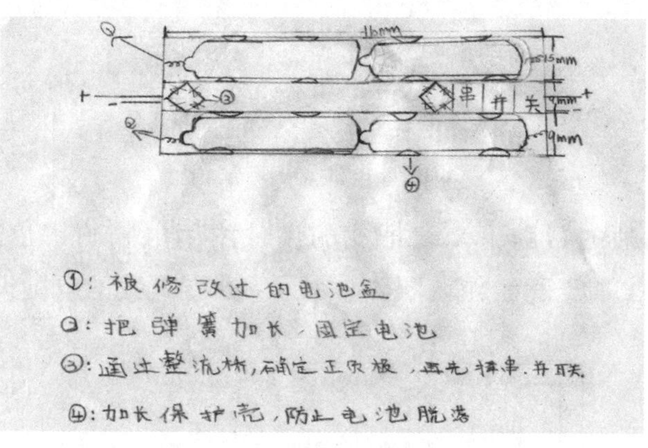

图 4-84 第二稿设计

在第二稿设计中（见图 4-84），我加宽了电池盒外部的尺寸，并且将整流桥放置在电池盒内部，也设计了相应的尺寸。之后在老师的建议与指导下，将拨片的位置预留出来，并进行了外形的修改，修改之后见图4-85。

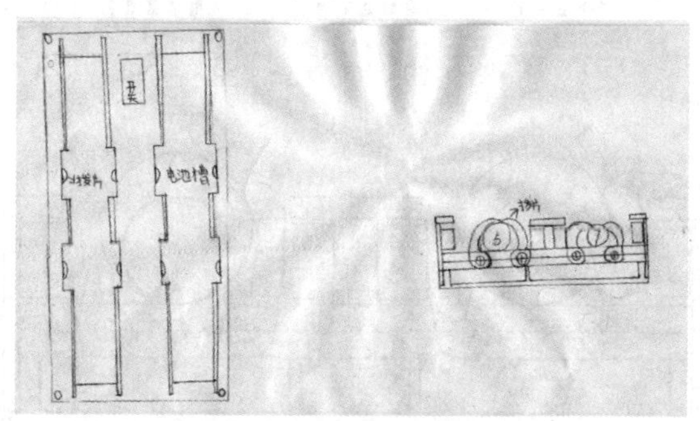

图 4-85 修改后设计图

图 4-85 是电池盒的俯视图和侧视图。在俯视图中，我将盒体整体规划为长方体，这样在加工的时候会更好处理，电池槽的地方将槽体上部分变窄，留出拨片的位置。侧视图为拨片的设计。图 4-86 为电池盒上下层的设计图。

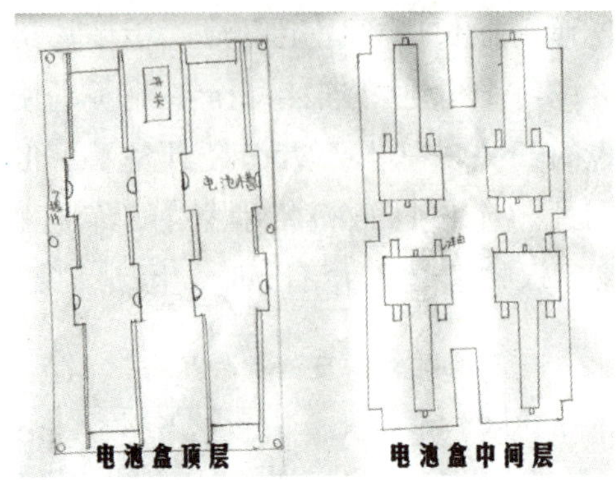

图 4-86　电池盒上下层设计

后来在老师的帮助下，我把我的设计图用电脑画了出来，看得更清晰，也更容易去加工和制作。图 4–87，4–88 就是我的电脑设计图。

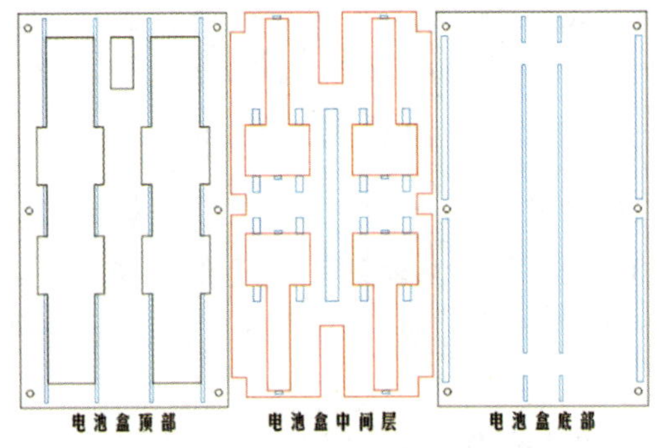

图 4-87　电脑设计图

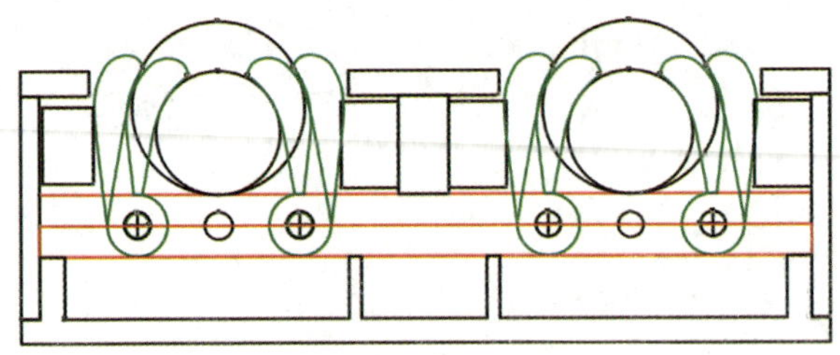

图 4-88　电池盒侧视图及拨片设计

制作

在制作作品时，出于对材料和美观度的考虑，我选用了 3D 打印的方式，之前在学校的 3D 打印课上，我学习过如何建模和如何去打印，这时候正好可以学以致用。

我用 solidworks 专业建模软件进行建模，将设计图中的小件建模好，用 3D 打印机将零件打印出来。3D 打印的材料是 PLA 工程塑料，外形看起来也很美观，比较坚固，对于我来说更加容易安装。

在安装过程中，我迎来了一个全新的挑战——焊接（如图 4–89 所示）。之前我从来没有进行过焊接，但是在这里面有要焊接的地方，比如二极管的整流桥，与开关的连接等部分都需要焊接上。我克服恐惧，试着学习，从最开始焊接不上，把元件烧化到能够镀上锡焊接结实，虽然很丑，焊点很大，但真的是一个很好玩的过程，最后我可以很好地焊好一个零件，这也增强了我对科学研究的信心。

图 4-89

这是我的作品，看，是不是很漂亮！（见图 4–90）

图 4-90

验证

制作完成后，我做了验证，表 4–3 是验证的数据及照片。

表 4–3

电压	连接方式	电池型号	实际电压	图片
1.5V	串联	7#	1.49V	
		5#	1.6V	
	并联	7#	1.49V	
		5#	1.56V	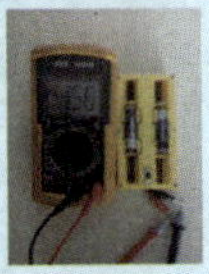
3V	串联	7#	3.05V	
		5#	3.17V	
	并联	7#	3V	
		5#	3.24V	

续表

电压	连接方式	电池型号	实际电压	图片
4.5V	串联	7#	4.41V	
		5#	4.8V	
6V	串联	7#	5.96V	
		5#	6.44V	

经过验证，我的电池盒完全达到了最初的设定，可以不分正负极、5号电池和7号电池通用以及得到需要的电压，完成了我最初的任务。

总结

现阶段我准备将我的作品申请为专利，并希望能够广泛地应用这个技术，例如运用到遥控器等带电池盒的设备上，这样人们就不会为电池不合适、装错电池而烦恼了；将它发展为电池盒的一种，能有效节约资源，减少设备支出。根据人们的需要，还可以继续添加电池槽，原理都是一样的，区别仅在于电池槽的多少。相信这个创新作品能够给人们带来方便。

到这里，我的研究已经告一段落，我也完成了我的任务和最初的设想。在这一阶段的学习中，让我最高兴的不只是做成了作品，更重要的是享受研究的过程。在这个过程中，我认识到一个科研的过程并没有想象的那么简单。我只是做了一个小研究就用了一年的时间，而且我的研究还是在老师的帮助之下才展开的，那么做一个大的研究得花费多少努力啊，那些科研人员太辛苦了。科研是一个艰辛而充满快乐的过程。

在研究的时候我还改正了很多不好的习惯，比如我做事情特别马虎，总是不细心，觉得差不多就可以了，结果失之毫厘谬以千里。通过这次研学，我体会到做任何事情都不能仅仅是差不多就行了，要认认真真地细心完成，争取精益求精。

通过研究学习，我的表达能力也得到了锻炼。以前我特别不善于在人前说话，总是不好意思，在研究完之后，我需要向同学和老师们做说明，这样就训练了我的胆量和说话的方式方法，虽然过程中也闹了很多笑话，说的也不是特别好，但是比以前有了很大的进步，周围的家长、老师和同学都觉得我比以前能表达了。

科研的过程是艰辛的，有困难、有伤心，但同时又充满乐趣，收获了成长的幸福和成功的喜悦。我在这个过程中得到了历练，爱上了科学研究，我会继续发现生活中的现象，用我的智慧和科学的研究方法去创造更多的发明来服务生活。

控量泵头研究报告

北京市朝阳区实验小学润泽分校 吴文昊

■ 一、问题的提出

在日常生活中，有时我看爸爸妈妈很晚下班，到家后忙着做饭，饭后还得洗碗很是辛苦，我看着很是心疼，于是我就肩负起刷碗的任务为父母分担家务。在刷碗的时候我每次挤洗涤灵不是挤多了就是挤少了，总是控制不好用量，这件事引发了我的思考，怎样才能控制每次挤出的量呢？而且想挤多就挤多，想挤少就挤少呢？

■ 二、查新

我在网上查阅了很多相关资料，没有找到可以调节挤压量的泵头。

■ 三、研究过程

既然网上没有那就自己动手试试看能否解决。到底用什么材料呢？用什么形式呢？一系类问题随之而来，大脑一片空白，看来搞点小创新真不是一件简单的事情。爸爸妈妈看我一筹莫展，就问我怎么了，得知原因后就启发我、安慰我，他们说：“创新这件事可不是着急就能想出来的，要在生活中寻找素材，想想平时都看到过什么、用过什么？”我就先从泵的工作原理着手思考，泵是由单向阀、泵体、活塞、弹簧等原件组成的，通过按压挤出洗涤灵，挤出量与按压行程有直接关系，按压行程越长挤压量就越大，所以是否只有通过调整按压行程才能调节挤压量呢？用什么材料制作既方便又简洁呢？经过两天的思考我突然想起穿线用的 PVC 管子的直径大约和泵头的直径相近，把它套在泵头底座上然后再用锯子锯几个不同深度的豁口，泵头按下去的时候会被 PVC 管的豁口限制住行程，这样就能达到我的预期了。嗯，就这么干！说干就干。设计图如图 4–91 所示。

图 4-91　设计图

1. 材料准备：钢锯、胶皮、剪刀、卷尺、PVC 管、按压式洗涤灵瓶，如图 4–92。

图 4-92　准备材料

2. 测量按压行程，并安装橡胶套。因 PVC 管有点大所以我在泵头底座上缠了一层橡胶，防止松旷。（见图 4–93）

图 4-93

3. 测量 PVC 管的高度与泵头行程值。（见图 4–94）

图 4-94

4. 开始制作。（见图 4–95）

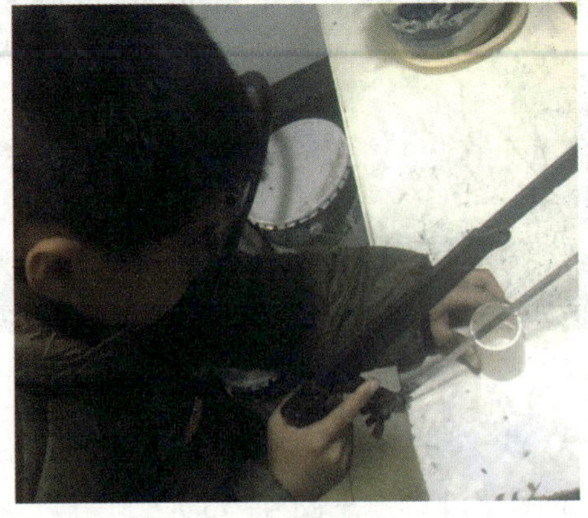

图 4-95

5. 锯完再用钳子掰一下，第一个豁口就做好了，豁口深度 5mm。（见图 4–96）

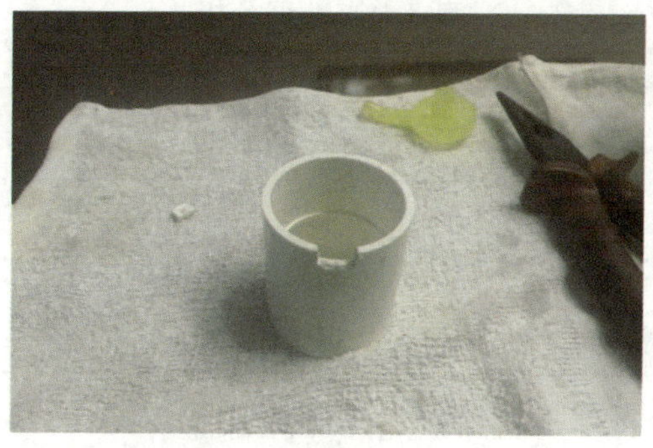

图 4-96

6. 第二个豁口深度 10mm，第三个豁口深度 15mm，第四个 20mm 深。（见图 4–97）

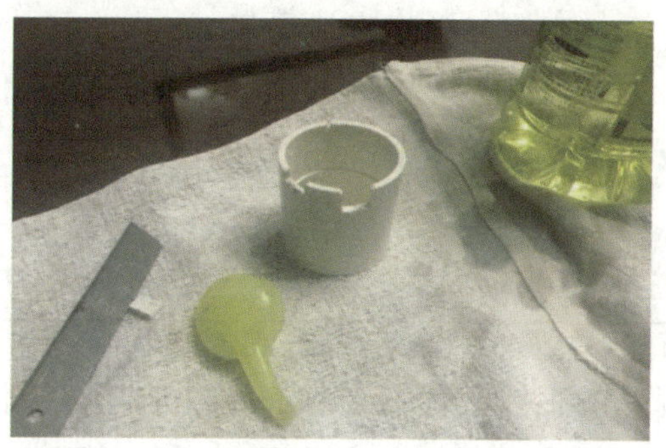

图 4-97

7. 安装后就是这样，试了试还真和我想象的功能一样。（见图 4–98）

图 4-98

8. 数据分析（见表 4–4）

表 4–4　数据分析

泵头行程长度	挤出毫升数
5mm	2
10mm	4
15mm	6
20mm	8

结论：泵头的行程与挤出量成正比关系。

四、创新点

1. 方法巧妙，取材方便，制作方法简单。

2. 使用广泛，价格低廉、易于操作，可以广泛应用在洗手液、洗发水、洗洁精、酒精等液体类容器中。

五、在生产生活中的应用

现在我们家庭用的很多液体瓶装饮料、洗洁精等清洁用品都会出现无法控制使用量的问题，我发明的这个装置，可以适用于各种瓶装液体，应用十分广泛。

基于玩具车遥控器的外置式遥控开关灯器

朝阳区实验小学四年级 4 班　王泽九

摘要：灯是人们生活中的必需品，具有遥控开关功能的灯受到消费者的欢迎。但是，现有的遥控灯多数需要重新安装或者改造电路。对于经济条件较差的家庭或老年人来说是“巨大工程”。本文介绍的基于玩具车遥控器的外置式遥控开关灯器，利用廉价的玩具遥控器和电机制作，只需要安装到开关表面，利用小马达实现灯的开关。经测试该装置可以有效实现灯的开关，并不受手机、家用电器等遥控器的影响，具有造价低廉、外置安装、易于推广和使用的优点。

关键字：遥控器、关灯、外置安装、玩具车、安全便捷

一、研究背景及目的

关灯对于普通人来说是一件最普通不过的事情了。但是，在寒冷的冬天关灯就成了一件让人烦恼的事情。特别是对于行动不便的老人来说，关灯的危险系数很高。在诸多影响下，遥控灯和遥控开关迅猛发展，而且技术非常成熟。但是我们走访小区居民发现，很多家庭、特别是老年人，家中根本没有安装遥控灯或者遥控开关。

分析原因后发现，造成遥控灯和遥控开关没有普及的主要原因是：

①遥控灯多数情况下要重新安装或者改装电路。②遥控开关也需要改造线路，特别是对于老旧房屋，改造线路非常困难。③遥控灯或者遥控开关的价格是普通灯或者开关的几倍，甚至十几倍。

为了解决以上困难，我尝试制作廉价的易于使用的遥控关灯装置。

二、研究思路

现有的遥控开关装置的设计是将机械能、电能与磁场相结合，通过单片机控制电路改变正反电流进而改变直流电磁铁的磁极性，应用“同极相斥，异极相吸”的简单原理使电磁铁与开关上的永久磁铁产生排斥、吸引作用，通过蓝牙无线控制电灯开关按钮的里外运动，进而控制照明的开关熄亮。

从现有设备的工作原理了解到，因为需要使用电磁铁和单片机控制，所以必须采用不间断供电。既然是不间断供电，就必须改造电路，从电路里取电。

所以说，要想不改装电路就必须想办法找到一种低功耗的遥控设备。我从网上找了很多遥控设备，例如低功耗蓝牙、远程遥控器，虽然可以做到低功耗，但是没法做到控制灯的亮灭。一次偶然的机会，我发现遥控汽车放很久后，依然可以玩。于是，我想到通过遥控玩具车，改装成关灯器。

三、研究的过程及方法

1. 对遥控器的研究

玩具车的遥控器拆装后，我发现遥控器由两部分组成，一部分是电池盒，另一部分是控制板。经测试，控制板的接线方法如图 4–99a 所示。

既然有发射模块，那么一定有接受模块。继续拆装玩具车，在玩具车底盘上发现了接收板。经测试，接收板的接线方法如图 4–99b 所下。

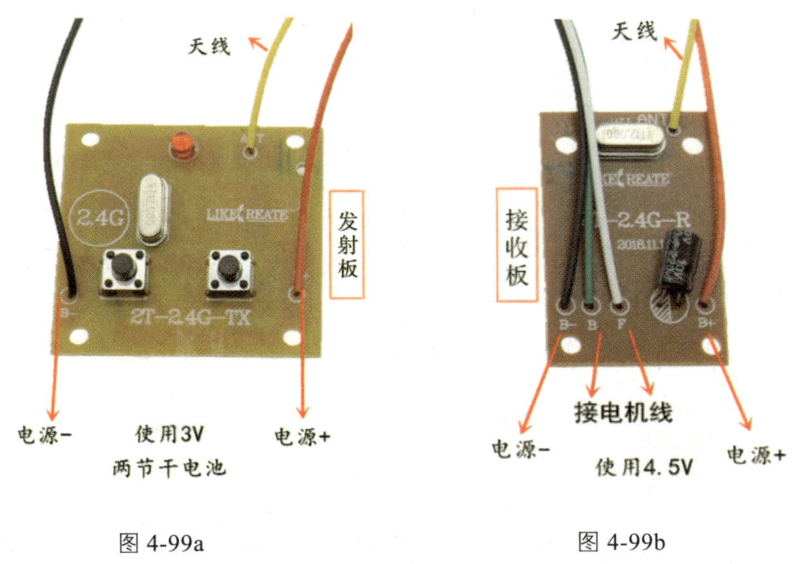

图 4-99a　　图 4-99b

2. 电路连接图

电机控制部分的电路连接图，如图 4–100 所示。

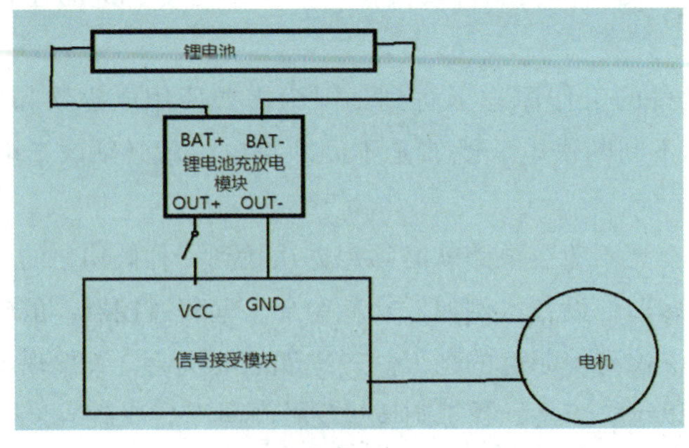

图 4-100

3. 原件盒的设计（见图 4–101）

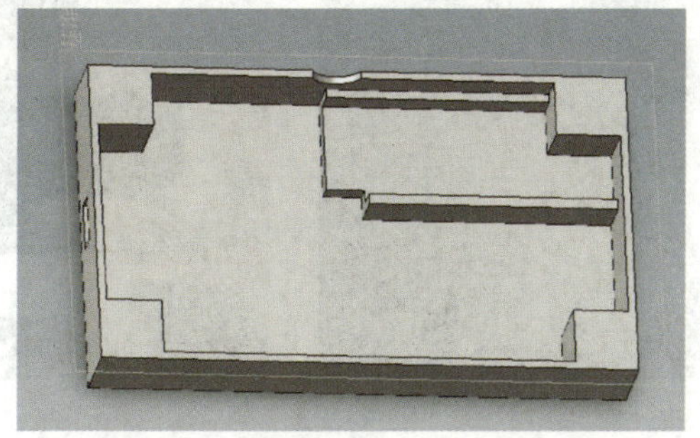

图 4-101

4. 遥控器安装盒的设计（见图 4–102）

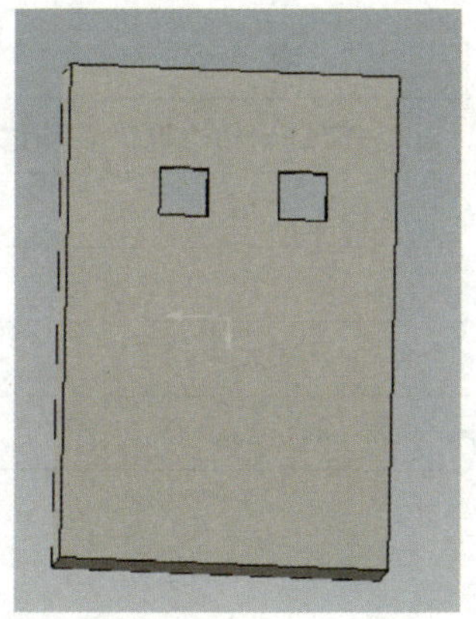

图 4-102

5. 组装效果图（见图 4–103）

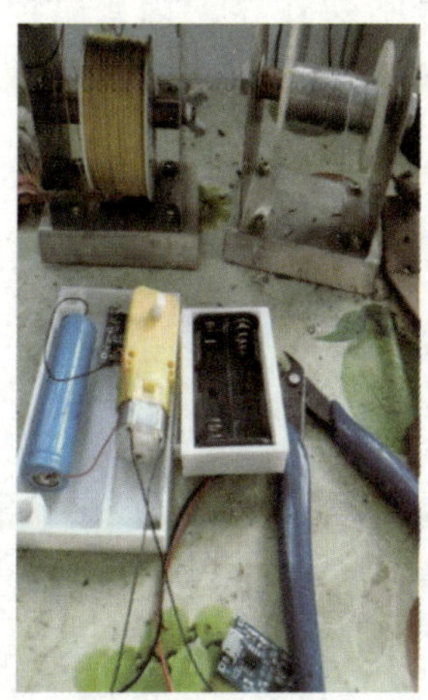

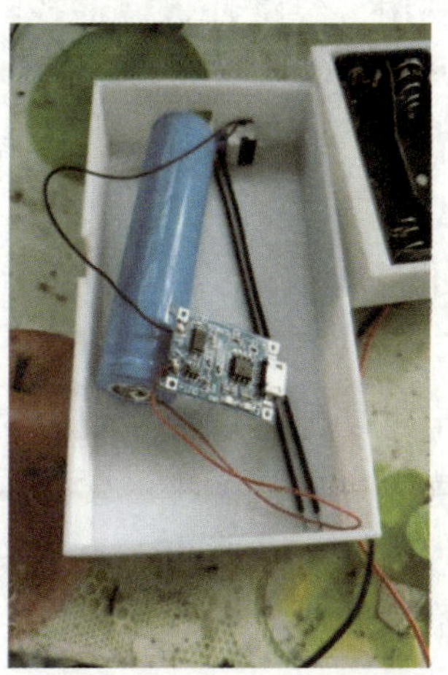

图 4-103

四、测试和使用

表 4–5

测试次数	测距离	测试成功次数	测试失败次数	测试成功率
20	2 米	20	0	100%
20	5 米	20	0	100%
20	10 米	20	0	100%
20	15 米	20	0	100%

五、创新点

1. 外置式安装，不用改装电路，遥控灵敏。

2. 废物利用，经济环保，遥控器信号不受外界干扰，遥控距离能超过 30 米，可以实现远程遥控。

3. 造价低廉，制作简单，经济有效，利于推广和使用。

六、改进措施

1. 增加定时功能，以便实现定时开关的功能。

2. 更换更先进的遥控板，实现一个遥控器，可以遥控多个开关。

3. 采用颜色更加多样的材料打印外壳，让装置外观更加美丽，让人们更容易接受。

七、心得体会

1. 在整个研究制作过程中，深深地体会到创新一个项目不是一朝一夕能够完成的，研究要懂得坚持，要像科学家一样逐步试验探索，精确计算，不断完善，最后得出结论。

2. 通过这个项目我学会了写论文，为今后的学习打下了基础，做好了铺垫。当然写作水平还有待提高。

3. 增长了见识，由衷体会到“科学技术是第一生产力”这句话的含义。在与其他同学的交流中，深感自己的不足，今后应加倍努力。

第二节　研究论文篇

七大饮料中哪种饮料对鸡蛋伤害最大（研究报告）

熊康君　李念　贾茉

一、问题的提出

每次妈妈带我去超市的时候，因为饮料很甜，我看到饮料就想买，可是妈妈总说饮料对身体有危害，对牙齿也不好。于是我就萌生了了解饮料到底有什么不好的想法，不方便拿牙齿来做实验，因为鸡蛋壳和牙齿的重要组成部分钙元素是一样的，所以就和同学一起做饮料与鸡蛋的实验，通过实验了解饮料对牙齿有哪些伤害。

二、资料查新

在妈妈的帮助下，我上网查到了“最不利于人体健康的 7 大饮料”的文章，也在知网上查阅到了其他人关于“饮料与牙齿的健康”的研究。“最不利于人体健康的 7 大饮料”一文里只写了 7 大饮料对人体健康不利，并没有提到 7 大饮料对牙齿的伤害；“饮料与牙齿的健康”的文章，比较偏重理论，例子举得过少。这些结果和我想的不太一样，于是我们 3 个同学就开始一起用买来的 7 种饮料，做饮料对牙齿的伤害的实验。

三、实验方法（ 步骤）

1. 去超市买 7 种饮料和一样大的碗 7 个，再准备好水。对比考察放在水里的鸡蛋和放在饮料里的鸡蛋的变化。

2. 在碗中倒入同样 300 毫升的饮料，每碗饮料中放三个鸡蛋。

3. 观察法：每天早上仔细观察鸡蛋的变化，并拍照记录。

4. 对比法：每天对比鸡蛋在每种饮料里和水里的不同变化，并用文字记录变化。

5. 通过 8~10 天的观察实验，分析数据并得出结论。

四、实验材料

怡泉 c+、农夫山泉尖叫运动饮料、可口可乐果粒橙、雪碧、芬达、水、伊利牛奶咖啡、可乐等、鸡蛋、碗、杯子。（见图 4-104）

图 4-104　实验材料

各饮料的成分，见图 4-105

图 4-105

■五、分工

我们 3 个同学用同样的饮料分别做实验，然后共同探讨。我们的具体分工如下：

1. 熊康君：将 7 种饮料（怡泉 c+、尖叫、果粒橙、雪碧、芬达、水、牛奶咖啡）和 21 个鸡蛋按照每种饮料配 3 个鸡蛋的分法放到 7 个一样大的碗中。观察 8 天并且每天记录和对比各种饮料中的鸡蛋有什么变化。

2. 贾茉：用 7 种饮料（c+、尖叫、果粒橙、雪碧、芬达、水、牛奶咖啡），把鸡蛋放到 7 个杯子中，观察 8 天，每天记录和对比各种饮料的变化。

3. 李念：用 7 种饮料（果粒橙，可乐，c+，尖叫，芬达，牛奶，水），把鸡蛋放到 7 个透明的玻璃杯中，观察 10 天，每天记录和对比各种饮料的变化。

■ 六、观察记录全过程

（一）三名同学的观察实验过程

1. 熊康君的观察记录

（1）芬达对牙齿的伤害是最大的，泡在里面的蛋壳在第 2 天就有明显的裂口，而且一天比一天多裂开一点，之后鸡蛋有腐臭。

（2）果粒橙对牙齿的伤害也很大。从第 2 天起，鸡蛋壳就掉了一小块并露出白皮，之后就开始发霉了，然后就有很明显的臭味，掉的鸡蛋外皮越来越多，露出的白块越来越大。

（3）细菌滋生：果粒橙和雪碧中细菌滋生特别严重，第 3 天就开始发霉，然后变腐臭。

（4）泡在水里的鸡蛋几乎没有太多变化，只是到第 6 天时水变得有点浑浊不清了。

鸡蛋在其他饮料中的变化请参见表 4–6 拍照记录的全过程。

表 4–6　观察记录过程

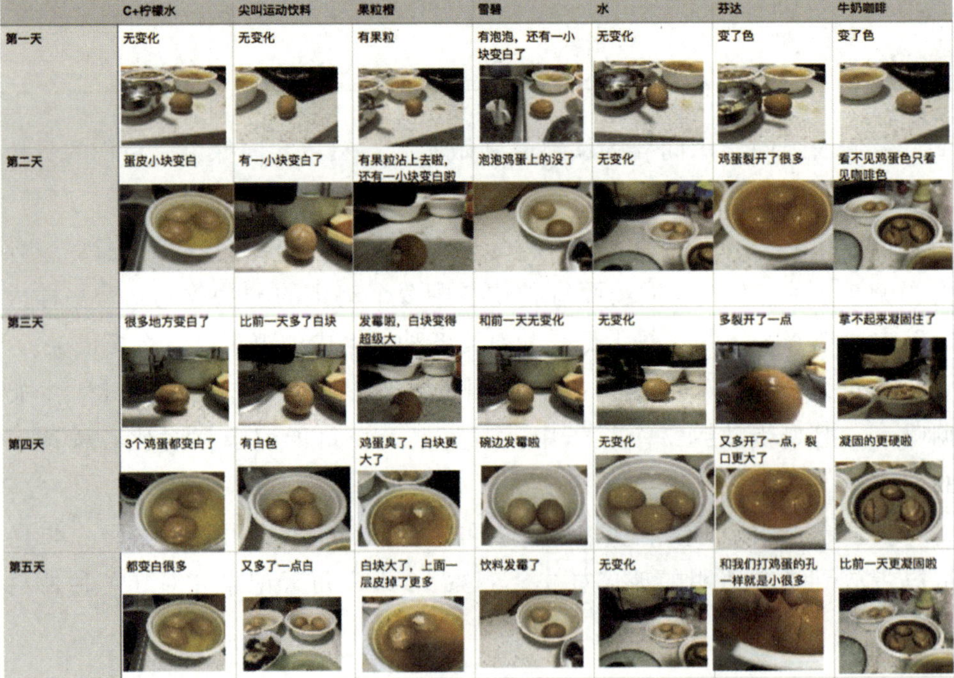

	C+柠檬水	尖叫运动饮料	果粒橙	雪碧	水	芬达	牛奶咖啡
第一天	无变化	无变化	有果粒	有泡泡，还有一小块变白了	无变化	变了色	变了色
第二天	蛋皮小块变白	有一小块变白了	有果粒沾上去啦，还有一小块变白啦	泡泡鸡蛋上的没了	无变化	鸡蛋裂开了很多	看不见鸡蛋色只看见咖啡色
第三天	很多地方变白了	比前一天多了白块	发霉啦，白块变得超级大	和前一天无变化	无变化	多裂开了一点	拿不起来凝固住了
第四天	3个鸡蛋都变白了	有白色	鸡蛋臭了，白块更大了	碗边发霉啦	无变化	又多开了一点，裂口更大了	凝固的更硬啦
第五天	都变白很多	又多了一点白	白块大了，上面一层皮掉了更多	饮料发霉了	无变化	和我们打鸡蛋的孔一样就是小很多	比前一天更凝固啦

续表

	C+柠檬水	尖叫运动饮料	果粒橙	雪碧	水	芬达	牛奶咖啡
第六天	白块更多了 	白块更多了 	白块更多啦 	雪碧发霉啦 	无变化 	裂口大了一点点 	凝固的东西成了一部分 
第七天	白块更多啦 	白块多了一点 	无变化 	和前一天一样发霉 	无变化 	多裂开口一点 	如果泡在水里也泡不掉凝固在鸡蛋上的东西啦 
第八天	饮料少很多，更白啦 	白块多了一点点 	白块更多啦 	碗边发霉部分更多啦 	无变化 	口子多裂开多一点 	如果洗也洗不掉鸡蛋上的东西啦 

2. 贾茉的观察记录

（1）泡在 c+ 和雪碧、果粒橙中的鸡蛋比其他饮料泡的鸡蛋更快出现白点。

（2）果粒橙更快发生霉变。

（3）300 毫升的饮料的变化。（见表 4–7）

表 4–7

实验时间	照片	c+饮料	尖叫饮料	果粒橙	雪碧	水	芬达	牛奶咖啡
2017.10.16 Day1	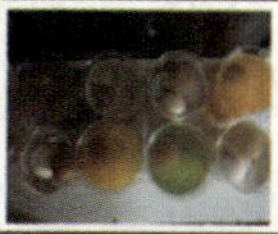	鸡蛋无变化	鸡蛋无变化	鸡蛋无变化	鸡蛋无变化	鸡蛋无变化	鸡蛋无变化	鸡蛋无变化
2017.10.17 Day2		鸡蛋表面附着气泡	鸡蛋无变化	鸡蛋无变化	鸡蛋表面附着气泡	鸡蛋无变化	鸡蛋表面附着气泡	鸡蛋无变化
2017.10.18 Day3		鸡蛋表面附着气泡	鸡蛋表面附着气泡	饮料中的果粒附着鸡蛋表面，饮料有点变稠	鸡蛋表面附着很多气泡	鸡蛋无变化	鸡蛋表面附着气泡	鸡蛋无变化，咖啡变稠
2017.10.19 Day4		鸡蛋表面附着气泡，红皮鸡蛋表皮有点皱	鸡蛋表面附着气泡，红皮鸡蛋表皮有点皱	饮料中的果粒附着鸡蛋表面，饮料有点变稠	鸡蛋表面附着很多气泡，烧杯边缘有很多泡沫，鸡蛋表皮有很小快变白	鸡蛋无变化	鸡蛋表面附着很多气泡，烧杯边缘有少量泡沫	鸡蛋无变化，咖啡变稠
2017.10.20 Day5		鸡蛋表面附着气泡，红皮鸡蛋表皮有点皱，有很小快变白	鸡蛋表面附着气泡，红皮鸡蛋表皮有点皱	饮料中的果粒附着鸡蛋表面，鸡蛋用手摸轻微变白	鸡蛋表面附着很多气泡，烧杯边缘有很多泡沫	鸡蛋无变化	鸡蛋表面附着很多气泡，烧杯边缘有少量泡沫	鸡蛋无变化，咖啡变稠有点凝固

续表

实验时间	照片	C+饮料	尖叫饮料	果粒橙	雪碧	水	芬达	牛奶咖啡
2017.10.21 Day6		红皮鸡蛋表面用手摸会变白	红皮鸡蛋表面用手摸会变白	饮料中的果粒附着鸡蛋表面，鸡蛋用手摸轻微变白，烧杯边缘有轻度霉变。	红皮鸡蛋表面用手摸会变白	鸡蛋无变化	红皮鸡蛋表面用手摸会变白	鸡蛋无变化，咖啡变稠有点凝固
2017.10.22 Day7		红皮鸡蛋表面用手摸会变白，烧杯边缘饮料有霉变现象	红皮鸡蛋表面用手摸会变白	饮料中的果粒附着鸡蛋表面，鸡蛋用手摸会变白，烧杯边缘霉变。	红皮鸡蛋表面用手摸会变白，烧杯边缘饮料有轻微霉变现象	鸡蛋无变化	红皮鸡蛋表面用手摸会变白，烧杯边缘饮料有轻微霉变现象	鸡蛋无变化，咖啡变稠有点凝固
2017.10.23 Day8		红皮鸡蛋表面用手摸会变白，烧杯边缘饮料有霉变现象	红皮鸡蛋表面用手摸会变白，饮料有微小霉变	饮料中的果粒附着鸡蛋表面，鸡蛋用手摸会变白，烧杯边缘霉变。	鸡蛋变白的地方变大，烧杯边缘饮料有轻微霉变现象	鸡蛋无变化	红皮鸡蛋表面用手摸会变白，烧杯边缘饮料有轻微霉变现象	鸡蛋无变化，咖啡变稠有点凝固

3. 李念的观察记录

通过 10 天的记录观察，发现：

（1）可乐对鸡蛋的腐蚀最早发生，蛋壳在第 3 天就有明显的裂口，长毛，颜色为深绿色，之后鸡蛋发生了变质反应，导致变臭，坏掉。

（2）果粒橙、芬达、牛奶、C+、尖叫这五种饮料对鸡蛋也有不同程度的腐蚀，但只对蛋壳表面颜色腐蚀，没有使鸡蛋本身发生变质。

（3）水对鸡蛋的腐蚀几乎为零，鸡蛋没有发生任何变化，只是第 8 天时，水本身发生了变化，有点变浑浊了。（见表 4–8）

表 4–8

	果粒橙	可乐	水	芬达	牛奶	C+	尖叫
第一天10月16日	无变化 	无变化 	无变化 	无变化 	无变化 	无变化 	无变化 
第二天10月17日	无变化 	无变化 	无变化 	无变化 	无变化 	无变化 	无变化 
第三天10月18日	无变化 	可乐长毛，深绿色，鸡蛋裂口长毛 	无变化 	无变化 	无变化 	C+表面长了白毛，鸡蛋无变化 	无变 

续表

	果粒橙	可乐	水	芬达	牛奶	C+	尖叫
第四天10月19日 	果粒粘在蛋壳上，鸡蛋无变化	可乐和蛋壳上的毛多了些	无变化	无变化	牛奶发酵，鸡蛋无变化	无变化	无变化
第五天10月20日 	无变化	鸡蛋裂口更大，表面长绿毛	无变化	无变化	无变化	无变化	无变化
第六天10月21日 	果粒橙表面起了小泡泡，鸡蛋无变化	鸡蛋表面的绿毛多了	无变化	无变化	牛奶发酵，起了一层泡沫，鸡蛋无变化	C+表面的毛更多了	无变化
第七天10月22日 	鸡蛋上的果粒颜色变深了	无变化	水有点变浑浊，鸡蛋无变化	无变化	牛奶有厚厚的泡泡，鸡蛋无变化	无变化	尖叫开始长毛，鸡蛋无变化
第八天10月23日 	果粒橙表面开始长毛，鸡蛋无变化	可乐表面有一层深绿色的毛，有轻微异味	无变化	芬达表面开始长毛，鸡蛋无变化	牛奶变质有异味，鸡蛋无变化	无变化	无变化
第九天10月24日 	果粒橙颜色变深，鸡蛋无变化	无变化	无变化	芬达长白毛，鸡蛋皮开始有小块变白	无变化	无变化	无变化
第十天10月25日 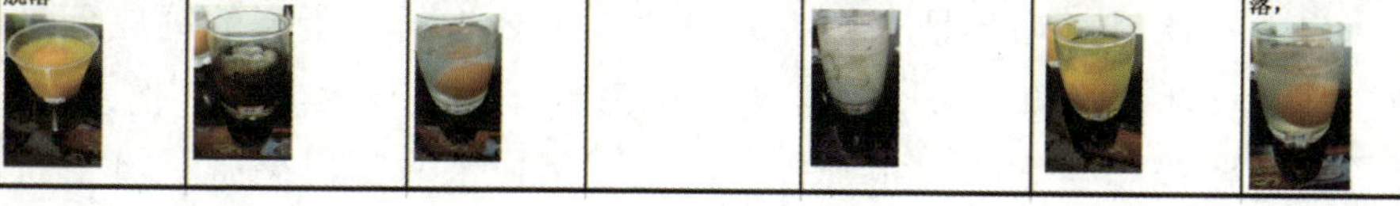	果粒橙无变化，蛋壳用手碰颜色脱落	可乐的毛变黑，蛋壳用手碰颜色脱落	无变化	芬达无变化，蛋壳用手碰颜色脱落	牛奶有异味，鸡蛋无变化	C+长白毛，蛋壳用手碰颜色脱落，	尖叫长白毛，蛋壳用手碰颜色脱落，

（二）各饮料的主要成分对比

表 4–9

	c+ 柠檬水	尖叫运动饮料	果粒橙	雪碧	芬达	水	牛奶咖啡	可乐
每 100ml 含能量（千焦 kJ）	213	110	170	191	183	无	294	180
每 100ml 含糖量（单位：克 g）	12.2	5	9.7	11	10.6	无	6	10.6
含碳酸	否	否	否	是	是	否	否	是

七、研究结果与结论

我们 3 名同学经过了 10 天的记录和观察，有如下发现：8 种饮料在 10 天的时间里对鸡蛋的腐蚀情况有所不同，其中第 1 天，饮料都没有变化，鸡蛋也同样没有任何变化。从第 2 天开始，放在芬达里的鸡蛋开始裂口；放在尖叫和果粒橙里的鸡蛋开始有白块，第 3 天可乐表面开始发生变化，鸡蛋表面开始裂口、长毛，毛是深绿色的。C+ 柠檬水表面也发生了变化，开始长毛。其他饮料在第 4 天也开始发生了不同变化，只有水基本没有变化。含糖量对鸡蛋具有一定的腐蚀性。

综上所述得出以下结论：

1. 芬达、可乐等碳酸饮料对鸡蛋的伤害最大，然后依次是牛奶咖啡、果粒橙、C+ 柠檬水、雪碧、尖叫运动饮料，对鸡蛋伤害最小的是水。实验结果说明，饮料对鸡蛋有不同程度的伤害，只有水对鸡蛋的伤害是最小的。

2. 细菌滋生严重，果粒橙、雪碧中细菌滋生得特别严重，第 3 天就开始发霉，然后变腐臭。

3. 含糖量多也会增加饮料对鸡蛋的腐蚀。

八、感想

启发：饮料对鸡蛋是有伤害的，而人的牙齿与鸡蛋壳的钙成分是相同的，因此这些饮料也一定会对牙齿产生影响、对人体器官产生伤害。

通过这次科学实验，我对科学产生了浓厚的兴趣，感觉到科学对我们的生活有很重要的意义。通过观察、记录、统计结果，我发现了科学研究的严谨性，也感觉做实验很有意思。看到饮料对鸡蛋的伤害这么大，自然联想到饮料对身体的伤害也一定会很大，以后我会少喝或不喝饮料，听妈妈的话，多喝健康的白水，也请大家多多注意！

营养液浓度对水培风信子生长情况影响的研究

王轩

一、问题的提出

风信子这种植物的花香气宜人、色彩艳丽，作为桌面观赏类盆栽植物，得到很多人的青睐。很多人知道放营养液可以让水培风信子生长得更好，花苞更多，花开得更大。但是，放营养液的水培风信子就一定长得好吗？就学生最经常使用的普通的天堂鸟牌观花型植物营养调理剂（如图 4–106 所示）来讲，到底营养液的浓度多大，对水培风信子的生长最有利？这是很多人都不知道的问题，也导致很多人因为添加的营养液的浓度不合适而影响了水培风信子的生长。本研究意在找到对水培风信子生长具有促进作用的浓度区间，研究结果将对很多养殖水培风信子的人有所帮助。

图 4-106

二、查阅已有研究

通过查阅知网、万方数据等资料，发现有如下研究：李风童、陈秀兰等人在《不同配方营养液对水培风信子生长及观赏品质的影响》的文章中介绍了他们研究的不同营养液配方对水培植物生长发育的影响；在赵娇娇等人的《不同水培条件对风信子生长的影响》一文中总结了不同水培条件对风信子生长的影响，结果表明：卡耐基品系的风信子在水培时，其根系在浓度为 0.05 mmol/L KH_2PO_4 水培条件下的长度与其他 KH_2PO_4 浓度水培条件下的风信子根系长度有显著差异。在不同的 KH_2PO_4 浓度水培条件下，风信子的花期时长、花茎高度和叶片长度并没有显著差异。

陈永华在《不同营养液浓度与配方对水培观赏植物的影响》一文中，以风信子、月季、鹅掌柴、金琥、吉祥草、苏铁等 6 种观赏植物为材料，进行不同营养液浓度和不同营养液配方对水培观赏植物的影响研究。结果表明：随着营养液浓度的降低，水培观赏植物的新生叶数和新生根数出现“先增多后降低”的变化规律，1/2 园试标准营养液浓度最适合其生长，其浓度为 0.5~0.6 g /L；斯泰纳配方有利于鹅掌柴的生长；山崎配方有利于金琥、吉祥草生长；园试标准配方和山崎配方更有利于苏铁的生长。因此说明不同植物适宜的营养液配方不同。

通过以上资料的查新，我们发现已有资料阐述了利用不同营养液配方对水培植物生长发育的影响，在已有资料中没有查到就学生最经常使用的普通的天堂鸟牌观花型植物营养调理剂的浓度对水培风信子的生长有何影响。此研究意在找到这种营养液对水培风信子生长是否有促进作用，浓度在什么区间时水培风信子生长得比较好。

三、研究方法与步骤

1.2013 年 11 月，我们随机选择两种风信子各 2 株，分别在 350 毫升的溶液中加入 0mL、3.5mL、7mL、10.5mL、14mL 的营养液，每周换一次水，浇一次营养液，观察哪个浓度的水培风信子的生长状况好，通过 100 天的观察记录，发现问题，以备来年进行更深入的研究。（如图 4–107 所示）

图 4-107

2.2014 年 11 月，我们再选择两种风信子，设立了更小的浓度梯度，分别在 350 毫升的溶液中加入 0mL、0.7mL、1.4mL、2.1mL、2.8mL、3.5mL、4.2mL、4.9mL、5.6mL 的营养液，每种浓度的风信子各 2 株，每周换一次水，浇一次营养液，观察不同浓度的水培风信子的生长状况，通过 100 天的观察记录，分析数据得出结论。（如图 4-108 所示）

图 4-108

3. 经过两轮的实验观察、数据分析，最终我们得出了实验结论。

四、实验结果与分析

表 4-10

营养液浓度	0mL		3.5mL		7mL		10.5mL		14mL	
日期	1 号	2 号	3 号	4 号	5 号	6 号	7 号	8 号	9 号	10 号
2013.11.11	风信子成活，长出根	风信子成活，长出根	风信子成活，长出根	风信子成活，长出根	风信子成活，长出根	风信子成活，长出根	风信子成活，长出根	风信子成活，长出根	风信子成活，长出根	风信子成活，长出根
2013.11.18	根长 8.9cm，芽长 0.2cm	根长 7.9cm，未出芽	根长 10.3cm，未发芽	根长 8.7cm，未发芽	根长 10.4cm，发芽	根长 8.4cm，未发芽	根长 9.2cm，发芽	根长 9cm，发芽	根长 10.5cm，发芽	根长 11.1cm，发芽
2013.11.19	根长 9.2cm，芽长 0.3cm	根长 8.1cm，未出芽	根长 11.8cm，已发芽	根长 10.5cm，已发芽	根长 11cm，已发芽	根长 8.6cm	根长 9.2cm，已发芽	根长 9.5cm，已发芽	根长 10cm，已发芽	根长 11.1cm，已发芽
2013.11.22	根长 9.6cm，芽长 0.6cm	根长 8.7cm，芽长 0.3cm	根长 12.5cm，已发芽	根长 11.7cm，已发芽	根长 11.2cm，已发芽	根长 9.4cm，	根长 9.2cm，已发芽	根长 9.8cm，已发芽	根长 9.6cm，已发芽	根长 10.5cm，已发芽

续表

营养液浓度	0mL		3.5mL		7mL		10.5mL		14mL	
日期	1号	2号	3号	4号	5号	6号	7号	8号	9号	10号
2013.11.23	根长10.2cm，芽长1cm	根长9.5cm，芽长0.5cm	根长12.6cm，芽长0.9cm	根长19.5cm，芽长0.5cm	根长10.4cm，芽长1.3cm	根长19.5cm，芽长0.8cm	根长8.2cm，芽长1cm	根长20.8cm，芽长2.5cm	根长9.3cm，芽长1.2cm	根长18cm，芽长1.3cm
2013.11.25	根长11.2cm，芽长1.6cm	根长12.5cm，芽长1cm	根长11.1cm，芽长0.8cm	根长10.7cm，芽长0.6cm	根长10.9cm，芽长1.2cm	根长8.cm6，芽长0.8cm	根长8.9cm，芽长1cm	根长9cm，芽长0.9cm	根长8.8cm，芽长1cm	根长9.3cm，芽长1.5cm
2013.11.26	根长12.7cm，芽长1.8cm	根长12.2cm，芽长1.2cm	根长12.1cm，芽长0.9cm	根长12cm，芽长0.8cm	根长11.3cm，芽长1.4cm	根长8.3cm，芽长0.8cm	根长9.7cm，芽长1.1cm	根长8.8cm，芽长1.5cm	根长9.cm8，芽长1.2cm	根长8.7cm，芽长1.7cm
2013.11.28	根长13.2cm，芽长2.7cm	根长12.5cm，芽长1.7cm	根长11.5cm，芽长1.4cm	根长12.8cm，芽长1.2cm	根长10.5cm，芽长1.5cm	根长8.8cm，芽长1cm	根长7.7cm，芽长1.5cm	根长8.5cm，芽长1.5cm	根长9.3cm，芽长1.5cm	根长9.2cm，芽长2.2cm
2013.12.11	根长13.5cm，未露出花苞，芽长3.5cm	根长15cm，未露出花苞，芽长2.3cm	根长20.5cm，露出花苞，芽长2.3cm	根长14cm，露出花苞，芽长2cm	根长7.5cm，未露出花苞，芽长1.1cm	根长11.5cm，未露出花苞，芽长1.8cm	根长8.8cm，未露出花苞，芽长2.6cm	根长9.5cm，未露出花苞，芽长2cm	根长8.8cm，未露出花苞，芽长2.9cm	根长10.5cm，露出花苞，芽长1.6cm
2013.12.17	根长13.9cm，未露出花苞	根长14.1cm，未露出花苞	根长13.6cm，露出花苞	根长14.7cm，露出花苞	根长9.6cm，露出花苞	根长7.1cm，露出花苞	根长8.5cm，未露出花苞	根长8.9cm，未露出花苞	根长8cm，露出花苞	根8.5cm，未露出花苞
2013.12.30	根盘到底部，叶6片，长3.2cm，分开，露出花苞	根盘到底部，叶4片，长3cm，露出花苞	根参差不齐，叶5片，打开，露出花苞	根参差不齐，出现鼓包，高3.5cm，叶子4片，花苞很多	根长11.5cm，高3.3cm，露出花苞较多	根长8cm，叶3片，花苞很小，高2.8cm	根长7.5cm，叶高3.35cm	根长8cm，叶高3.7cm，	根长9cm，叶高2.9cm	根长9cm，叶高4.2cm

续表

营养液浓度	0mL		3.5mL		7mL		10.5mL		14mL	
日期	1号	2号	3号	4号	5号	6号	7号	8号	9号	10号
2014.1.3	根盘底部两圈，叶7片，高4.5cm，露出花苞	根盘底部，5个叶子，未打开，高4.2cm，露出花苞	根盘底部一圈，叶5片，花柱打开	根盘底部，叶5片，高3.9cm	根接触到瓶底，高4cm，叶5片，未打开	根已经腐烂，叶4片，高3cm，花苞较小	根没到瓶底，比较细，叶4cm，5片	根没到瓶底，5个叶片未打开，高4.5cm	根稀疏，已有包包，高3cm	根比较细，叶打开，高4.5cm，已经看到花苞
2014.1.7	根盘底部，叶7片，长4cm，7个花蕾	根盘底部，叶片8片，花蕾，高4cm	根盘底部一圈，5片叶子，19个花蕾，高4.3cm	根长15cm，花蕾28个，高4cm	根长11.2cm，叶5片，15个花蕾，高3.5cm	根已经腐烂，叶片4片，8个花蕾，高3cm，	根长8cm，叶5片，6个花蕾，高4.5cm	根长8cm，叶5片，4个花蕾，高4cm	根长8cm，叶未打开，9个花蕾，高3cm	根已到底部，叶6片，长5cm，5个花蕾
2014.1.10	根盘底部两圈，叶8片，高4.7cm，16个花蕾	根盘底部一圈，叶5片，高4.6cm，14个花蕾	根盘底部少半圈，约16cm，叶6片，高5cm，24个花蕾	根盘底部半圈，叶5片，高4.5cm，34个花蕾	根长10.5cm，叶6片，高4.5cm，19个花蕾	根长7cm，叶片3个，11个花蕾，2朵已开	根长9cm，叶片5片，9个花蕾，高4.5cm	根长9cm，叶6片，9个花苞	根长9cm，叶5片，高3.5cm，11个花蕾	根长8cm，叶6片，花苞7个，高5cm
2014.1.13	根盘底部两圈半，8片叶，20个花蕾，高5cm	根盘底部两圈，叶5片，花蕾已开，19个花苞，高5.5cm	根盘于底部1/4圈，叶6片，花开了很多，花蕾30个，高5cm	根盘于底部1/4圈，叶6片，花蕾38个，高5.2cm	根长8cm，叶5片，14个花蕾，高4cm	根约12cm，叶片6个，24个花蕾，高4.7cm	根长9cm，5片叶子，14个花蕾，高4.7cm	根长7cm，叶5片，花蕾12个，高5cm	根长8cm，叶5片，长花苞15个，已开4个，高4.5cm	根长9cm，叶6片，18个花蕾，高4.5cm
2014.1.19	根盘底部两圈，叶8片，长6cm，花开26朵，高6cm	根盘底部两圈，叶5片，长5cm，花开35朵，高6.5cm	根盘底部1/3圈，叶6片，长5cm，约35朵，高6.5cm	根盘底部半圈，5片叶，长5cm，约57朵，高6.5cm	根刚到底部，长11cm，叶长4cm，6片，花开30朵，高6cm	根长7cm，叶5片，长2.5cm，花18朵，已经谢花，高3.5cn	根长8cm，叶5片，长4.5cm，花18朵，高5cm	根长8.5cm，叶5片，长4.5cm，25朵，高4.5cm	根长8.5cm，叶5片，长3cm，花15朵，高5cm	叶6片，长5cm，花23朵，高5.5cm

续表

营养液浓度	0mL		3.5mL		7mL		10.5mL		14mL	
日期	1号	2号	3号	4号	5号	6号	7号	8号	9号	10号
2014.1.23	根盘底部两圈，约64cm，叶6片，长5.7cm，花26朵，无谢花	根盘底部两圈，约64cm，叶5片，长5.2cm，花31朵，有谢花	根盘底部半圈，叶长6cm，6片，花全部开放，40朵花，已有谢花，高7cm	根盘底部1/3圈，叶5片，长5cm，花48朵，已开始凋谢	根至底部，叶6片，长4.4cm，花全部开放36朵，高6.5cm	根长8cm，叶4片，长2cm，花25朵，已经谢完	根长9.5cm，叶5片，长5.5cm，花全部开放，共28朵，高6.5cm	根长8cm，叶5片，长4cm，花29朵，还没谢	根长9cm，叶5片，长4.8cm，已有落花，花朵28朵	根长10cm，叶片长4.5cm，6片，花21朵，已经谢花
2014.1.26	根盘底部两圈半，叶8片，长5.5cm，花谢7朵，高7cm	根盘底部一圈，叶5片，长5.2cm，花已凋谢10朵，高8cm	根盘底部半圈，叶长6cm，6片，花已凋谢11朵，高7cm	根盘底部1/3圈，叶长5.3cm，5片，花已经谢14朵，高7cm	根长10.5cm叶6片，长4.5cm，花已经谢5朵，高6.9cm	根长7cm，叶5片，叶长4.5cm，高3.5cm	根有1/5触底，约8.5cm，叶5片，长5cm，花已大部分凋谢，高6cm	根长9cm，叶5片，长4.5cm花未谢，高5.5cm	根长9cm，叶5片，长3cm，高5.5cm，花已有凋谢	根长10cm，叶5片，长5cm，花绝大部分凋谢，高6.5cm
2014.2.2	根盘底部两圈半，叶8片，长6cm，高7cm	根盘底部一圈，叶5片，长6cm，高11cm	根盘底部半圈，叶长8.5cm，叶6片，剩6朵花，高10cm	根盘底部1/3圈，叶长7cm，高9.5cm	根长14.5cm叶长5.5cm，花已经谢完，高7.5cm	根已经腐烂，长6cm，花已经谢完	根长8cm，有新的根产生，叶长6cm，花已谢完，高6cm	根长9cm，叶6片，长5cm，花已经谢完	根长9cm，叶6片，长3.5cm，高4.5cm，11朵花，未谢	根已腐烂，长10cm，叶6片，长6cm

2013—2014（第一年）观察的结果记录：

对以上水培风信子整个生长过程中的开花情况进行统计如表4-11：

表4-11

	0mL	0mL	3.5mL	3.5mL	7mL	7mL	10.5mL	10.5mL	14mL	14mL
花	43	46	49	65	44	36	28	49	48	36

通过以上的观察、记录统计，我们发现：浓度为 3.5mL 的水培风信子长得最好，花开的数量多。其次是不加营养液的水培风信子，而浓度为 7mL、10.5mL、14mL 的水培风信子的生长情况越来越差，说明低浓度的营养液能促进水培风信子生长，高浓度的营养液抑制水培风信子的生长。但我们又产生了新的疑问：既然低浓度的营养液能促进水培风信子生长，在低浓度中，浓度低到什么程度，浓度在什么区间就比较合适呢？为此我们进行了第二轮的实验。

2015 年（第二年）观察的结果记录：如表 4–12 所示。

表 4–12

营养液浓度	0mL		0.7mL		1.4mL		2.1mL		2.8mL		3.5mL		4.2mL		4.9mL		5.6mL	
	1 号	1' 号	2 号	2' 号	3 号	3' 号	4 号	4' 号	5 号	5' 号	6 号	6' 号	7 号	7' 号	8 号	8' 号	9 号	9' 号
2015.1.9	今天种下	今天种下	今天种下	今天种下	今天种下	今天种下	今天种下	今天种下	今天种下	今天种下	今天种下	今天种下	今天种下	今天种下	今天种下	今天种下	今天种下	今天种下
2015.1.12	无变化	无变化	根 2cm	无变化	无变化	根 3mm	无变化	根 4mm	无变化	根 2mm	根 4mm	无变化	无变化	根 5mm	根 4mm	无变化	根 3mm	根 3mm
2015.1.14	根 2mm	根 4mm	根 3cm	根 3mm	无变化	根 5mm	根 3mm	根 5mm	根 5mm	根 3mm	根 6mm	根 3mm	根 6mm	根 8mm	根 7mm	根 3mm	根 5mm	根 4mm
2015.1.19	根 1.5cm	根 1cm	根 6.5cm	根 2cm	根 2.5cm	根 1cm	根 2.5cm	根 0.7cm	根 2cm	根 1cm	根 2.5cm	根 1cm	根 3cm	根 0.5cm	根 3.5cm	根 0.5cm	根 1cm	根 1.5cm
2015.1.23	根 4cm	根 2cm	根 9cm	根 5.5cm	根 5cm	根 1.5cm	根 5cm	根 3.5cm	根 3.5cm	根 3cm	根 5cm	根 4cm	根 6cm	根 1cm	根 7cm	根 0.5cm	根 2.5cm	根 2cm
2015.1.31	根 9cm 已发芽	根 5.5cm	根 12cm，已发芽	根 11.5cm，已发芽	根 10cm	根 8cm，已发芽	根 9.5cm，已发芽	根 8.5cm，已发芽	根 10cm，已发芽	根 9.5cm，已发芽	根 7cm，已发芽	根 9cm，已发芽	根 9cm，已发芽	根 1.5cm	根 9.5cm，已发芽	根 4cm	根 7cm，已发芽	根 6cm
2015.2.4	根 10cm，已发芽	根 7cm，已发芽	根 13cm，已发芽	根 13cm，已发芽	根 11cm，已发芽	根 10cm，已发芽	根 10cm，已发芽	根 10cm，已发芽	根 11cm，已发芽	根 11cm，已发芽	根 8.5cm，已发芽	根 10cm，已发芽	根 10.5cm，已发芽	根 2cm	根 11cm，已发芽	根 5cm	根 9cm 已发芽	根 7cm 已发芽
2015.2.9	根 12.5cm 已发芽	根 8.5cm 已发芽	根 14.5cm，已发芽	根 14cm，已发芽	根 13.5cm，已发芽	根 11cm，已发芽	根 12cm，已发芽	根 12cm，已发芽	根 11cm，已发芽	根 12cm，已发芽	根 11cm，已发芽	根 12cm，已发芽	根 11.5cm，已发芽	根 4.5cm	根 11.5cm，已发芽	根 6cm	根 10cm，已发芽	根 9cm，已发芽
2015.2.15	开花约 45 朵	开花约 25 朵	开花约 35 朵	开花约 4 朵	未开花	开花约 35 朵	开花约 35 朵	开花约 20 朵	开花约 30 朵	开花约 15 朵	开花约 30 朵	开花约 35 朵	开花约 35 朵	未开花	开花约 30 朵	才发芽	开花约 40 朵	未开花

续表

营养液浓度	0mL		0.7mL		1.4mL		2.1mL		2.8mL		3.5mL		4.2mL		4.9mL		5.6mL	
2015.2.23	开花约40朵	开花约35朵	开花约37朵	开花约40朵	开花约35朵	开花约42朵	开花约35朵	开花约35朵	开花约38朵	开花约40朵	开花约33朵	开花约35朵	开花约45朵，凋谢4朵	开花约4朵	开花约45朵	有花苞	开花约37朵，凋谢3朵	开花30朵
2015.3.1	开花27朵，凋谢13朵	开35朵	只有4朵了	开花40朵	开花35朵	开花42朵	35朵	开花30朵，凋谢20朵	开花34朵，凋谢4朵	开花40朵	只剩4朵	只剩15朵	开花25朵，凋谢20朵	才开了4朵	开花24朵，凋谢1朵	才有花苞	剩9朵	开花30朵
2015.3.7	死亡	死亡	死亡	死亡	还有16朵	死亡	还有9朵	还有2朵	死亡	死亡	死亡	死亡	还有3朵	还有3朵	死亡	还未开花	死亡	死亡
2015.3.14	死亡	死亡	死亡	死亡	死亡	死亡	还有2朵	死亡	死亡	死亡	死亡	死亡	死亡	死亡	死亡	才开了3朵	死亡	死亡
2015.3.21	死亡	死亡	死亡	死亡	死亡	死亡	死亡	死亡	死亡	死亡	死亡	死亡	死亡	死亡	死亡	死亡	死亡	死亡

对以上水培风信子整个生长过程中的开花情况进行统计如表 4-13 所示。

表 4-13

	0mL	0mL	0.7mL	0.7mL	1.4mL	1.4mL	2.1mL	2.1mL	2.8mL	2.8mL	3.5mL	3.5mL	4.2mL	4.2mL	4.9mL	4.9mL	5.6mL	5.6mL
花	45	35	37	40	35	42	35	50	39	40	33	35	49	18	45	13	40	30
	80		77		77		85		79		68		67		58		70	

经过这一轮的实验，我们又有了新的发现：浓度为 2.1mL 的水培风信子长得最好，说明在 350mL 水中加 2.1mL 营养液的水培风信子长势最好。由此，既印证了第一年的研究，又通过第二年的研究得出了进一步的结论。

五、实验结论

通过以上的实验我们发现：就学生最经常使用的普通的天堂鸟牌观花型植物营养调理剂来讲，在 350mL 水中加 2.1mL 营养液的水培风信子长势最好。浓度过高或过低都不利于水培风信子的生长，希望我们的研究结果对其他养殖水培风信子的同学有所帮助。

六、创新点

1. 通过实验研究发现，在养殖水培风信子时，并不是加了营养液就一定会促进风信子的生长，营养液浓度过高不仅不会促进风信子的生长，反而会抑制植物的生长。

2. 通过实验研究找到了养殖水培风信子时添加天堂鸟牌观花型植物营养调理剂这种营养液的最佳浓度。就学生最经常使用的普通的天堂鸟牌观花型植物营养调理剂来讲，在 350mL 水中加 2.1mL 营养液的水培风信子长势最好。

参考文献：

1. 陈永华，吴晓芙，张冬林，陈亮明，陈明利，雷电，张秀香，黄金玉 . 不同营养液浓度与配方对水培观赏植物的影响 [J]. 中南林业科技大学学报，2007：27（6）.

2. 李风童，陈秀兰，刘春贵，孙叶、马辉，张甜，包建忠 . 不同配方营养液对水培风信子生长及观赏品质的影响 [J]. 中南林业科技大学学报，2012：32（10）.

3. 韩鹰 ，朱旭东 ，耿晓东，王忠 . 光照对水培风信子根系生长的影响 [J]. 扬州大学学报（农业与生命科学版），2005：26（4）.

沏茶的学问

北京市朝阳区实验小学　乔广宇　单秋实　艾乐之

一、问题的提出

我爸爸特别爱喝茶，但是有时沏的茶很好，色香味俱全，很远都能闻到，有时沏得不好，在茶的旁边都闻不到香味，感觉茶叶都没有沏开，喝起来还涩涩的。怎样才能沏出色香味俱全的茶？究竟沏茶中还有何奥秘呢？由此，我们对沏茶展开了研究。

二、研究假设

沏茶的学问无非是怎样才能让茶“色”“香”“味”俱全。因此，我们思考，茶水的色香味可能跟水温、水量、茶叶的量、沏茶的时间、茶的品种等因素有关，我们的猜想是：

针对不同品种的茶叶，我们认为茶叶的种类不同会影响茶的色香味。

针对水温，我们认为水的温度越高茶越容易沏开，茶的味道越好。

针对水量，我们认为，如果茶叶的量是一定的，那么水越少茶的味道越好。

针对茶量，我们认为，如果茶叶的重量相同，那么茶叶的量越多味道就越好。

针对时间，我们认为，如果茶量、水量、水温一样，那么泡的时间越长茶的味道越好。

三、查阅文献

我们查阅了中国知网，通过查阅资料了解到：

关于水温。一种说法是：同种绿茶中的不同微量元素在不同温度时溶出率不同，不同绿茶的同种微量元素在相同温度下溶出率也不同，结合人体对微量元素的需求，沏茶水温以 70℃ ~80℃为宜。[吴迪，张明时，邱树毅，等 . 不同沏茶水温对黔产绿茶中微量元素溶出率的影响分析 [J]. 贵州师范大学学报（自然科学版），2009，27（004）：109-112.]；另有说法：一般茶叶以 95℃左右的开水冲泡。高级绿茶，则以 80℃左右为好。[王振之 . 沏茶的学问 [J]. 江苏农机与农艺，1994（04）：16.]。第三种说法：冲泡乌龙茶、正山小种和低档茶叶，最好用 100℃的三沸水。（在生活与消费杂志《沏茶掌握水温》这篇文章中说明，http：//www.doc88.com/p-1018602700099.html）。第四种说法：人们沏茶的温度最好在 70℃ ~80℃。（http：//www.cqvip.com/QK/96499X/201019/34504813.html）。以上不同观点说明大家对沏茶的水温观点不一。

关于水量。一种说法：一般一只茶杯（约装 200 毫升水）应投放茶叶 3~4 克 [李振良 . 沏茶三诀 [J]. 湖南农业，1996（05）：26]。

另一种说法：一杯250毫升的水，放3~5克茶叶为佳，而乌龙茶则以8克左右为佳。（在《沏茶的学问》这篇文章中阐明。王振之.沏茶的学问[J].江苏农机与农艺，1994（04）：16.）以上两种说法说明大家对沏茶时放的茶量观点不一。

关于时间。一种说法：普通红茶、绿茶冲泡3分钟即可（在《沏茶的学问》这篇文章中阐明），还有的说5分钟为好，这说明大家对沏茶的时间认识也不统一。

在文献中没有查到用不同品种的茶叶沏茶时在颜色、气味、味道方面的差异。

面对不同的说法，我们想通过自己的实践去发现，到底茶水的色香味与沏茶的时间、茶量、水温、水量以及不同品种的茶叶是否有关，具体的关系是怎样的。

四、研究方法

我们采用查阅文献和观察实验的方法进行研究。

通过查阅文献，分析文献，了解已有研究情况，确定本课题的研究点。

实验的方法：

（1）准备实验材料

杭州忆江南茶叶有限公司生产的铁观音茶一包、杭州忆江南茶叶有限公司生产的绿茶一包、武夷桐木关正山小种一包、热水壶一个、三个搅拌棒、三个同样大小的烧杯、矿泉水若升、温度计三个、电子秤三个、计时器、滴管。（如图4-109所示）

图4-109

（2）实验方法

分别研究沏茶时间、水温、水量、茶叶的量、茶的品种是否影响茶水的“色”（颜色）、“香”（气味）、“味”（味道）。

例如，研究水温是否影响沏茶的效果的实验过程：分别取2g不同品种的茶叶，放入200毫升、不同温度（30℃、50℃、60℃、70℃、80℃、90℃、100℃）的水中，2分钟后观察茶水的颜色、气味、味道的变化，并进行记录，通过分析数据得出结论。

研究水量是否影响沏茶的效果的实验过程：分别取2g不同品种的茶叶，用烧杯分别放入100毫升、150毫升、200毫升、250毫升80℃的水，2分钟后观察茶水的颜色、气味、味道的变化，然后进行记录，通过分析数据得出结论。

研究茶量是否影响沏茶效果的实验过程：每种茶叶分别取1g、2g、3g、4g，在四个同样的烧杯中各放入200毫升80℃的水，2分钟后观察茶水的颜色、气味、味道的变化，分别记录，通过分析数据得出结论。

在研究沏茶时间是否影响沏茶效果的实验过程：每种茶叶各取2g，分别放入200毫升80℃的水，观察2分钟、4分钟、6分钟后茶水的颜色、气味、味道的变化，进行记录，通过分析数据得出结论。

在以上实验的过程中，对三种茶水的颜色、气味、味道同时进行观察记录，得出沏茶效果与茶叶的品种不同是否有关的研究结论。

五、研究数据与分析

（一）测量水温对沏茶效果的影响

表 4–14

茶叶品种	水量	时间	茶量	30℃	50℃	60℃	70℃	80℃	90℃	100℃
正山小种	200mL	2分钟	2g	颜色：非常浅的黄色 气味：焦香（淡） 备注：没泡开 味道：没味道	颜色：淡黄色 气味：焦香（淡） 味道：非常淡的味道	颜色：淡黄色 气味：焦香（淡） 味道：淡淡的焦干香	颜色：中黄色 气味：焦甘香 味道：焦涩	颜色：浅棕色 气味：焦香（浓） 味道：味香，浓，味道合适	颜色：棕红 气味：焦味 味道：入口味道涩苦	颜色：深棕色 气味：焦味浓 味道：入口味重、苦

续表

茶叶品种	水量	时间	茶量	30℃	50℃	60℃	70℃	80℃	90℃	100℃
绿茶	200mL	2 分钟	2g	颜色：淡黄色 气味：清香（淡） 备注：没泡开 味道：淡淡的香味	颜色：淡黄色 气味：清香（淡） 味道：淡香味	颜色：银光绿 气味：清香 味道：清香 味道浓一些了	颜色：中黄色 气味：清香 味道：香	颜色：绿变黄 气味：清香 味道：香微涩	颜色：深荧光绿 气味：清香 味道：香，微涩	颜色：黄色 气味：清香浓 味道：香，微涩
铁观音	200mL	2 分钟	2g	颜色：透明无色 气味：清香（淡） 备注：没泡开 味道：淡淡的清香	颜色：淡绿 气味：甘香（淡） 味道：淡香	颜色：浅黄绿 气味：甘清香 味道：甘焦土香	颜色：黄绿 气味：甘清香（中等） 味道：甘清香	颜色：浅橙色 气味：茶香 味道：甘香中等	颜色：黄带绿 气味：茶香（浓） 味道：甘清香浓	颜色：黄色 气味：烟香 味道：甘清香浓

分析：以上数据表明，在水量 200mL、时间 2 分钟、茶量都是 2g 的相同条件下，正山小种（红茶）在 80℃的水温下泡的茶颜色气味味道最佳；铁观音（乌龙茶）在 90℃的水温下泡的茶颜色气味味道最佳；绿茶用 100℃的水温泡的茶颜色气味味道最佳。这说明不同品种的茶叶沏茶所需要的温度不同。

在实验中我们还发现：温度低时，三种茶水的颜色、气味和味道都很浅，而高温才能让茶叶的颜色、气味和味道散发出来，说明温度是影响茶水颜色、气味和味道的重要原因。

（二）测量水量对沏茶效果的影响

表 4–15

茶品种	茶量	温度	时间	100mL	150mL	200mL	250mL
正山小种	2g	80℃	2 分钟	颜色：深红色 气味：焦香 味道：苦	颜色：深红色 气味：较浓焦香 味道：稍苦	颜色：鲜红色 气味：焦香 味道：焦干浓香	颜色：淡红色 气味：淡香 味道：淡苦香
绿茶	2g	80℃	2 分钟	颜色：中黄 气味：浓郁清香 味道：苦	颜色：黄 气味：清香 味道：略苦	颜色：黄色 气味：清香 味道：清香	颜色：浅黄 气味：清香（淡） 味道：淡清香
铁观音	2g	80℃	2 分钟	颜色：黄色 气味：浓土香 味道：浓土香味	颜色：黄色 气味：土香 味道：土香味	颜色：黄稍浅 气味：浓香 味道：土香味	颜色：淡黄 气味：清香 味道：土香味

分析：以上数据表明，在时间2分钟、温度80℃、茶量都是2g的相同条件下，正山小种（红茶）、铁观音（乌龙茶）、绿茶在200mL的水量下茶水的颜色、气味和味道最佳。这说明不同品种的茶叶沏茶所需要的水量基本相同。（见表4–15）

（三）测量茶量对沏茶效果的影响

表4–16

茶叶品种	水温	水量	时间	1g	2g	3g	4g
正山小种	80℃	200mL	2分钟	颜色：浅黄色 气味：清香（淡） 味道：甘焦香	颜色：黄色（深） 气味：焦香 味道：甘焦香	颜色：浅红色 气味：焦香浓 味道：苦涩回甘	颜色：红色（深） 气味：非常浓 味道：苦涩
绿茶	80℃	200mL	2分钟	颜色：淡黄绿色 气味：清香（很淡） 味道：淡淡的涩	颜色：淡黄色 气味：清香（淡） 味道：微涩回甘	颜色：黄色 气味：清香（浓） 味道：浓香回甘	颜色：黄色 气味：清香（浓） 味道：苦涩香
铁观音	80℃	200mL	2分钟	颜色：黄色很浅 气味：茶香（淡淡的） 味道：淡土香	颜色：黄色稍微浅 气味：茶香（淡） 味道：土香	颜色：稍浅黄色 气味：茶香 味道：土香	颜色：黄色 气味：烟香 味道：香润可口（浓）

分析：以上数据表明，在水温80℃，水量200mL、时间2分钟的相同条件下，正山小种（红茶）2g的颜色、气味、味道最佳；铁观音（乌龙茶）3g的颜色、气味、味道最佳；绿茶4g的颜色、气味、味道最佳。这说明不同品种的茶叶沏茶所需要的茶量不同。

（四）测量沏茶时间对沏茶效果的影响

表4–17

茶叶品种	茶量	水量	温度	2分钟	4分钟	6分钟
正山小种	2g	200mL	80℃	颜色：红色 气味：香 味道：甘焦香	颜色：红色 气味：焦干香（较浓） 味道：焦香	颜色：红色（深） 气味：焦干味（浓） 味道：苦药味道

续表

茶叶品种	茶量	水量	温度	2 分钟	4 分钟	6 分钟
绿茶	2g	200mL	80℃	颜色：黄色 气味：清香 味道：茶香	颜色：中黄色 气味：清香（较浓） 味道：茶香	颜色：土黄色 气味：清香（浓） 味道：苦涩
铁观音	2g	200mL	80℃	颜色：浅黄色 气味：烟香 味道：土香	颜色：叶绿色（浅） 气味：烟香 味道：土香	颜色：叶绿色（浅） 气味：土香（较浓） 味道：苦药味道

分析：以上数据表明，在水量 200mL、水温 80℃、茶量都是 2g 的相同条件下，绿茶沏茶时间是 4 分钟的时候茶水的颜色、气味、味道最佳。正山小种（红茶）沏茶时间是 2 分钟的时候茶水的颜色、气味、味道最佳。铁观音（乌龙茶）在沏茶时间是 2 分钟的时候茶水的颜色、气味、味道最佳。这说明不同品种的茶叶沏茶所需要的时间不同，但沏茶时间对于茶叶味道上的影响不是特别明显。

综上所述，就我们研究的三种茶叶来讲：

正山小种在水温 80℃、水量 200mL、沏茶时间是 2 分钟、茶量 2 克时，颜色、气味、味道是最佳选择；

铁观音在水温 90℃、水量 200mL、沏茶时间是 4 分钟、茶量 4 克时，颜色、气味、味道是最佳选择；

绿茶在水温 100℃、水量 200mL、沏茶时间是 4 分钟、茶量 3 克时，颜色、气味、味道是最佳选择。

六、研究结论

通过实验我们发现，实验的结果和我们之前的猜想不尽相同，研究结果说明：

就我们研究的杭州忆江南茶叶有限公司生产的铁观音茶、杭州忆江南茶叶有限公司生产的绿茶、武夷桐木关正山小种这三种茶叶来看，沏茶时茶水的颜色、气味、味道与沏茶的水温、水量、茶叶的量、沏茶的时间、茶的品种等因素有关，因茶叶的品种不同，导致沏茶所需要的时间、温度、茶量是不同的，其中温度是影响茶叶颜色、气味和味道不同的主要原因。几种茶叶对水量的要求基本相同，2g 茶兑 200 毫升水量最佳。

七、创新点

1. 第一次综合考察了水温、水量、时间、茶量以及茶的品种不同对沏茶的颜色、气味、味道的影响。

得到了绿茶、正山小种（红茶）、铁观音（乌龙茶）三种茶叶在沏茶时间、水温、水量和茶量等方面的数据，纠正了之前的不同说法。

2. 针对文献中对沏茶水量、水温、茶量、温度的不同说法进行了实验验证，得出结论。

3. 第一次明确提出，温度是影响沏茶效果的最重要的原因。

康乃馨如何“保鲜”

朝阳区实验小学　赵义彬

研究背景

康乃馨是一种代表爱与尊敬的花，快到奶奶七十大寿了，我决定送奶奶七朵花，以表对奶奶的尊敬与祝福。康乃馨无疑是最好的选择，我选定康乃馨为送奶奶的礼物，可怎样让我对奶奶的祝福保存得更长久一些呢？我问了经常种花的爸爸，可我觉得他说的那几种方法都不对，我只好上网搜索一下。

通过上网查找资料，我找到了一些鲜花保鲜的方法。比如：利用斜剪法、末端击碎法、切口面扩大法、浸烫法、茶水法、维 C 法、啤酒法。这些方法适合康乃馨保鲜吗？我决定亲自试一试。

一、研究材料和方法

（一）研究材料

准备同样的瓶子、长势相同的康乃馨、啤酒、维生素 C、绿茶、自来水、小刀，见图 4-110。

图 4-110　长势相同的康乃馨

（二）研究方法

我在科学课上学习降落伞的降落速度与什么因素有关、摩擦力的大小与什么因素有关等实验的时候，使用过一种研究方法，叫对比实验。可以通过设置两个或两个以上的实验组，通过对比结果的比较分析，来探究各种因素与实验对象的关系。由此我想到：要想证明哪一种方法最适合康乃馨的保鲜，必须通过对浸泡液体、茎的不同处理进行对比，分析出康乃馨最佳的保鲜方法。

■ 二、研究过程

第一阶段研究：（10 月 7 日—10 月 15 日）

（一）实验准备（包括水位高度、水质、茎的处理 3 个方面）

表 4-18 实验准备（时间：2010 年 10 月 7 日）

序号	保鲜方法	水位高度	水质	茎的处理
1 号瓶	斜剪法	6.5cm	自来水	斜剪 2cm
2 号瓶	末端击碎法	6.5cm	自来水	末端击碎 2cm
3 号瓶	切口面扩大法	6.5cm	自来水	将茎切开 2cm
4 号瓶	茶水法	6.5cm	浓红茶	保持原样
5 号瓶	维 C 法	6.5cm	加维 C 的自来水	保持原样
6 号瓶	啤酒法	6.5cm	蓝带啤酒	保持原样
7 号瓶	浸烫法	6.5cm	自来水	在热水中浸 2 分钟，取出后再浸入冷水中

图 4-111 斜剪法的处理

图 4-112 末端击碎法的处理

图 4-113 切口面扩大法的处理

（二）实验过程

1. 准备材料。

2. 把7朵康乃馨分别放在7个瓶子中，水位高度相同。

（1号瓶：斜剪法；2号瓶：末端击碎法；3号瓶：切口面扩大法；4号瓶：茶水法；5号瓶：维C法；6号瓶：啤酒法；7号瓶：浸烫法）

3. 观察记录现象，分析现象，总结出适合康乃馨保鲜的好方法。

（三）观察记录

第一次观察：10月13日现象记录（见图4–114，表4–19）

图4-114　10月13日康乃馨情况

表4–19　10月13日康乃馨情况

序号	保鲜方法	水位高度	水面情况	花的外形特点	症状等级排序
1号瓶	斜剪法	6.1cm	无	色彩鲜艳，但与前面相比淡了一些，花瓣开得较大	B
2号瓶	末端击碎法	6.1cm	无	色彩较之前面淡了一些，花瓣开得最大	A
3号瓶	切口面扩大法	6.1cm	无	色彩鲜艳，与之前相比淡了一点，花瓣开得较大	B
4号瓶	茶水法	6.1cm	无	色彩最鲜艳，但花瓣较小	C
5号瓶	维C法	6.0cm	水上有毛，怀疑是细菌	色彩不是很鲜艳，花瓣很乱，最下面的花瓣已干枯	C
6号瓶	啤酒法	5.7cm	无	颜色发白，花瓣干枯	D
7号瓶	浸烫法	6.1cm	无	花瓣未展开，花瓣边缘发黑	D

（注解：A代表康乃馨的保鲜情况最好；D代表康乃馨的保鲜情况最差）

第二次观察：10 月 15 日现象记录（见图 4–115，表 4–20）

图 4-115　10 月 15 日康乃馨情况

表 4–20　10 月 15 日康乃馨情况

序号	保鲜方法	水位高度	水面情况	花的外形特点	症状等级排序
1 号瓶	斜剪法	5.7cm	无变化	花瓣比其他花摸起来更湿，花瓣卷成一团，花瓣边缘有黑边	D
2 号瓶	末端击碎法	5.7cm	无变化	色彩较之前面淡了一些，花瓣开得最大，花瓣边缘有黑边	A
3 号瓶	切口面扩大法	5.7cm	无变化	色彩鲜艳，与前面相比淡了一点，花瓣开得较大，花瓣边缘有黑边	B
4 号瓶	茶水法	5.7cm	无变化	色彩最鲜艳，但花瓣较小	C
5 号瓶	维 C 法	5.3cm	水上有大片毛，怀疑是细菌	色彩不是很鲜艳，花瓣很乱，最下面的花瓣已干枯	C
6 号瓶	啤酒法	4.7cm	无变化	颜色发白，花瓣干枯，花头垂下	D
7 号瓶	浸烫法	5.7cm	无变化	花瓣未展开，花瓣发黑，花头垂下，边缘发黑	D

（注解：A 代表康乃馨的保鲜情况最好；D 代表康乃馨的保鲜情况最差）

（四）实验结论

1. 结论

斜剪法、末端击碎法、切口面扩大法 3 种方法适合康乃馨的保鲜；效果最好的是末端击碎法。浸烫法不适合康乃馨的保鲜。

2. 原因分析

5号：（维C法）实验时将一整片维生素C放进瓶中，我认为鲜花需要一定的营养。但营养不能过剩，要适中、适量。

6号：（啤酒法）啤酒含乙醇，可为花枝切口消毒，使细菌不生长，啤酒内含麦芽糖可为花枝提供养分。但由于瓶内全部是啤酒，是否造成营养过盛？

7号：（浸烫法）茎无法吸收水分。

3. 实验设想

对维C法、啤酒法、茶水法3种方法进行再次试验，重新设计水与营养液的比例，力求找到适合康乃馨的最佳配比。

第一阶段实验完成之后，我把实验结果和下一步设想拿给教科学课的妈妈看。妈妈问了我一个问题：你只做了一枝花的一次实验，仅仅根据这一次的实验现象，就能说明斜剪法、末端击碎法、切口面扩大法3种方法适合康乃馨的保鲜，浸烫法不适合康乃馨的保鲜吗？如果那枝花本身就长势不好，你的实验是否就存在偶然性？

面对妈妈的问题，我陷入了深思。科学家做实验都要做很多次，获取很多数据。那我是不是可以把康乃馨的数量增加，另外把7种方法重新组织一下呢？

第二阶段研究：对康乃馨茎的不同处理（10月16日—10月25日）

（一）实验材料

准备15朵长势基本相同的康乃馨、5个相同的玻璃瓶、水、小刀。（见图4 116）

图4-116　实验准备

同样多的水、同样的瓶子、同样的环境，每个瓶子里放3支长势相同的康乃馨。（见图4–117）

图4-117a　斜剪法3支

图4-117b　切口扩大法3支

图4-117c　末端击碎法3支

（二）实验过程

1. 准备5个相同的玻璃瓶，每个瓶中放3枝长势相同的康乃馨，装上同样多的自来水（水面高6.5厘米）。

2. 将瓶了编号，对茎进行不同的处理。（见表4–21）

表4–21　对茎的不同处理

序号	保鲜方法	水位高度	水质	茎的处理
1号瓶	斜剪法	6.5cm	自来水	斜剪2cm
2号瓶	末端击碎法	6.5cm	自来水	末端击碎2cm
3号瓶	切口面扩大法	6.5cm	自来水	将茎切开2cm
4号瓶	浸烫法	6.5cm	自来水	在热水中浸2分钟，取出后再浸入冷水中
5号瓶	保持原样法	6.5cm	自来水	茎保持原样

3. 将康乃馨同时放在瓶子中，将瓶子放在窗台上，观察、记录现象。

4. 5 天后，确定最好的茎的处理方法。

（三）实验记录

10 月 25 日康乃馨的保鲜情况，见图 4-118，表 4-22。

图 4-118　10 月 25 日的康乃馨

表 4-22　10 月 25 日的康乃馨

序号	保鲜方法	水位高度	花的外形特点	症状等级排序
1 号瓶	斜剪法	5.5cm	花瓣比其他花摸起来更湿，一枝花的花瓣边缘有黑边	B
2 号瓶	末端击碎法	5.5cm	3 枝花的色彩较之以前淡了一些，花瓣开得最大	A
3 号瓶	切口面扩大法	5.5cm	3 枝花的花瓣变小了，花瓣边缘有白边	D
4 号瓶	浸烫法	5.5cm	3 枝花的花朵枯萎，变黑	C
5 号瓶	保持原状	5.5cm	3 枝花的花瓣变小了，其他没有变化	B

（注解：A 代表康乃馨的保鲜情况最好；D 代表康乃馨的保鲜情况最差）

（四）实验总结

1. 结论：通过 9 天的实验，我发现对康乃馨的茎最好的处理方法是：末端击碎 2cm。在热水中浸 2 分钟，取出后再浸入冷水中的浸烫法的实验结果最差。

2. 设想：下一步实验可以继续对康乃馨的茎进行末端击碎 2cm 的处理，分别浸泡在不同的液体中，进一步发现哪一种营养液最适合康乃馨的保鲜。

第三阶段研究：对康乃馨浸泡不同营养液的研究（10 月 26 日—11 月 2 日）

（一）实验材料

准备 21 朵长势基本相同的康乃馨、7 个相同的玻璃瓶、水、维生素 C 片、红茶、啤酒、小刀。（见图 4–119）

图 4-119　不同营养液的实验准备

（二）实验过程

1. 准备 7 个相同的玻璃瓶，每个瓶中放 3 枝长势相同的康乃馨，茎做末端击碎法，装上同样多的自来水、茶水、啤酒、维 C（水面高 6 厘米）。

2. 将瓶子编号。（见表 4–23）

表 4–23　不同的营养液（茎的处理是末端击碎法）

序号	序号名称	水位高度	水质	茎的处理
1 号瓶	维 C 一号	6cm	7.5 毫克维 C+100 毫升水	末端击碎 2cm
2 号瓶	维 C 二号	6cm	15 毫克维 C+100 毫升水	末端击碎 2cm
3 号瓶	啤酒一号	6cm	50 毫升蓝带啤酒 +25 毫升水	末端击碎 2cm
4 号瓶	啤酒二号	6cm	25 毫升蓝带啤酒 +50 毫升水	末端击碎 2cm
5 号瓶	茶水一号	6cm	5 克红茶 +100 毫升水	末端击碎 2cm
6 号瓶	茶水二号	6cm	10 克红茶 +95 毫升水	末端击碎 2cm
7 号瓶	自来水	6cm	100 毫升自来水	末端击碎 2cm

3. 将康乃馨同时放在瓶子中，将瓶子放在窗台上，观察、记录现象。

4. 5 天后，根据保鲜情况确定最好的营养液。

（三）实验现象

11 月 2 日康乃馨保鲜情况记录。（见图 4-120，表 4-24）

图 4-120　11 月 2 日的康乃馨

表 4-24　11 月 2 日的康乃馨

序号	保鲜方法	水位高度	水质	花的外形特点	症状等级排序
1 号瓶	维 C 一号	5.4cm	7.5 毫克维 C+100 毫升水	花瓣有些枯萎，一枝花的花瓣有白边	C
2 号瓶	维 C 二号	5.3cm	15 毫克维 C+100 毫升水	花瓣枯萎，花瓣发黑	D
3 号瓶	啤酒一号	4.6cm	50 毫升啤酒 +25 毫升水	一枝花枯萎	E
4 号瓶	啤酒二号	5.0cm	25 毫升啤酒 +50 毫升水	花朵开得最大、最鲜艳，花朵有些枯萎，花瓣有白点	A
5 号瓶	茶水一号	5.5cm	5 克红茶 +100 毫升水	花瓣比“啤酒二号”略小	B
6 号瓶	茶水二号	5.6cm	10 克红茶 +95 毫升水	花瓣枯萎，发干	F
7 号瓶	自来水	5.4cm	100 毫升的自来水	一枝花的花瓣有些发黑	C

（注解：A 代表康乃馨的保鲜情况最好；F 代表康乃馨的保鲜情况最差）

（四）实验总结

通过 7 天的实验，发现啤酒二号（25 毫升啤酒 +50 毫升水）的营养液配比的实验结果最好；茶水二号（10 克红茶 +95 毫升水）的营养液配比的实验结果最差。

第四阶段研究——研究总结（11 月 2 日—11 月 4 日）

通过对网上资料的分析，我发现：康乃馨最好的保鲜方法仅限于对茎的处理，或者是对营养液的配制。

通过 28 天的实验，我发现：对康乃馨的茎最好的处理方法是：末端击碎 2cm。康乃馨最好的营养液是：25 毫升啤酒 +50 毫升水，即啤酒与水是 1∶2 的比例。将两者结合，康乃馨的保鲜时间长达 15 天。

鲜花需要一定的营养，但营养不能过剩，要适中、适量。

研究体会：

我平时做事情总是爱拖拉，完完整整地做完一件事的概率比较小。这次的实验研究，我竟然能够坚持 28 天。自己完成实验材料的准备、实验方案的设计，中间还有一次大的修改，我觉得自己太棒了！

收获一：坚持

妈妈说：28 天可以形成一个好习惯！这 28 天中，我经历了第一阶段实验后的兴奋和沮丧；对实验方案的反思；第二阶段实验的振奋；第三阶段实验的喜悦。由于我坚持拍照片、记笔记，所以才使得我在最后能看出各种不同保鲜法最后的差距。

收获二：独立

我在学校的科学课上也做实验。但课堂上所做实验的材料是老师准备好的，且实验还可以和同学们合作完成。这次的鲜花保鲜的实验，从材料的准备、记录表格的设计、照片的拍摄，都是我独立完成的。一次次实验现象的记录，一张张鲜花的“全家福”照片，都是我辛勤的付出。

收获三：精确

通过对实验方案的一次修改活动，我知道：科学应该具有可重复性，得出的结论应该建立在多个数据的基础上。我还惊奇地发现：数学课上学习到的排列组合思想，对科学实验竟然会有帮助。茎的处理与营养液的再次排列与组合使实验数据更加丰富、可信，变量的控制对实验结果的影响脉络更加清晰。如果时间允许，我还会再次对茎的处理方法与营养液进行更加合理的组合，期待会有更多的发现。

最后，我要感谢朝阳实验小学的田泽老师，在我完成论文的过程中给了我很大的帮助；我还要感谢我的爸爸、妈妈，每次的记录、拍照，都少不了他们的陪伴。

校园内阴阳面白玉兰开花时间和花期的对比研究

北京市朝阳区实验小学六年级　王晓慧

摘要：玉兰是我国特有的名贵园林花木之一，广泛用于园林、散植或用于道路两侧作行道树。本实验利用观察、记录、拍照等方法，对北京市朝阳区实验小学校园内分别长在楼前楼后，处在背阴面与向阳面的白玉兰的开花时间、花期、温度等情况进行研究。经过3年的观测、记录和分析，结果表明：朝阳区实验小学校园内长在阴面和阳面的白玉兰开花先后顺序为：阳面、阴面，阳面比阴面开花时间早12~20天；阳面与阴面白玉兰花朵的开放周期无明显差异，阴面稍长于阳面，但从整株花期持续时间上，阳面长于阴面。玉兰花的花期长短还与温度、风力等天气状况有关，低温使玉兰花开的时间晚，大风是造成玉兰花花瓣早谢的重要原因。

关键词：玉兰　开花时间　花期

一、问题的提出

在朝阳区实验小学校园内，种有四株白玉兰，两棵长在教学楼前向阳的地方，两棵长在教学楼后背阴的地方（如图4-117），每年春天，它们都会悄悄开放，不知什么时候，它们又悄悄地凋谢了。我们发现楼前楼后的白玉兰开花时间并不相同，楼后的白玉兰总比楼前的白玉兰开得晚。我想，生长在阴阳面不同环境中的白玉兰，它们的开花时间到底会相差多少天，它们的花期相同吗？虽然阴面的白玉兰可能会开得晚一些，但会不会花期更长呢？带着这些问题，我决定对楼前楼后的白玉兰进行认真的观察、记录，通过亲自的观察、记录，寻找答案。

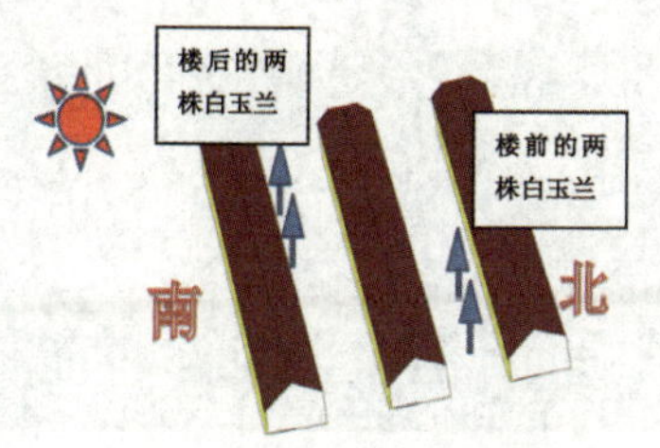

图121　白玉兰1（左）、白玉兰2（右）

■ 二、试验地概况及白玉兰生长环境介绍

试验地点：朝阳区实验小学校园内。朝阳区实验小学位于北京市朝阳区工体北路幸福一村 4 巷 36 号。地理坐标为东经：116.43°，北纬 39.92°，平均海拔 34 米。

白玉兰生长环境：楼前的两株白玉兰（编号为白玉兰 1、白玉兰 2），分别长在北楼教学楼进门处两侧（图 4–122），这里避风、阳光充足。玉兰树高度大约 4.5 米，生长情况良好；楼后的两株白玉兰（编号为白玉兰 3、白玉兰 4），分别长在南楼教学楼后门靠西一侧，这里终年接受不到阳光的直射（图 4–123）。靠近左侧大门的一株高度 4.8 米，另一株高度 4 米，生长情况良好。四株玉兰树是同一年种植的，各植株基本情况见表 4–25。楼前和楼后的白玉兰除了阳光是否能够照射这个条件外，其他条件比较一致。

图 4-122　楼前的两株白玉兰

图 4-123　楼后的两株白玉兰

表 4-25　样株的基本情况表

编号	位置	树高（m）	胸（地）径（cm）	树冠		枝下高（m）
				南北（m）	东西（m）	
白玉兰 1	教学楼前	4.6	41	3.25	3.05	1.08
白玉兰 2	教学楼前	4.4	36	2.60	2.16	1.10
白玉兰 3	教学楼后	4.8	48	3.83	2.83	0.65
白玉兰 4	教学楼后	4.0	31	1.98	2.71	0.52

三、研究方法

我从 2012 年开始，分别在 2012 年、2013 年、2014 年的 3–5 月对四株白玉兰进行观察，记录开花时间、开花数量（大约）、落花时间，以及花朵的变化过程，每周分别对玉兰树进行两次拍照，最终，对记录的数据进行分析，得出结论。每天分 3 次（上午 9:30、中午 12:30、下午 3:30 三个时间）对楼前和楼后的气温等天气情况进行记录，通过观察记录，研究大风、气温等天气情况对玉兰的开花时间是否产生影响。

四、研究结果与分析

表 4-26　阴面白玉兰和阳面白玉兰 2012、2013、2014 年物候观测表

编号	所处位置	年份	开始花期	落花期	周期（天）	落花末期	整株花期（天）
白玉兰 1	阳面	2012	3 月 20 日	4 月 1 日	12	4 月 11 日	22
白玉兰 1	阳面	2013	3 月 22 日	4 月 3 日	12	4 月 17 日	26
白玉兰 1	阳面	2014	3 月 13 日	3 月 24 日	11	4 月 10 日	28
白玉兰 2	阳面	2012	3 月 21 日	4 月 1 日	11	4 月 10 日	20
白玉兰 2	阳面	2013	3 月 22 日	4 月 3 日	12	4 月 17 日	26
白玉兰 2	阳面	2014	3 月 13 日	3 月 24 日	12	4 月 9 日	27
白玉兰 3	阴面	2012	4 月 11 日	4 月 25 日	14	4 月 28 日	17
白玉兰 3	阴面	2013	4 月 9 日	4 月 25 日	16	5 月 2 日	23
白玉兰 3	阴面	2014	3 月 25 日	4 月 3 日	9	4 月 11 日	17

续表

编号	所处位置	年份	开始花期	落花期	周期（天）	落花末期	整株花期（天）
白玉兰 4	阴面	2012	4 月 10 日	4 月 24 日	14	4 月 27 日	17
白玉兰 4	阴面	2013	4 月 8 日	4 月 22 日	14	4 月 27 日	19
白玉兰 4	阴面	2014	3 月 25 日	4 月 2 日	8	4 月 9 日	15

（说明：表中的开始花期是指玉兰树上第一朵花开花的时间。落花期：指开始谢花的时间。周期：指从第一朵花开到开始谢花的时间共多少天。落花末期：是指玉兰树上最后一朵花落完的时间。整株花期：是指玉兰树上第一朵花开花的时间到树上最后一朵花谢完的时间共多少天。）

根据表 4–26 中的数据，将阴阳面白玉兰的开花时间进行对比如图 4–124 所示。

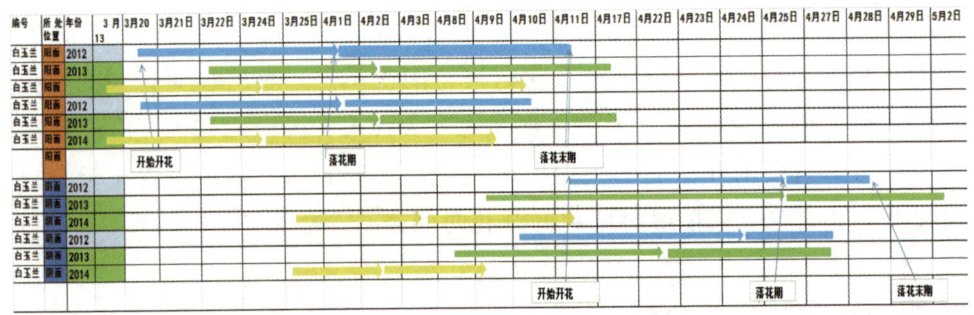

图 4-124　阴阳面白玉兰开花时间的对比

将阴阳面白玉兰的开花周期和整株花期进行对比，如表 4–27 及图 4–125 所示。

表 4–27　阴面白玉兰和阳面白玉兰开花周期和整株花期的对比表

编号	所处位置	周期（天）	平均（天）	整株花期（天）	平均（大）
白玉兰 1	阳面	12	11.67	22	23.8
白玉兰 1	阳面	12		26	
白玉兰 1	阳面	11		28	
白玉兰 2	阳面	11		20	
白玉兰 2	阳面	12		26	
白玉兰 2	阳面	12		27	

续表

编号	所处位置	周期（天）	平均（天）	整株花期（天）	平均（天）
白玉兰 3	阴面	14	12.5	17	18
白玉兰 3	阴面	16		23	
白玉兰 3	阴面	9		17	
白玉兰 4	阴面	14		17	
白玉兰 4	阴面	14		19	
白玉兰 4	阴面	8		15	

阴阳面白玉兰开花周期的对比

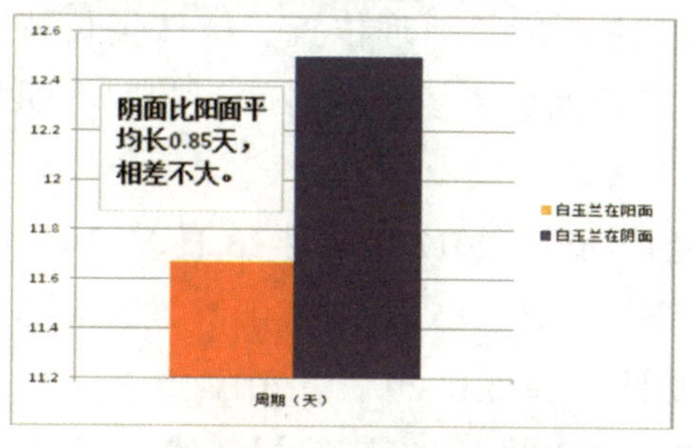

图 4-125a　阴阳面白玉兰开花周期的对比

阴阳面白玉兰整株花期的对比

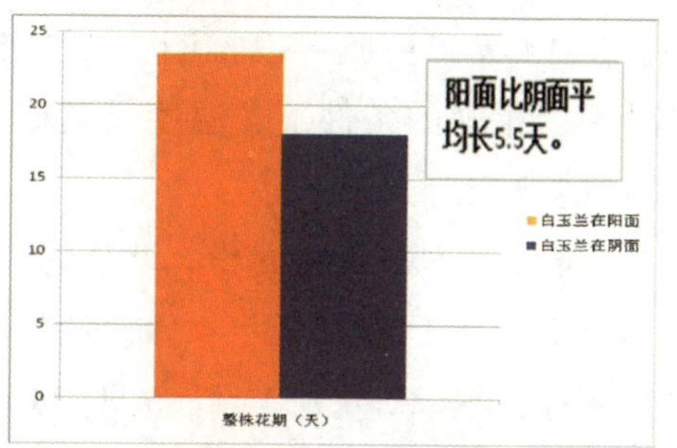

图 4-125b　阴阳面白玉兰整株花期的对比

由以上的数据及图表可知，生长在阴阳面不同环境中的白玉兰在开花时间和花期上是不相同的：最早的一年，2014 年，处在楼前避风、向阳环境中的白玉兰 3 月 13 日就开始开花，而处在背阴处的白玉兰则在 3 月 25 日以后才开花，楼前的白玉兰比楼后的白玉兰开花时间提前了 12 天左右（如图 4–125a），但不同环境中的白玉兰在花朵开放的周期上并没有明显的差别，阴面比阳面多 0.85 天，差别不大。从整株玉兰树的花期来看，阳面白玉兰整株花期平均为 23.8 天，阴面白玉兰整株花期平均为 18.3 天，阳面白玉兰的整株花期长于阴面白玉兰整株花期 5.5 天（如图 4–125b）。

通过以上的记录分析，我知道了生长在我校不同环境中的白玉兰，它们的开花时间和花期。就我校生长在阴阳面不同环境中的白玉兰来讲，它们在开花时间的先后上有着明显不同，阳面早于阴面，它们在开花周期的时间上差别不大，阳面的白玉兰比阴面的白玉兰花朵开放周期稍短，在整株花期上，向阳处的白玉兰比背阴处的白玉兰开花时间长。

我还通过查阅中国知网等相关资料，了解北京地区玉兰花开花时间和花期，北京地区白玉兰开花时间为3月底4月初，花期14~23天。我校阳面白玉兰开花时间比北京地区平均时间早10多天，阴面白玉兰开花时间与北京地区白玉兰开花时间基本相同。

除了对以上资料进行收集，我还对楼前楼后的气温进行了观测。通过对测量结果的比对，我们发现，每天早晨9:30，楼前楼后的温度基本持平，中午12:30，楼前向阳处的温度略高于楼后背阴处的温度，下午3:30，楼前向阳处的温度高于楼后背阴处的温度约2℃（阴雨天除外）。我又查阅了三年来2、3、4月的气温变化情况，发现2014年2、3月份的气温明显高于2012、2013年的，2014年阴阳面白玉兰的开花时间比前两年也提前了8~14天，由此可以推断，在白玉兰周围环境、地理位置、植株生长情况基本相同的条件下，温度是造成阴面和阳面白玉兰开花时间和花期不同的主要原因。

除此之外，三四月份，北京的春天经常刮风，2012年3月23日、29日、30日，4月2日、3日、4日、5日、11日、15日、25日和27日，2013年3月9日、23日，4月1日、5日、8日、9日、13日和29日，2014年3月17日、19日、22日，4月3日、4日、8日、9日和14日都刮过4级以上大风，大风吹过，白玉兰就会有很多花瓣掉落（如图4–126），因此，大风等不良天气也是造成玉兰花期较短的一个重要原因。

图4-126

五、实验结论

经过以上的分析，我认为实验小学校园内楼前楼后，处在背阴与向阳处的白玉兰开花时间和花期是不同的，阴面的白玉兰比阳面的白玉兰开花时间晚 12~20 天，阳面与阴面白玉兰花朵的开放周期无明显差异，但从整株花期持续时间上看，阳面长于阴面。玉兰花的花期长短还与温度、风力等天气有关，低温使玉兰花开的时间晚，大风是造成玉兰花花瓣早谢的重要原因。

六、感想与收获

通过本次的研究活动，我真正体验了长期观察带给我的学习收获，每天定时、定点对玉兰进行观察记录，养成了长期观察的好习惯。

通过观察我还欣赏了美丽的白玉兰开花的全过程，体会了坚持做一件事情的辛苦，带给我的不仅是学习的收获，还让我有了一双对生活中美好事物仔细观察和发现的眼睛。

参考文献：

[1] 欧斌，赖福胜，王波，等．深山含笑育苗技术及苗木物候与生长规律研究 [J]．江西林业科技，2004（4）：27–28．

[2] 韩亚东，于长文，李军林．沈阳 6 种树木春季物候期与温度之间的关系 [J]．沈阳师范大学学报（自然科学版），2006，24（1）：96–99．

[3] 王开良，姚小华，任华东，等．余甘子开花物候特性研究 [J]．经济林研究，2003，21（4）：17–20．

[4] 陈家法，田开慧，余格非，等．秃瓣杜英开花与结实物候期的研究 [J]．湖南林业科技，2006，33（1）：33–34．

[5] 陈忠仁，张永田．毛叶芋兰物侯观测 [J]．亚热带植物通讯，1994，23（2）：39–42．

[6] 肖宜安，何平，李晓红．濒危植物长柄双花木开花物侯与生殖特性 [J]．生态学报，2004，24（1）：14–21．

[7] 毕波，陈强，常恩福，等．滇丁香物侯观测及其观赏、利用价值

[J]．广西林业科学，2005，34（3）：135-136．

[8] 陈效逑，张福春．近50年北京春季物候的变化及其对气候变化的响应 [J]．中国农业气象，2001，22（1）：1-5．

[9] 李荣平，周广胜，张慧玲．植物物候研究进展 [J]．应用生态学报，2006，17（3）：541-544．

[10] 徐雨晴，陆佩玲，于强．气候变化对植物物候影响的研究进展 [J]. 资源科学，2004，26（1）：129-136．

[11] 竺可桢，宛敏渭．物候学 [M]．北京：科学出版社，1984．

[12] 刘玉壶，夏念和，杨惠秋．木兰科（*Magnoliaceae*）的起源、进化和地理分布 [J]．亚热带植物学报，1995，3（4）：1-12．

[13] 王亚玲，崔铁成，张寿州．木兰科植物系统学研究进展 [J]．西北林学院学报，2003，18（2）：22-28．

[14] 芮飞燕，等．北京4个玉兰种花期物候观测及其分析 [J]．湖北林业，2007（34）：2.

陀螺旋转时间的对比研究

北京市朝阳区实验小学 六年级　阎敏行

指导老师：北京市朝阳区实验小学　田　泽

一、研究背景

我小时候非常喜欢玩儿陀螺，用手给陀螺一个旋转的力，它就会转起来。但是，为什么陀螺有的时候转的时间长，有的时候转的时间短？后来，我在书中看到，重量是影响惯性的主要因素，看来陀螺的轻重是影响陀螺旋转时间的主要因素。但是，如果在陀螺重量一定的情况下还有没有影响陀螺旋转时间长短的其他因素呢？

我在网络上找了很长时间，一直没找到关于“陀螺自身因素影响陀螺旋转时间”方面的研究。因此，我决定通过制作简单的陀螺来研究一下影响陀螺旋转时间的因素以及它们之间的关联。

此次实验排除了陀螺的重量对陀螺旋转时间的影响，研究陀螺旋转时间长短的其他影响，比如改变陀螺面大小、改变陀螺轴重量、改变陀螺面与支点的距离等因素对陀螺旋转时间的影响。

二、实验材料的准备

因为陀螺的结构比较简单，只有中间轴和陀螺面，所以，我就从陀螺的结构入手研究陀螺旋转时间的问题。

我用带橡皮头的铅笔作为陀螺的中轴，用圆形的硬纸板做陀螺面，用增加垫圈数量来改变陀螺轴的重量。

转陀螺的场地为大理石板。（如图 4–127 所示）

图 4-127

三、研究方法

实验时改变以下 3 个变量测量陀螺旋转的时间，目的是：找出影响陀螺旋转时间长短的因素，以及三个变量对陀螺旋转时间影响变化的规律是怎样的。

①改变陀螺面大小。

②改变陀螺中轴重量（增减垫圈数量）。

③改变陀螺面在中轴的不同位置。

因为是手动旋转，为了尽可能保证数据的准确性，每个数据测量三次，用它们的平均值作为分析影响陀螺旋转时间的基础数据。

在实验过程中，我遇到了很多困难。

1. 作为陀螺面的纸板和作为中轴的铅笔无法固定

如果不能使陀螺面与中轴成为一体，就会影响陀螺旋转的时间，使数据不够精确。

想办法：

①一开始，我用双面胶把纸板的切面与铅笔粘在一起。但是，当陀螺旋转几次后，纸板就滑落了。

②第二次，我用橡皮筋分别拴在纸板两边与铅笔固定，看似很结实，但是，在较大直径的纸板旋转时，纸板就会颤颤巍巍的，很快失去平衡，也是因为纸板与铅笔没有很好地结合，从而影响陀螺旋转时间。

③最后，我想到用热熔枪将纸板彻底与铅笔粘结在一起，纸板就一点也不晃了！（如图 4–128 所示）

图 4-128

2. 作为加重的垫圈，套在铅笔上，在旋转时不能跟着铅笔一起旋转！

想办法：

我用了同样的解决办法，分别做了不同重量的垫圈组（1 个垫圈一组、2 个垫圈一组，3 个垫圈一组，4 个垫圈一组，5 个垫圈一组）当作重物，再用热熔枪把重物分别加到测试实验的环节中，确保在实验中尽可能减少影响数据准确性的因素。

3. 陀螺面大小问题的设定

原计划，陀螺面是从 1cm 半径开始进行旋转实验，在制作陀螺面时，由于铅笔本身的直径为 7mm，这样 1~6cm 半径的陀螺盘放到铅笔上旋转，旋转时间均小于 2 秒就停下来了，无法精确测量趋势，因此放弃陀螺面半径 1~6cm 的旋转测试。

为了保证实验的准确性，需要多次重复，费时费力。

◎每做一组旋转实验，就要拆卸垫圈组，安装垫圈组，还要拆卸纸板（陀螺面），安装纸板。

◎在拆卸过程中，有的时候撕坏了，就要重新制作陀螺面。

这样下来，每做一组旋转实验，除了需要旋转 3 次，记录旋转的平均值外，还要最少拆卸 4 次陀螺面和垫圈组。

◎平均每做一组数据最少需要 15 分钟！

◎一共做了 900 多次的旋转实验。

◎累计花费了 200 多个小时。

◎用一个半月的时间，终于把数据采集完整了！

■ 四、开始实验

◎我分别制作了半径 7~12cm 圆盘的陀螺面。

◎中轴分别增加 1~5 个垫圈。

◎支点距离从 2~6cm，每增加 1cm 测试一次。

实验获得的数据如下：

1. 当陀螺中轴重量一定时，分析陀螺面的大小和陀螺面距支点距离两个变量对陀螺转速的影响

①中轴加重 =0，当陀螺面半径分别为 7cm、8cm、9cm、10cm、11cm、12cm，距离支点分别为 2cm、3cm、4cm、5cm、6cm、7cm、8cm、9cm、10cm、11cm 时陀螺旋转的时间。（见图 4–129）

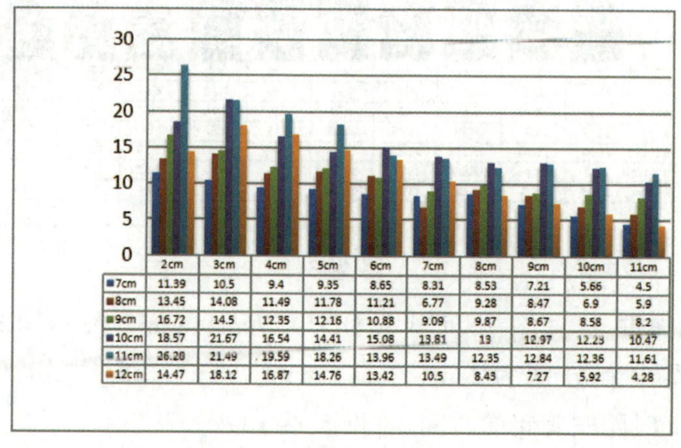

	2cm	3cm	4cm	5cm	6cm	7cm	8cm	9cm	10cm	11cm
7cm	11.39	10.5	9.4	9.35	8.65	8.31	8.53	7.21	5.66	4.5
8cm	13.45	14.08	11.49	11.78	11.21	6.77	9.28	8.47	6.9	5.9
9cm	16.72	14.5	12.35	12.16	10.88	9.09	9.87	8.67	8.58	8.2
10cm	18.57	21.67	16.54	14.41	15.08	13.81	13	12.97	12.23	10.47
11cm	26.20	21.49	19.59	18.26	13.96	13.49	12.35	12.84	12.36	11.61
12cm	14.47	18.12	16.87	14.76	13.42	10.5	8.43	7.27	5.92	4.28

图 4-129

②中轴加重 =1，当陀螺面半径分别为 7cm、8cm、9cm、10cm、11cm、12cm，距离支点分别为 2cm、3cm、4cm、5cm、6cm、7cm、8cm、9cm、10cm、11cm 时陀螺旋转的时间。（见图 4–130）

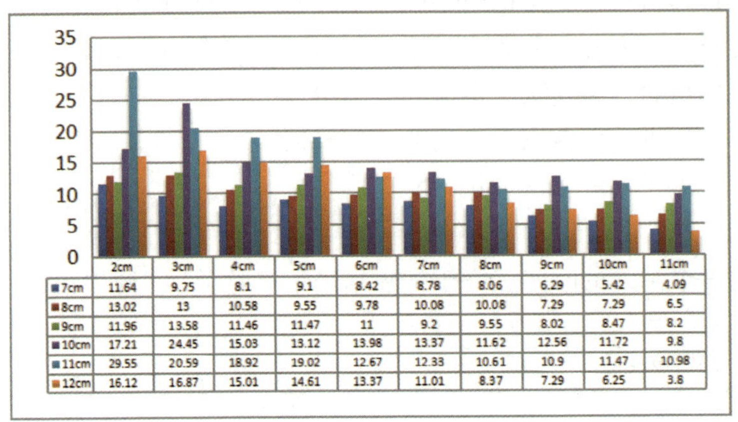

	2cm	3cm	4cm	5cm	6cm	7cm	8cm	9cm	10cm	11cm
7cm	11.64	9.75	8.1	9.1	8.42	8.78	8.06	6.29	5.42	4.09
8cm	13.02	13	10.58	9.55	9.78	10.08	10.08	7.29	7.29	6.5
9cm	11.96	13.58	11.46	11.47	11	9.2	9.55	8.02	8.47	8.2
10cm	17.21	24.45	15.03	13.12	13.98	13.37	11.62	12.56	11.72	9.8
11cm	29.55	20.59	18.92	19.02	12.67	12.33	10.61	10.9	11.47	10.98
12cm	16.12	16.87	15.01	14.61	13.37	11.01	8.37	7.29	6.25	3.8

图 4-130

③中轴加重 =2，当陀螺盘半径分别为 7cm、8cm、9cm、10cm、11cm、12cm，距离支点分别为 2cm、3cm、4cm、5cm、6cm、7cm、8cm、9cm、10cm、11cm 时陀螺旋转的时间。（见图 4–131）

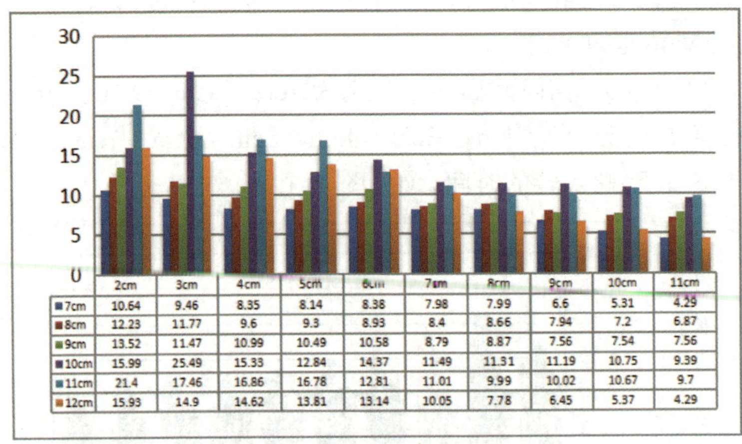

	2cm	3cm	4cm	5cm	6cm	7cm	8cm	9cm	10cm	11cm
7cm	10.64	9.46	8.35	8.14	8.38	7.98	7.99	6.6	5.31	4.29
8cm	12.23	11.77	9.6	9.3	8.93	8.4	8.66	7.94	7.2	6.87
9cm	13.52	11.47	10.99	10.49	10.58	8.79	8.87	7.56	7.54	7.56
10cm	15.99	25.49	15.33	12.84	14.37	11.49	11.31	11.19	10.75	9.39
11cm	21.4	17.46	16.86	16.78	12.81	11.01	9.99	10.02	10.67	9.7
12cm	15.93	14.9	14.62	13.81	13.14	10.05	7.78	6.45	5.37	4.29

图 4-131

④中轴加重 =3，当陀螺面半径分别为 7cm、8cm、9cm、10cm、11cm、12cm，距离支点分别为 2cm、3cm、4cm、5cm、6cm、7cm、8cm、9cm、10cm、11cm 时陀螺旋转的时间。（见图 4–132）

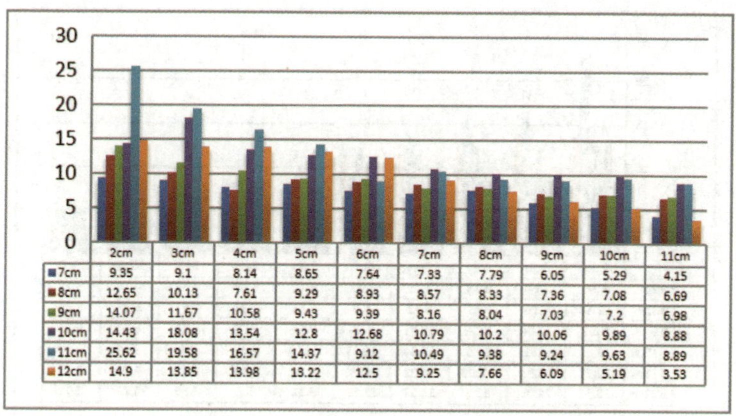

	2cm	3cm	4cm	5cm	6cm	7cm	8cm	9cm	10cm	11cm
7cm	9.35	9.1	8.14	8.65	7.64	7.33	7.79	6.05	5.29	4.15
8cm	12.65	10.13	7.61	9.29	8.93	8.57	8.33	7.36	7.08	6.69
9cm	14.07	11.67	10.58	9.43	9.39	8.16	8.04	7.03	7.2	6.98
10cm	14.43	18.08	13.54	12.8	12.68	10.79	10.2	10.06	9.89	8.88
11cm	25.62	19.58	16.57	14.37	9.12	10.49	9.38	9.24	9.63	8.89
12cm	14.9	13.85	13.98	13.22	12.5	9.25	7.66	6.09	5.19	3.53

图 4-132

⑤中轴加重 =4，当陀螺面半径分别为 7cm、8cm、9cm、10cm、11cm、12cm，距离支点分别为 2cm、3cm、4cm、5cm、6cm、7cm、8cm、9cm、10cm、11cm 时陀螺旋转的时间。（见图 4–133）

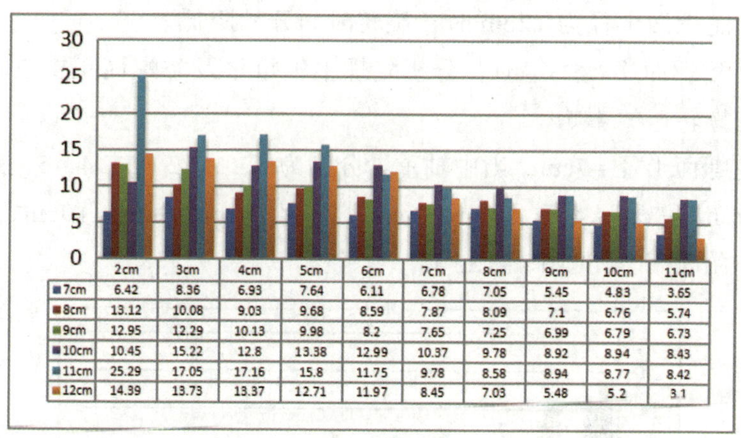

	2cm	3cm	4cm	5cm	6cm	7cm	8cm	9cm	10cm	11cm
7cm	6.42	8.36	6.93	7.64	6.11	6.78	7.05	5.45	4.83	3.65
8cm	13.12	10.08	9.03	9.68	8.59	7.87	8.09	7.1	6.76	5.74
9cm	12.95	12.29	10.13	9.98	8.2	7.65	7.25	6.99	6.79	6.73
10cm	10.45	15.22	12.8	13.38	12.99	10.37	9.78	8.92	8.94	8.43
11cm	25.29	17.05	17.16	15.8	11.75	9.78	8.58	8.94	8.77	8.42
12cm	14.39	13.73	13.37	12.71	11.97	8.45	7.03	5.48	5.2	3.1

图 4-133

⑥中轴加重 =5，当陀螺面半径分别为 7cm、8cm、9cm、10cm、11cm、12cm，距离支点分别为 2cm、3cm、4cm、5cm、6cm、7cm、8cm、9cm、10cm、11cm 时陀螺旋转的时间。（见图 4–134）

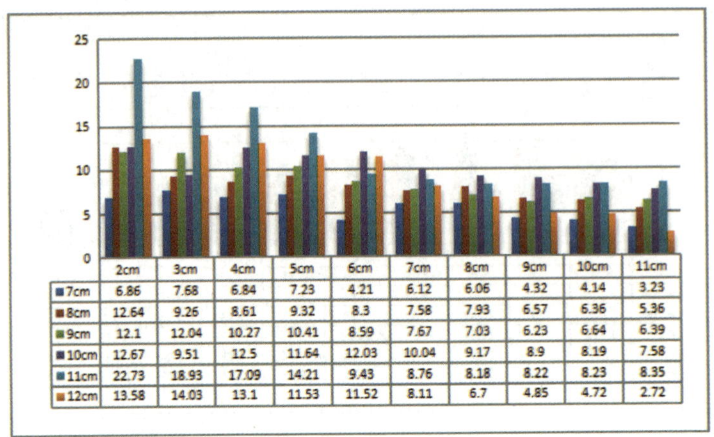

	2cm	3cm	4cm	5cm	6cm	7cm	8cm	9cm	10cm	11cm
7cm	6.86	7.68	6.84	7.23	4.21	6.12	6.06	4.32	4.14	3.23
8cm	12.64	9.26	8.61	9.32	8.3	7.58	7.93	6.57	6.36	5.36
9cm	12.1	12.04	10.27	10.41	8.59	7.67	7.03	6.23	6.64	6.39
10cm	12.67	9.51	12.5	11.64	12.03	10.04	9.17	8.9	8.19	7.58
11cm	22.73	18.93	17.09	14.21	9.43	8.76	8.18	8.22	8.23	8.35
12cm	13.58	14.03	13.1	11.53	11.52	8.11	6.7	4.85	4.72	2.72

图 4-134

当陀螺中轴重量一定时，分析：

①陀螺面半径相同的情况下，陀螺面距离支点越近旋转时间越长。

②陀螺面半径越大，陀螺旋转时间越长；但是半径到了 11cm 时出现了转折，陀螺面半径为 12cm 时，旋转时间开始降低。

2. 当陀螺面半径一定时，分析陀螺中轴重量及陀螺面距支点距离两个变量对陀螺转速的影响

①陀螺面半径 =7cm，当中轴重量分别为 0、1、2、3、4、5，距离支点分别为 2cm、3cm、4cm、5cm、6cm、7cm、8cm、9cm、10cm、11cm 时陀螺旋转的时间。(见图 4–135)

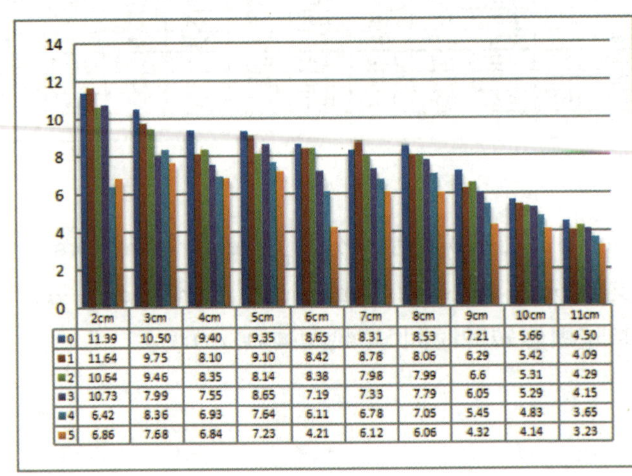

	2cm	3cm	4cm	5cm	6cm	7cm	8cm	9cm	10cm	11cm
0	11.39	10.50	9.40	9.35	8.65	8.31	8.53	7.21	5.66	4.50
1	11.64	9.75	8.10	9.10	8.42	8.78	8.06	6.29	5.42	4.09
2	10.64	9.46	8.35	8.14	8.38	7.98	7.99	6.6	5.31	4.29
3	10.73	7.99	7.55	8.65	7.19	7.33	7.79	6.05	5.29	4.15
4	6.42	8.36	6.93	7.64	6.11	6.78	7.05	5.45	4.83	3.65
5	6.86	7.68	6.84	7.23	4.21	6.12	6.06	4.32	4.14	3.23

图 4-135

②陀螺面半径 =8cm，当中轴重量分别为 0、1、2、3、4、5，距离支点分别为 2cm、3cm、4cm、5cm、6cm、7cm、8cm、9cm、10cm、11cm 时陀螺旋转的时间。（见图 4-136）

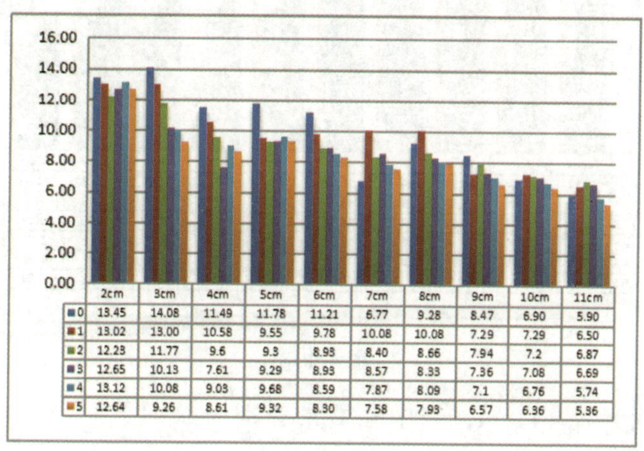

	2cm	3cm	4cm	5cm	6cm	7cm	8cm	9cm	10cm	11cm
0	13.45	14.08	11.49	11.78	11.21	6.77	9.28	8.47	6.90	5.90
1	13.02	13.00	10.58	9.55	9.78	10.08	10.08	7.29	7.29	6.50
2	12.23	11.77	9.6	9.3	8.93	8.40	8.66	7.94	7.2	6.87
3	12.65	10.13	7.61	9.29	8.93	8.57	8.33	7.36	7.08	6.69
4	13.12	10.08	9.03	9.68	8.59	7.87	8.09	7.1	6.76	5.74
5	12.64	9.26	8.61	9.32	8.30	7.58	7.93	6.57	6.36	5.36

图 4-136

③陀螺面半径 =9cm，当中轴重量分别为 0、1、2、3、4、5，距离支点分别为 2cm、3cm、4cm、5cm、6cm、7cm、8cm、9cm、10cm、11cm 时陀螺旋转的时间。（见图 4-137）

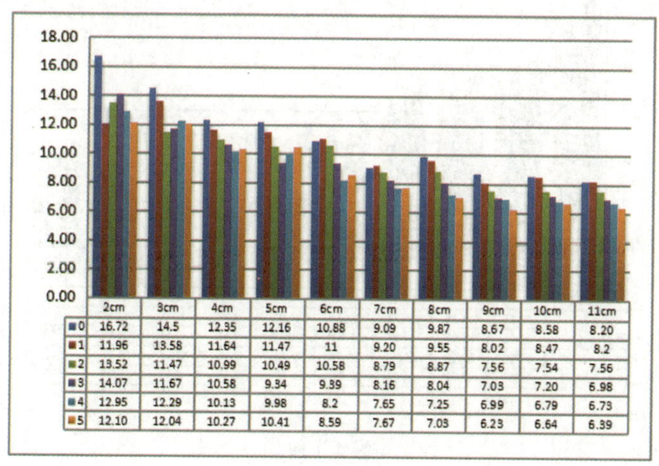

	2cm	3cm	4cm	5cm	6cm	7cm	8cm	9cm	10cm	11cm
0	16.72	14.5	12.35	12.16	10.88	9.09	9.87	8.67	8.58	8.20
1	11.96	13.58	11.64	11.47	11	9.20	9.55	8.02	8.47	8.2
2	13.52	11.47	10.99	10.49	10.58	8.79	8.87	7.56	7.54	7.56
3	14.07	11.67	10.58	9.34	9.39	8.16	8.04	7.03	7.20	6.98
4	12.95	12.29	10.13	9.98	8.2	7.65	7.25	6.99	6.79	6.73
5	12.10	12.04	10.27	10.41	8.59	7.67	7.03	6.23	6.64	6.39

图 4-137

④陀螺面半径 =10cm，当中轴重量分别为 0、1、2、3、4、5，距离支点分别为 2cm、3cm、4cm、5cm、6cm、7cm、8cm、9cm、10cm、11cm 时陀螺旋转的时间。（见图 4-138）

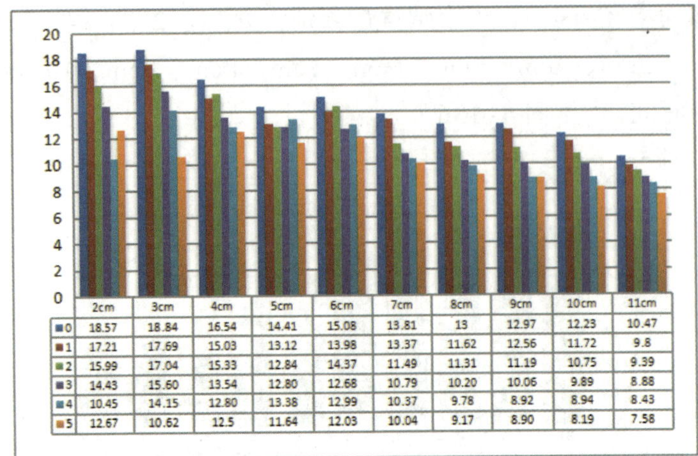

	2cm	3cm	4cm	5cm	6cm	7cm	8cm	9cm	10cm	11cm
0	18.57	18.84	16.54	14.41	15.08	13.81	13	12.97	12.23	10.47
1	17.21	17.69	15.03	13.12	13.98	13.37	11.62	12.56	11.72	9.8
2	15.99	17.04	15.33	12.84	14.37	11.49	11.31	11.19	10.75	9.39
3	14.43	15.60	13.54	12.80	12.68	10.79	10.20	10.06	9.89	8.88
4	10.45	14.15	12.80	13.38	12.99	10.37	9.78	8.92	8.94	8.43
5	12.67	10.62	12.5	11.64	12.03	10.04	9.17	8.90	8.19	7.58

图 4-138

⑤陀螺面半径 =11cm，当中轴重量分别为 0、1、2、3、4、5，距离支点分别为 2cm、3cm、4cm、5cm、6cm、7cm、8cm、9cm、10cm、11cm 时陀螺旋转的时间。（见图 4–139）

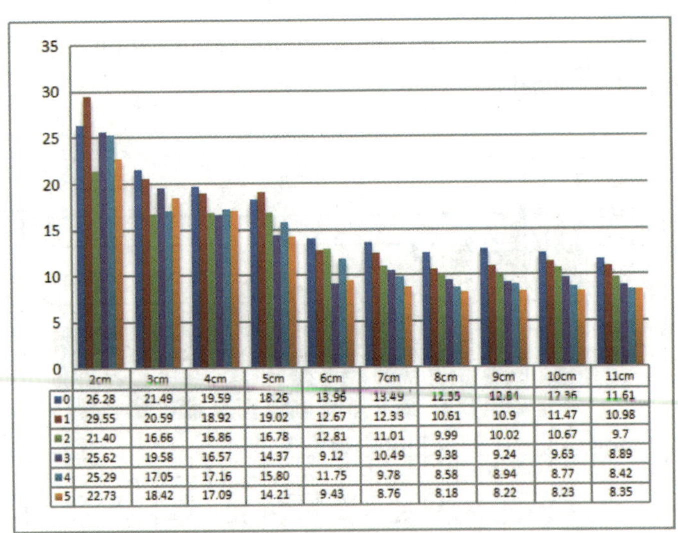

	2cm	3cm	4cm	5cm	6cm	7cm	8cm	9cm	10cm	11cm
0	26.28	21.49	19.59	18.26	13.96	13.49	12.55	12.84	12.36	11.61
1	29.55	20.59	18.92	19.02	12.67	12.33	10.61	10.9	11.47	10.98
2	21.40	16.66	16.86	16.78	12.81	11.01	9.99	10.02	10.67	9.7
3	25.62	19.58	16.57	14.37	9.12	10.49	9.38	9.24	9.63	8.89
4	25.29	17.05	17.16	15.80	11.75	9.78	8.58	8.94	8.77	8.42
5	22.73	18.42	17.09	14.21	9.43	8.76	8.18	8.22	8.23	8.35

图 4-139

⑥陀螺面半径 =12cm，当中轴重量分别为 0、1、2、3、4、5，距离支点分别为 2cm、3cm、4cm、5cm、6cm、7cm、8cm、9cm、10cm、11cm 时陀螺旋转的时间。（见图 4–140）

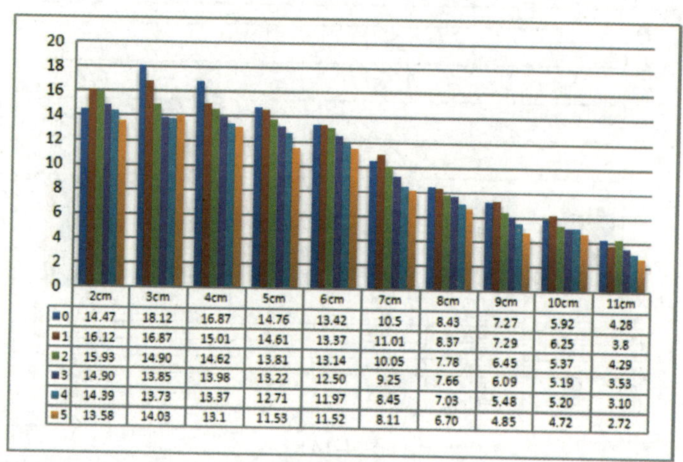

	2cm	3cm	4cm	5cm	6cm	7cm	8cm	9cm	10cm	11cm
0	14.47	18.12	16.87	14.76	13.42	10.5	8.43	7.27	5.92	4.28
1	16.12	16.87	15.01	14.61	13.37	11.01	8.37	7.29	6.25	3.8
2	15.93	14.90	14.62	13.81	13.14	10.05	7.78	6.45	5.37	4.29
3	14.90	13.85	13.98	13.22	12.50	9.25	7.66	6.09	5.19	3.53
4	14.39	13.73	13.37	12.71	11.97	8.45	7.03	5.48	5.20	3.10
5	13.58	14.03	13.1	11.53	11.52	8.11	6.70	4.85	4.72	2.72

图 4-140

当陀螺面半径一定时，分析：

①陀螺面距离支点越近，陀螺旋转时间越长；

②陀螺中轴重量越大，旋转速度越短，陀螺中轴重量为 3 个垫圈时，陀螺旋转时间下降更快；

③陀螺面半径为 9~10cm 时，陀螺旋转趋于平稳，陀螺面半径为 11cm 时，陀螺旋转最为平稳；

④陀螺面半径为 12cm 时，陀螺面距离支点越近旋转越不稳定；

⑤陀螺面半径大小需要在一定范围内（实验陀螺的陀螺面半径大小范围为 11cm），超出范围就会产生不稳定旋转。

3. 当陀螺面距离支点距离一定时，分析陀螺面半径大小与中轴重量对陀螺转速的影响

①陀螺面距离支点距离为 2cm，当中轴重量分别为 0、1、2、3、4、5，陀螺面半径分别为 7cm、8cm、9cm、10cm、11cm、12cm 时陀螺旋转的时间。（见图 4–141）

②陀螺面距离支点距离为 3cm，当中轴重量分别为 0、1、2、3、4、5，陀螺面半径为 7cm、8cm、9cm、10cm、11cm、12cm 时陀螺旋转的时间。（见图 4–142）

③陀螺面距离支点距离为 4cm，当中轴重量别为 0、1、2、3、4、5，陀螺面半径分别为 7cm、8cm、9cm、10cm、11cm、12cm 时陀螺旋转的时间。（见图 4–143）

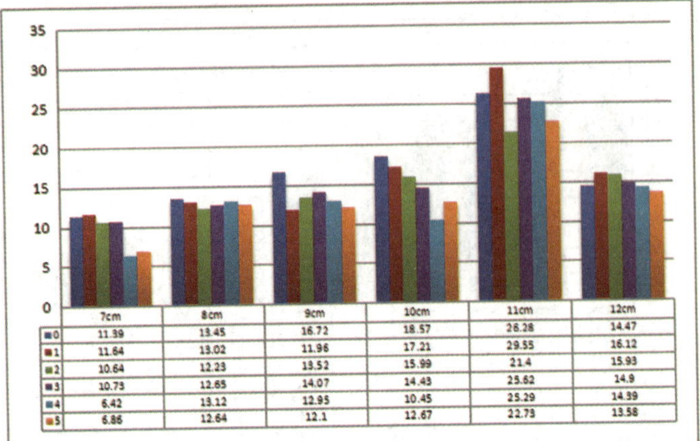

	7cm	8cm	9cm	10cm	11cm	12cm
0	11.39	13.45	16.72	18.57	26.28	14.47
1	11.64	13.02	11.96	17.21	29.55	16.12
2	10.64	12.23	13.52	15.99	21.4	15.93
3	10.73	12.65	14.07	14.43	25.62	14.9
4	6.42	13.12	12.95	10.45	25.29	14.39
5	6.86	12.64	12.1	12.67	22.73	13.58

图 4-141

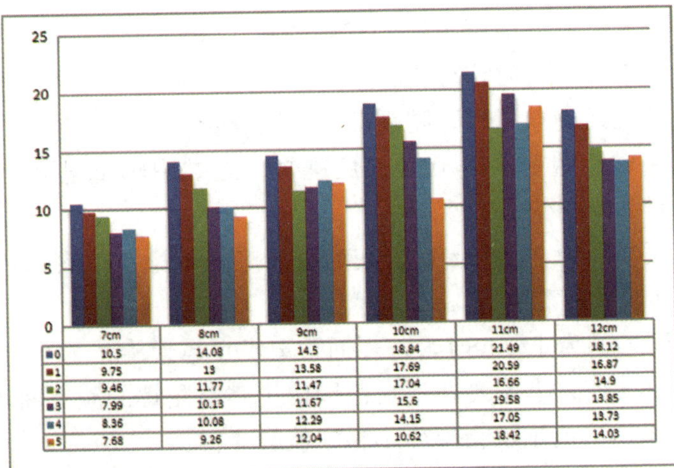

	7cm	8cm	9cm	10cm	11cm	12cm
0	10.5	14.08	14.5	18.84	21.49	18.12
1	9.75	13	13.58	17.69	20.59	16.87
2	9.46	11.77	11.47	17.04	16.66	14.9
3	7.99	10.13	11.67	15.6	19.58	13.85
4	8.36	10.08	12.29	14.15	17.05	13.73
5	7.68	9.26	12.04	10.62	18.42	14.03

图 4-142

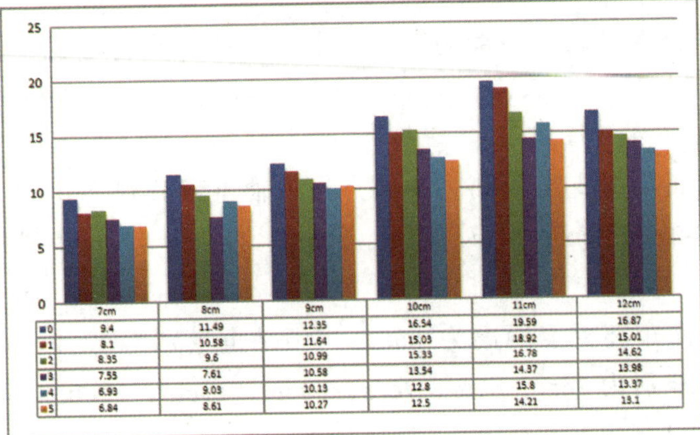

	7cm	8cm	9cm	10cm	11cm	12cm
0	9.4	11.49	12.35	16.54	19.59	16.87
1	8.1	10.58	11.64	15.03	18.92	15.01
2	8.35	9.6	10.99	15.33	16.78	14.62
3	7.55	7.61	10.58	13.54	14.37	13.98
4	6.93	9.03	10.13	12.8	15.8	13.37
5	6.84	8.61	10.27	12.5	14.21	13.1

图 4-143

④陀螺面距离支点距离为 5cm，当中轴重量分别为 0、1、2、3、4、5，陀螺面半径分别为 7cm、8cm、9cm、10cm、11cm、12cm 时陀螺旋转的时间。（见图 4-144）

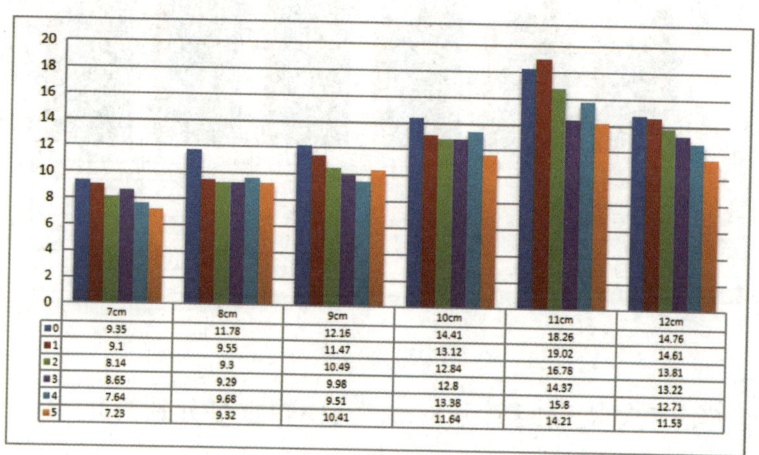

	7cm	8cm	9cm	10cm	11cm	12cm
0	9.35	11.78	12.16	14.41	18.26	14.76
1	9.1	9.55	11.47	13.12	19.02	14.61
2	8.14	9.3	10.49	12.84	16.78	13.81
3	8.65	9.29	9.98	12.8	14.37	13.22
4	7.64	9.68	9.51	13.38	15.8	12.71
5	7.23	9.32	10.41	11.64	14.21	11.53

图 4-144

⑤陀螺面距离支点距离为 6cm，当中轴重量分别为 0、1、2、3、4、5，陀螺面半径分别为 7cm、8cm、9cm、10cm、11cm、12cm 时陀螺旋转的时间。（见图 4-145）

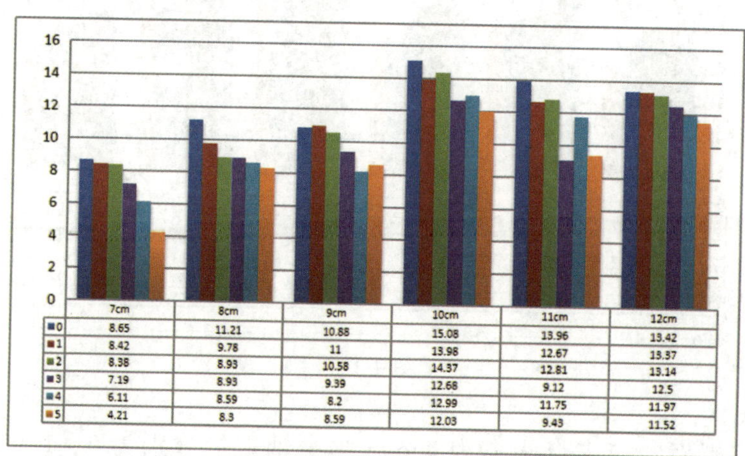

	7cm	8cm	9cm	10cm	11cm	12cm
0	8.65	11.21	10.88	15.08	13.96	13.42
1	8.42	9.78	11	13.98	12.67	13.37
2	8.38	8.93	10.58	14.37	12.81	13.14
3	7.19	8.93	9.39	12.68	9.12	12.5
4	6.11	8.59	8.2	12.99	11.75	11.97
5	4.21	8.3	8.59	12.03	9.43	11.52

图 4-145

⑥陀螺面距离支点距离为 7cm，当中轴重量分别为 0、1、2、3、4、5，陀螺面半径分别为 7cm、8cm、9cm、10cm、11cm、12cm 时陀螺旋转的时间。（见图 4-146）

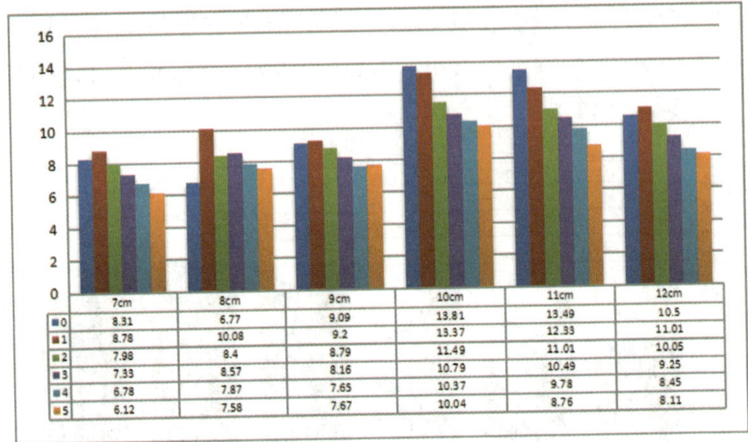

	7cm	8cm	9cm	10cm	11cm	12cm
0	8.31	6.77	9.09	13.81	13.49	10.5
1	8.78	10.08	9.2	13.37	12.33	11.01
2	7.98	8.4	8.79	11.49	11.01	10.05
3	7.33	8.57	8.16	10.79	10.49	9.25
4	6.78	7.87	7.65	10.37	9.78	8.45
5	6.12	7.58	7.67	10.04	8.76	8.11

图 4-146

⑦陀螺面距离支点距离为 8cm，当中轴重量分别为 0、1、2、3、4、5，陀螺面半径分别为 7cm、8cm、9cm、10cm、11cm、12cm 时陀螺旋转的时间。（见图 4–147）

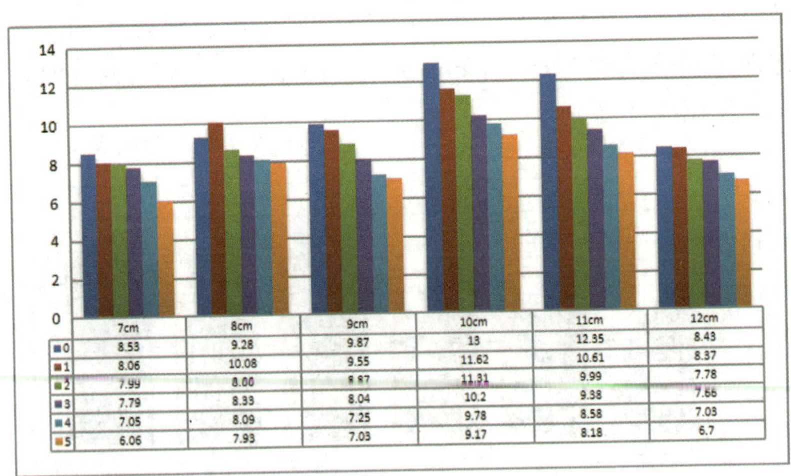

	7cm	8cm	9cm	10cm	11cm	12cm
0	8.53	9.28	9.87	13	12.35	8.43
1	8.06	10.08	9.55	11.62	10.61	8.37
2	7.99	8.00	8.87	11.31	9.99	7.78
3	7.79	8.33	8.04	10.2	9.38	7.66
4	7.05	8.09	7.25	9.78	8.58	7.03
5	6.06	7.93	7.03	9.17	8.18	6.7

图 4-147

⑧陀螺面距离支点距离为 9cm，当中轴重量分别为 0、1、2、3、4、5，陀螺面半径分别为 7cm、8cm、9cm、10cm、11cm、12cm 时陀螺旋转的时间。（见图 4–148）

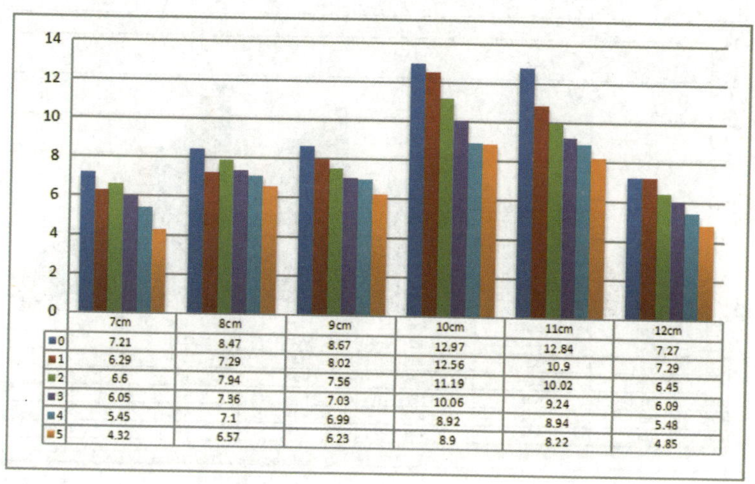

	7cm	8cm	9cm	10cm	11cm	12cm
0	7.21	8.47	8.67	12.97	12.84	7.27
1	6.29	7.29	8.02	12.56	10.9	7.29
2	6.6	7.94	7.56	11.19	10.02	6.45
3	6.05	7.36	7.03	10.06	9.24	6.09
4	5.45	7.1	6.99	8.92	8.94	5.48
5	4.32	6.57	6.23	8.9	8.22	4.85

图 4-148

⑨陀螺面距离支点距离为 10cm，当中轴重量分别为 0、1、2、3、4、5，陀螺面半径分别为 7cm、8cm、9cm、10cm、11cm、12cm 时陀螺旋转的时间。（见图 4–149）

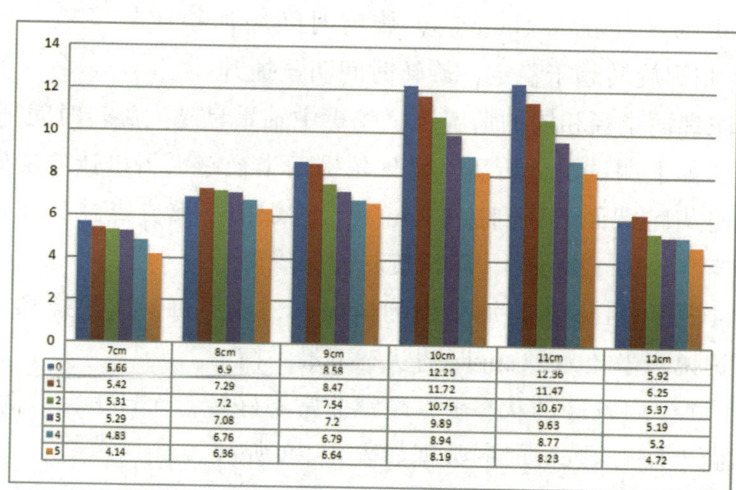

	7cm	8cm	9cm	10cm	11cm	12cm
0	5.66	6.9	8.58	12.20	12.36	5.92
1	5.42	7.29	8.47	11.72	11.47	6.25
2	5.31	7.2	7.54	10.75	10.67	5.37
3	5.29	7.08	7.2	9.89	9.63	5.19
4	4.83	6.76	6.79	8.94	8.77	5.2
5	4.14	6.36	6.64	8.19	8.23	4.72

图 4-149

⑩陀螺面距离支点距离为 =11cm，当中轴重量分别为 0、1、2、3、4、5，陀螺面半径分别为 7cm、8cm、9cm、10cm、11cm、12cm 时陀螺旋转的时间。（见图 4–150）

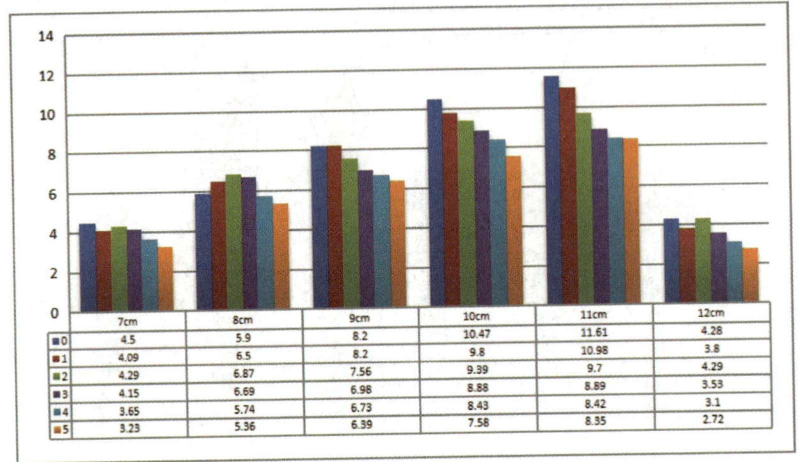

图 4-150

当陀螺面与距离支点距离一定时，分析：

①陀螺面半径越大，陀螺旋转时间越长，陀螺半径为 11cm 时是最适合的，半径大于 11cm，陀螺旋转时间明显下降。

②陀螺面半径在 9~10cm 时，旋转时间增加得比较平稳，陀螺面到 11cm 时，陀螺旋转趋于稳定，旋转时间明显提升。

③在陀螺面半径相同的情况下，陀螺中轴重量越大旋转时间越少。

在做了如上测试及分析后，发现陀螺面半径越大可以让陀螺旋转时间加长，但是当陀螺面半径到达 11cm 后，陀螺面距离支点越高旋转时间明显减少，当半径为 12cm 时，陀螺旋转时间骤降！

陀螺半径为 11cm，不加垫圈的情况下，几乎每一次陀螺都可以立在桌面上，这说明半径为 11cm 时的状态下最平衡。

陀螺半径为 12cm 的状态下，陀螺非常不好转，而且很容易倒。

陀螺面半径为 12cm 时的数据如表 4–28 所示。

表 4–28

重量	2cm	3cm	4cm	5cm	6cm	7cm	8cm	9cm	10cm	11cm
0	14.47	18.12	16.87	14.76	13.42	10.5	8.43	7.27	5.92	4.28
1	16.12	16.87	15.01	14.61	13.37	11.01	8.37	7.29	6.25	3.8
2	15.93	14.90	14.62	13.81	13.14	10.05	7.78	6.45	5.37	4.29

续表

重量	2cm	3cm	4cm	5cm	6cm	7cm	8cm	9cm	10cm	11cm
3	14.90	13.85	13.98	13.22	12.50	9.25	7.66	6.09	5.19	3.53
4	14.39	13.73	13.37	12.71	11.97	8.45	7.03	5.48	5.20	3.10
5	13.58	14.03	13.1	11.53	11.52	8.11	6.70	4.85	4.72	2.72

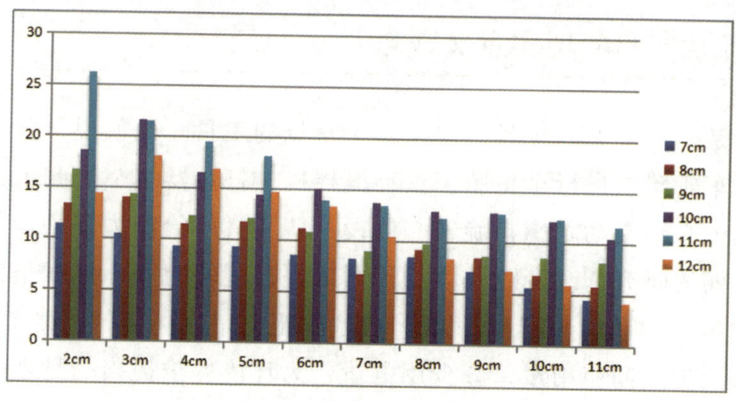

图 4-151

从图 4–151 中的折线看出，当陀螺面半径到 12cm 时，旋转时间明显降低。

陀螺旋转时间测试实验数据结果：

◎在陀螺半径为 11cm，陀螺面距离笔尖 2cm，陀螺中轴重量为 1 个垫圈的情况下，陀螺旋转时间最长为 29.55 秒；

◎在陀螺半径为 12cm，陀螺面距离笔尖 11cm，陀螺中轴重量为 5 个垫圈的情况下，陀螺旋转时间最短为 2.72 秒。

■ 五、结论

陀螺旋转时间与陀螺面、中心轴重量、陀螺面距支点的距离这三个元素都有关系。

①陀螺面是陀螺保持旋转平衡的重要部分，陀螺面的大小需要与中轴有一定的比例，到达比例最大值的时候，平衡力最好，也就是陀螺旋转时间最长；陀螺面与中心轴的比例突破临界点（本实验到达临界点时陀螺面

半径为 11cm）后，陀螺旋转时间骤降。

②陀螺中轴的重量是陀螺旋转的阻力，如果中心轴的重量太轻（陀螺面与中心轴的比例为最小值），陀螺旋转时间很短。增加中心轴重量后，垫圈数量增加到 3 个的时候，明显看到这个阻力起到了很重要的作用。

③陀螺面距离支点的距离越近，陀螺旋转越平稳，旋转时间也就越长。

六、陀螺实验的现实意义联想

陀螺是一个常见的玩具，也是一个常见的工具。比如说，直升机的螺旋桨、汽车轮胎、自行车轮胎、食物搅拌机、打蛋器……这些工具都是运用了陀螺中心轴带动陀螺盘旋转。假设这些工具所给的力是一定的，如果能运用上面的研究，改变陀螺本身因素来提升旋转时间，也就是说可以计算出运用最少的动能（减少 / 降低能源消耗）完成同样的陀螺旋转时间，进而可以减少汽油使用量，减少用电量，为环境保护提出一种新的创想与可能。

七、研究感受

这次的陀螺实验是我第一次做主题研究类的实验，也是我最耗费时间的一次“工作”。在实验过程中，我很多次想放弃，因为实验过程是反反复复做同一件事。每一次数据都要旋转 3 次，每变化一次变量就要更换陀螺面或垫圈。这种重复的工作，我做了 900 多次，真的很佩服我自己的坚持，这也是我得到的最大收获了。如果我中途放弃，就没有最后的研究结果；如果我中途放弃，现在也只能遗憾地回想。

当然，我更想以后可以在这个实验的基础上找到使陀螺旋转时间更长久的直接方法，找到可以从材料本身节省能源的办法，让这个实验能有更大的价值。

参考文献

陀螺原理及在实际生活中的应用 [EB/OL].https://wenku.baidu.com/view/3df95dc76137ee06eff918f2.html?from=search.

降落伞伞面是否影响降落伞滞空时间的对比研究（研究报告）

北京市朝阳区实验小学 熊康君 王泽九 李 念

一、问题的提出

在科学课上，老师教我们制作了降落伞，同学们制作降落伞时使用的材料，制作的伞面的形状都不同，有的同学的降落伞伞面是方形的，有的是圆形的，有的是塑料的，有的是布做的。在实验的时候我们发现降落伞下降的快慢不一样，有的降落伞下降得慢——降落伞下降时当然是越慢越稳越好了，那么是什么因素影响着降落伞的滞空时间呢？于是，我们三个小朋友就萌生了一个想法，想测试一下不同形状和不同材质的伞面的降落伞的滞空时间有什么不同？就这样我们三个小朋友一起寻找不同的材料，开始做起了降落伞的实验。

二、资料查询

我们在做实验之前开始查询资料，在妈妈的帮助下，我们在知网、小学科学教学网和百科故事网等网站查询与降落伞相关的资料，我们并没有查询到很多关于降落伞伞面形状和材质对降落伞滞空时间影响的资料。

三、实验方法（步骤）

1. 材料准备

首先我们三个人在超市购买了制作降落伞的材料，有塑料布、气泡膜、绸布、无纺布、绳子、一次性纸杯（5个）、小点心（30克，用于充当重物）、剪刀、裁纸刀、胶带、尺子、计时器（手机）、记录笔和纸，见图4-152。

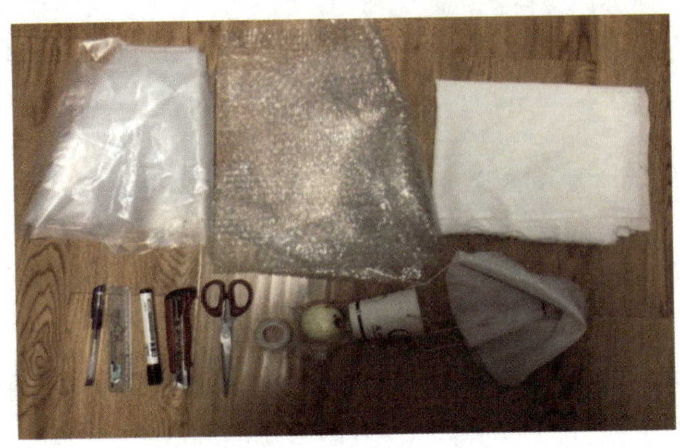

图 4-152

2. 实验方法

我们按照 4 种材质、3 种面积和 3 个形状搭配，用塑料布、气泡膜、绸布、无纺布，分别剪成了正方形、圆形和三角形的形状；再按面积大小分成三种；做出 36 种不同形状、不同材质和不同面积的降落伞。为了便于实验，我们把各个降落伞都编上了号码。1~9 号为绸布材质，不同形状、不同面积的降落伞，10~18 号为塑料材质的不同形状、不同面积的降落伞，19~27 号为气泡膜材质的不同形状、不同面积的降落伞，28~36 号为无纺布材质的不同形状、不同面积的降落伞。

进行降落伞下降测试时，每一次扔 2 个降落伞：在扔的实验过程当中，每组数据我们都扔 6 次，做完 36 种不同形状、不同面积、不同材质的降落伞之后，进行降落伞下降快慢的测试，观察不同伞面对降落滞空时间的影响。我们选择了相同的时间、相同的地点（世茂公寓室内 3 层）；相同的高度（6 米），相同重量的重物（35 克）的情况下，进行不同伞面对降落滞空时间影响的对比研究，分成以下 3 组实验（如表 4–29 所示）：

表 4–29

变量	伞面材质	伞面形状	伞面面积
第1组	不一样	一样	一样
第2组	一样	一样	不一样
第3组	一样	不一样	一样

经过多次测试取平均数的方法，使测量数据更准确，提供了这种状态下降落伞的下降状态的准确数据。

四、实验分工

3个同学放学后约好一起做实验研究。首先我们准备好材料；做好降落伞伞面、绳子、重物；我们一共做了不同材质、不同伞面面积、不同形状的36个降落伞（如图4–153所示）。做好后，我们三人约好时间一起试降并记录；在试降时我们的具体分工如下：

①熊康君：

负责用手机秒表记录降落伞降落的时间，用手机秒表的计次方式。

②王泽九：

负责从高空扔降落伞。

③李念：

负责用笔和本记录降落时间；观察哪个降落得快，并记住伞的编号。

图4-153　36个不同材质的降落伞

五、实验记录

（一）实验过程中遇到的困难

在实验过程中，我们遇到了很多困难和问题，有选材方面的，有伞面面积方面的，等等；我们把遇到的困难和改进方法都记录下来，总结为以下几个方面。（如图4–154所示）

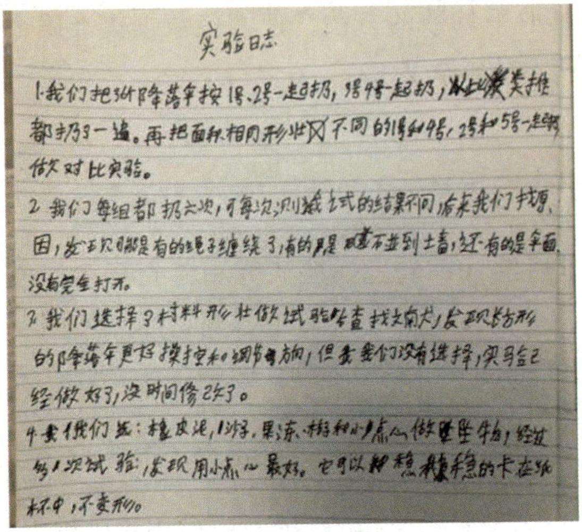
实验日志

1. 我们把5个降落伞按1号、2号一起扔，3号4号一起扔，类推都扔了一遍。再把面积相同形状不同的1号和4号，2号和5号一起做对比实验。

2. 我们每组都扔六次，可每次测试的结果不同，后来我们找原因，发现那是有的绳子缠绕了，有的是碰到墙，还有的是伞面没有完全打开。

3. 我们选择了材料形状做试验来查找原因，发现长方形的降落伞更好操控和调节方向，但是我们没有选择，实验已经做好了，没时间修改了。

4. 我们选：橡皮泥，沙子，果冻，橘和小点心做坠物，经过多次试验，发现用小点心最好。它可以稳稳的卡在纸杯中，不变形。

图 4-154

1. 选材中遇到的问题

（1）我们在刚开始选材时，花了大量的时间，比如说我们定的备选材料有：塑料布、气泡膜、绸布、无纺布、纸盒，还有宣纸。后来经过我们初期的实验，发现宣纸太薄，绑上绳子后特别容易坏，所以我们首先把宣纸淘汰了；用纸盒当作伞面时，降落时伞面不平也不稳，在扔伞时还容易刮到墙壁，于是我们把纸盒也淘汰了。因为这两种材质不适合做降落伞，最终我们确定了用这四种材料制作降落伞：绸布、塑料布、气泡膜和无纺布；设定了三个形状：正方形、圆形和三角形。

（2）在选择重物时，我们的备选方案有：橡皮泥、沙子、杯形果冻、小橘子、圆形小点心。经过多次试验、反复确认，淘汰了下降时形状不容易保持的橡皮泥和沙子；杯形果冻和小橘子的重量均为 80 克，经实验发现有点超重，实验效果不太理想。最后我们决定采用 30 克重量的圆形小点心，它能稳稳地卡在纸杯中，不易变形，下降状态很稳定。

2. 计算面积时遇到的问题

在制作降落伞伞面的过程当中，我们只会算正方形的面积，不会算和正方形一样大的圆形的面积；比如我们设计的大正方形的边长是 60 厘米，面积是 60×60=3600 平方厘米，但是对应的 3600 平方厘米的圆形面积不会算，于是我就请教了妈妈，妈妈告诉我圆形的面积 =3.14× 半径 ×

半径。最后我们终于算出了圆的半径是33.85厘米，直径67.7厘米，算出来后很开心。在制作和正方形一样面积的三角形的过程中，也遇到了同样的问题。最后还是请教了家长，于是我们知道了算三角形的面积公式，S=ah/2。

3. 记录时遇到的问题

我们把36个降落伞都做完以后，开始进行降落滞空实验，但是发现每次同时扔两个降落伞，记不住是哪一个形状和材质的降落伞先落地，记录的时间容易出错，所以我们停下来，把所有的降落伞按照材料形状和面积进行了分类，编上号，每一次在扔降落伞之前先念编号，这样测量的效率和准确度就大大提高了。

4. 分工时遇到的问题

在分工的时候，原来定的是王泽九负责扔降落伞，熊康君记录王泽九左手的降落伞的降落时间，李念负责记录王泽九右手的降落伞的降落时间，后来发现两个人记录的时间不够精确，我们更改成王泽九在高处同时扔两个降落伞，熊康君用手机秒表的计时功能，同时记录2个伞的降落时间，并把降落伞滞空时间长短等信息所对应的编号告诉李念，由李念负责用笔在纸上记录。

5. 在实验中遇到的问题

（1）在扔的过程中，我们还发现大三角形比小三角形降落得快，后来我们仔细观察分析才发现，是因为大三角形的降落伞在降落时，伞面不容易完全打开，小三角形的伞面很容易完全打开，所以小三角形降落得比较慢和稳，所以我们在后续的实验过程当中做了修正，尽量把降落伞的绳子位置调正再扔。

（2）在扔的过程当中，每组数据我们都扔6次，每次测试的结果会有些不同。比如说1号、2号第一次扔和第二次扔的数据会有一些不同，后来我们发现有几种原因可能导致这种情况：第一，在扔的过程中其中一个撞到墙；第二，在降落的过程当中降落伞伞绳会缠绕，也会影响快慢；第三，在降落的过程中，有的伞面展开得比较大，降落时会比较稳，比较慢，有些伞面降落时没有完全展开，所以降落得特别快，伞面展开的程度也会影响降落滞空的时间，经过多次反复实验，最终找到了正确的数据。

（二）实验记录的 36 个降落伞 6 次实验数据的平均降落时间

编号	材质	形状	面积cm	降落时间(秒)						
				第1次	第2次	第3次	第4次	第5次	第6次	平均降落时间
1	绸布	正方形	60*60=3600	3.64	3.51	3.55	3.65	3.98	3.78	3.69
2	绸布	正方形	41*41=1681	3.6	3.5	3.67	2.85	3.54	3.9	3.51
3	绸布	正方形	28.5*28.5=812	2.78	2.56	2.38	2.06	2.2	2.06	2.34
4	绸布	圆形	直径67.7面积3600	3.4	3.78	3.5	2.67	3.6	3.39	3.39
5	绸布	圆形	直径46.26面积1681	3.75	2.54	3.17	3.05	3.36	3.23	3.18
6	绸布	圆形	直径32.16面积812	2.56	2.28	2.35	2.15	2.23	2.41	2.33
7	绸布	三角形	边长100面积3600	2.67	3.39	3.31	3.3	3.16	2.98	3.14
8	绸布	三角形	边长68.36面积1681	1.91	2.43	2.19	2.41	2.18	2.23	2.23
9	绸布	三角形	边长47.5面积812	2.25	2.26	2.01	2.28	2.2	2.2	2.20
10	塑料	正方形	60*60=3600	4.69	4.6	3.35	3.58	3.74	3.79	3.96
11	塑料	正方形	41*41=1681	2.66	2.5	2.94	2.75	2.52	2.81	2.70
12	塑料	正方形	28.5*28.5=812	2.3	2.53	2.13	2.27	2.2	2.17	2.27
13	塑料	圆形	直径67.7面积3600	3.78	3.31	4.13	3.09	2.96	3.12	3.40
14	塑料	圆形	直径46.26面积1681	3.56	3.5	3.77	3.38	3.22	2.87	3.38
15	塑料	圆形	直径32.16面积812	2.1	2.43	2.53	2.61	2.15	2.71	2.42
16	塑料	三角形	边长100面积3600	3.6	3.55	3.5	2.73	3.8	2.89	3.35
17	塑料	三角形	边长68.36面积1681	2.86	2.31	2.2	2.61	2.76	2.33	2.51
18	塑料	三角形	边长47.5面积812	3.33	2.15	2.76	2.37	2.79	3.19	2.77
19	气泡膜	正方形	60*60=3600	3.97	3.41	3.61	3.12	3.64	3.27	3.50
20	气泡膜	正方形	41*41=1681	2.9	2.97	2.76	2.47	2.86	2.39	2.73
21	气泡膜	正方形	28.5*28.5=812	1.94	1.71	1.77	1.64	1.84	1.91	1.80
22	气泡膜	圆形	直径67.7面积3600	2.17	2.01	2.22	2.17	2.39	2.14	2.18
23	气泡膜	圆形	直径46.26面积1681	2.43	2.61	2.47	2.34	2.86	2.17	2.48
24	气泡膜	圆形	直径32.16面积812	1.83	1.68	1.59	1.91	1.65	1.87	1.76
25	气泡膜	三角形	边长100面积3600	2.3	2.52	2.29	2.71	2.36	2.55	2.46
26	气泡膜	三角形	边长68.36面积1681	1.97	2.11	2.2	2.17	2.06	1.86	2.06
27	气泡膜	三角形	边长47.5面积812	1.73	1.65	1.45	1.81	1.41	1.69	1.62
28	无纺布	正方形	60*60=3600	3.56	3.54	3.59	2.83	3.9	3.7	3.52
29	无纺布	正方形	41*41=1681	2.5	2.27	2.43	2.32	2.56	2.3	2.40
30	无纺布	正方形	28.5*28.5=812	1.86	1.85	1.63	1.81	1.57	1.78	1.75
31	无纺布	圆形	直径67.7面积3600	2.15	2.64	2.54	2.72	2.26	2.04	2.39
32	无纺布	圆形	直径46.26面积1681	1.91	2.21	1.95	1.65	1.87	1.39	1.83
33	无纺布	圆形	直径32.16面积812	2.09	1.88	1.89	2.21	1.79	2.33	2.03
34	无纺布	三角形	边长100面积3600	2.53	2.63	2.81	2.45	2.36	2.85	2.61
35	无纺布	三角形	边长68.36面积1681	1.78	2.16	2.2	2.36	1.99	2.17	2.11
36	无纺布	三角形	边长47.5面积812	1.92	2.03	1.83	2.05	2.11	2.23	2.03

（三）实验结果对比分析

我们将以上数据分成以下 3 组数据，利用图表进行对比分析。

第 1 组：不同材质的对比。

第 2 组：不同面积的对比。

第 3 组：不同形状的对比。

第 1 组：4 种不同材质的降落伞滞空时间的对比

（1）大正方形 4 种材质对比（1 号、10 号、19 号、28 号），正方形形状的，相同面积、不同材料降落伞进行实验。（如图 4–155 所示）

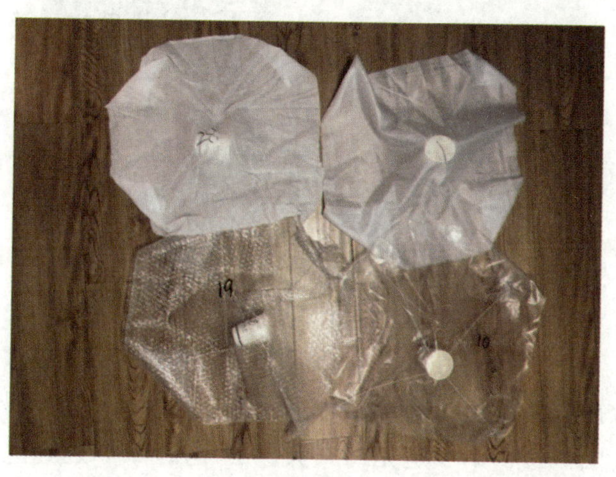

图 4-155

由实验数据（见图 4–156）对比我们发现：塑料的大正方形 10 号降落伞降落得最慢，其次是绸布大正方形 1 号，第 3 慢的是无纺布大正方形 28 号，降落最快的是气泡膜 19 号。

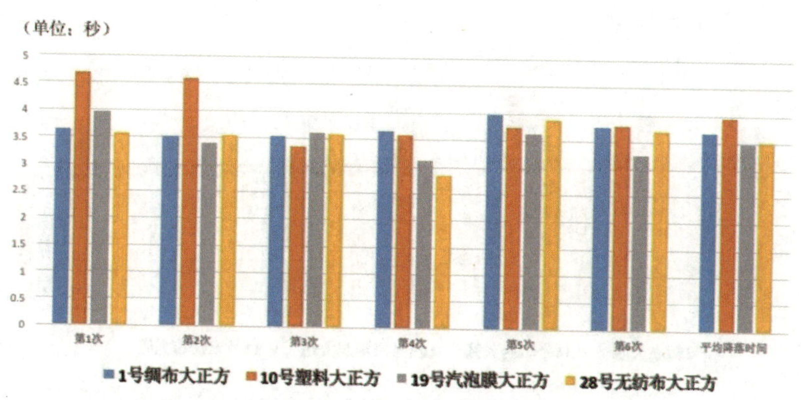

图 4-156　正方形伞面不同材质降落伞滞空时间对比

（2）大圆形 4 种材质对比（4 号、13 号、22 号、31 号），用圆形形状的，相同面积、不同材料的降落伞进行实验。（见图 4–157）

图 4-157

由实验数据（见图 4–158）对比我们发现：塑料大圆 13 号降落得最慢，第 2 是绸布大圆 4 号，第 3 是无纺布大圆 28 号，第 4 是气泡膜大圆 19 号。这与我们之前设想的绸布大圆降落得最慢最稳，有很大的出入。因为我们平时所看到的大部分降落伞是绸布圆形的。后来我们仔细思考了一下，可能是因为塑料的降落伞没有绸布的结实，不容易保存的缘故吧。通过实验，我们也体会到什么事情都不能凭自己的想象，而要以实际取得的证据为依据。

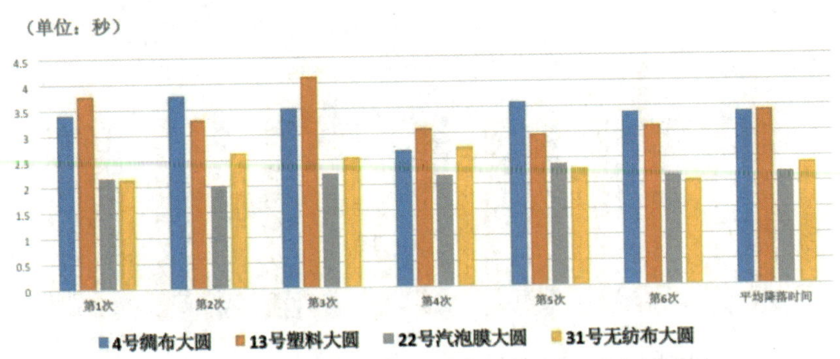

图 4-158　圆形伞面不同材质降落伞滞空时间对比

（3）大三角形 4 种材质对比（7 号、16 号、25 号、34 号）用三角形形状的，相同面积、不同材料的降落伞进行实验。（见图 4–159）

图 4-159

由实验数据（见图 4-160）对比我们发现：16 号塑料大三角形降落的速度是最慢的，其次是 7 号绸布大三角形，第 3 慢的是 34 号无纺布大三角形，下坠最快的是 25 号气泡膜材质。

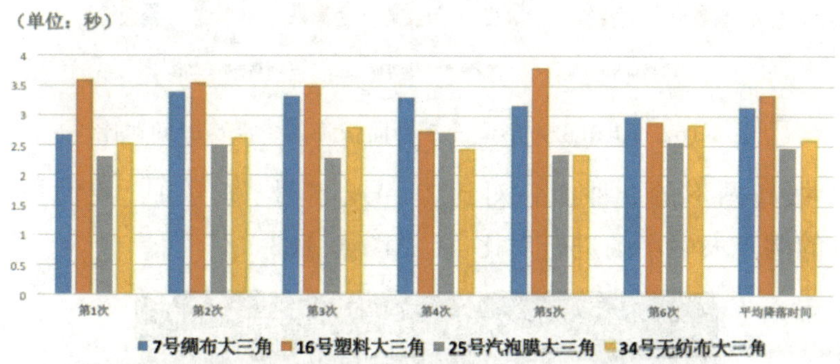

图 4-160　三角形伞面不同材质降落伞滞空时间对比

小结：

通过以上实验结果的分析我们发现：不同材料制作的降落伞降落快慢是不同的，塑料材质的降落伞降落速度是最慢的，第 2 慢的是绸布，第 3 慢的是无纺布，降落最快的是气泡膜。

第 2 组：3 种不同面积降落伞滞空时间的对比

（1）绸布正方形的 3 种面积对比（1 号、2 号、3 号），分别把 1 号、2 号、3 号绸布进行对比分析，如图 4-161。

图 4-161

由实验数据（见图 4–162）对比我们发现：大正方形 1 号降落得最慢，其次是中正方形 2 号，降落最快的是小正方形 3 号。

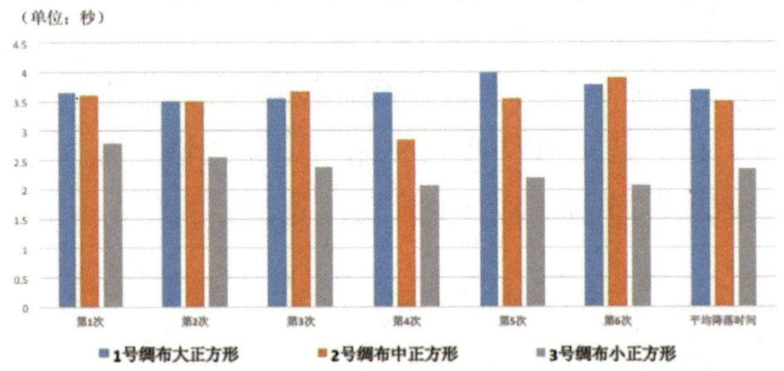

图 4-162　绸布正方形伞面 3 种面积降落伞滞空时间对比

（2）绸布圆形的 3 种面积对比（4 号、5 号、6 号），我们把 4 号、5 号、6 号的绸布大中小圆进行对比。（见图 4–163）

图 4-163

由实验数据（见图 4–164）对比我们发现：大圆的降落最慢，其次是中圆降落，降落最快的是小圆。

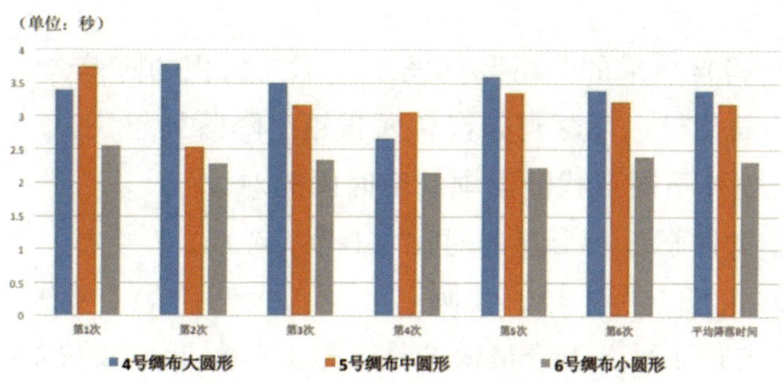

图 4-164　绸布圆形伞面 3 种面积降落伞滞空时间对比

（3）绸布三角形的 3 种面积对比（7 号、8 号、9 号），我们把 7 号、8 号、9 号的绸布大中小三角形进行对比。（见图 4-165）

图 4-165

由实验数据（见图 4-166）对比我们发现：大三角形降落得最慢，其次是中三角形，降落最快的是小三角形。

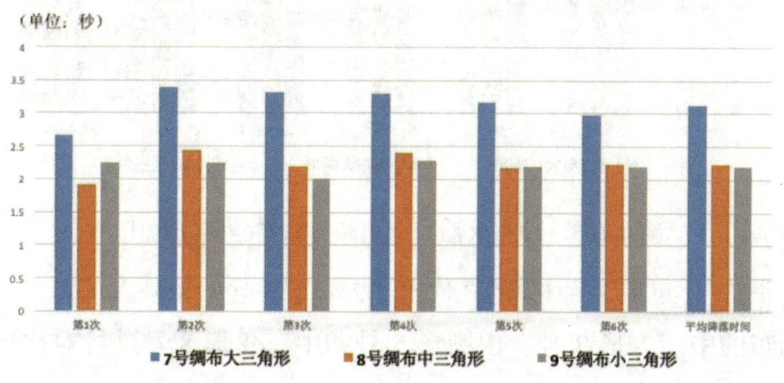

图 4-166　绸布三角形伞面 3 种面积降落伞滞空时间对比

小结：

通过以上实验结果的分析我们发现：不同面积的降落伞，伞面大小影响下降快慢，面积越大降落得越慢，面积越小降落得越快。

第 3 组：3 种不同形状降落伞滞空时间的对比

（1）绸布大面积 3 种形状的对比（1 号、4 号、7 号）

把绸布的大正方形 1 号、大圆形 4 号和大三角形 7 号进行对比分析，1 号最慢，其次是 4 号，下降最快的是 7 号大三角形。如图 4–168。

图 4-167

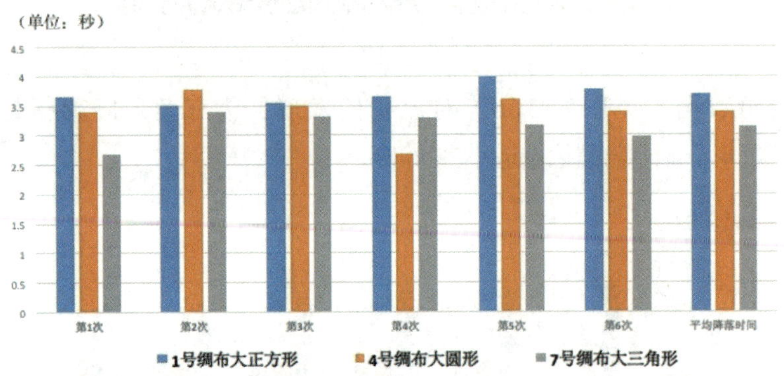

图 4-168　绸布大面积伞面降落伞滞空时间对比

（2）绸布中面积 3 种形状的对比（2 号、5 号、8 号）

把绸布的中正方形 2 号、中圆形 5 号和中三角形 8 号进行对比分析。（见图 4–169）

图 4-169

由实验数据（见图 4–170）对比我们发现：2 号最慢，其次是 5 号，下降最快的是 8 号中三角形。

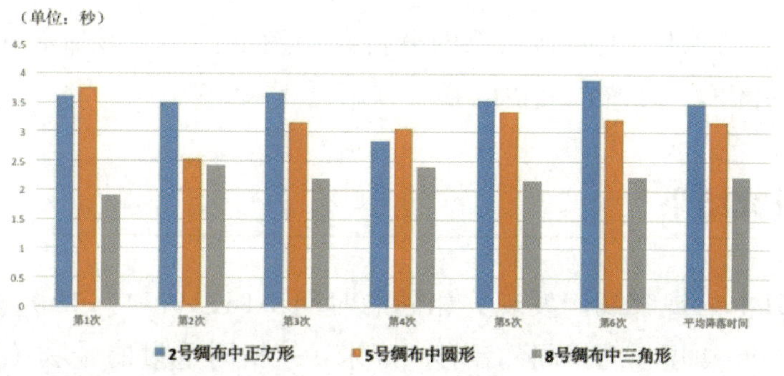

图 4-170　绸布中面积伞面降落伞滞空时间对比

（3）绸布小面积 3 种形状的对比（3 号、6 号、9 号）

把绸布的小正方形 3 号、小圆形 6 号和小三角形 9 号进行对比分析。（见图 4–171）

图 4-171

由实验数据（见图 4-172）对比我们发现：3 号最慢，其次是 6 号，下降最快的是 9 号小三角形。

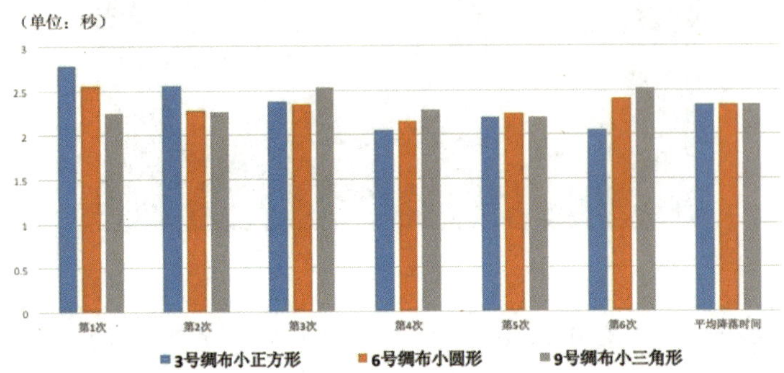

图 4-172　绸布小面积伞面降落伞滞空时间对比

小结：通过对以上实验结果的分析我们发现：正方形降落伞降落得最慢，其次是圆形，降落得最快的是三角形。

六、研究结果

通过以上的观察我们发现：相同的时间（16:30—17:30），相同的地点（世茂公寓 3 层），相同的高度（6 米），相同重量的重物（35 克）的情况见表 4-31：

表 4-31 绸布小面积伞面降落伞滞空时间对比

（单位：秒）

3

变量	伞面材质	伞面形状	伞面面积	实验结论
第1组	不一样	一样	一样	塑料材质的降落得最慢，第2慢的是绸布，第3慢的是无纺布，降落最快的是气泡膜。
第2组	一样	一样	不一样	面积越大降落得越慢，面积越小降落得越快。
第3组	一样	不一样	一样	正方形降落得最慢，其次是圆形，降落得最快的是三角形。

正方形在降落的过程当中，它的伞面儿不太容易完全打开，降落得不太稳定；只有圆形伞面特别容易展开，稳定性很好，每次降落的时间误差最小；三角形的降落伞降落得特别快，绳也比较容易缠绕。

七、启发与思考

通过这次的科学实验，我们经历了自己动手制作降落伞和反复观察实验的过程，最终我们通过实验发现：方形降落伞的滞空时间更长而圆形降落伞降落时最稳定。方形和圆形降落伞各有优缺点。

在降落的过程中，有的伞面展开得比较大，降落得比较稳，比较慢。有些伞面降落时没有完全展开，所以降落就特别快，伞面展开的程度也会影响降落滞空的时间，有时伞绳也会缠住。经过多次反复实验，我们最终找到了正确的数据。图 4-173 是其中一组数据做了多次实验修正的结果。

编号	材质	形状	面积cm	降落时间						
				第1次	第2次	第3次	第4次	第5次	第6次	平均降落时间
[illegible]	绸布	正方形	60*60=3600	[illegible]	3.51	3.55	3.65	[illegible]	[illegible]	
2	绸布	正方形	41*41=1681	3.6	3.5	3.67	2.85	3.54	3.9	
3	绸布	正方形	28.5*28.5=812	2.78	2.16	2.38	[illegible]	[illegible]	[illegible]	
4	绸布	圆形	直径67.7面积3600	3.4	3.78	3.5	2.67	3.6	3.39	
5	绸布	圆形	直径46.26面积1681	2.75	2.54	3.17	3.05	2.36	3.23	

图 4-173

通过这么多组实验的过程，我们对科学产生了浓厚的兴趣，感觉到科学实验对我们的生活有着很重要的意义，通过观察记录统计结果，我们发现科学研究的严谨性，以后我们还会尝试用真的降落伞去跳伞，真实体验一下滞空的感觉！

参考文献（见表 4–32）

表 4–32

序号	网站	标题	内容	链接
1	小学科学教学网	《降落伞》教学设计	降落伞的下降快慢的因素	http://www.zjxxkx.com/web/NewsDetail.aspx?NewsID=1980
2	知网	引领孩子们走进探索的过程—《降落伞》教学片段与评析	老师教学生降落伞制作与实验	http://wap.cnki.net/touch/web/journal/Article/WHJK200403015.html?from=singlemessage&isappinstalled=0
3	知网	不同透气性的伞衣织物与降落伞的发展	3 种织物降落伞伞面的介绍	http://www.cnki.com.cn/Article/CJFDTotal-CYYF199808001.htm
4	百科故事网	降落伞的发明	降落伞的发明	http://m.pmume.com/o/n5aem.shtml;

关于城市盲道现状的调研

——北京三里屯街区的调研

李徽丘

一、问题的提出

在上下学回家途中或外出游玩时，我经常会被人行道上铺设的盲道绊倒、滑倒，有一次还把校服摔破膝盖也流血了。经过自身惨痛的教训，我意识到正常人在盲道上走都会受伤，那这样的盲道盲人能走吗？自此我开始关注北京街头的盲道，我想从自己身边的盲道现状进行调研找出问题所在，提出合理化建议，用实际行动为盲人安全出行做一些力所能及的事情。

为此，我和妈妈一起对居住生活小区周围的盲道现状进行调查、分析，并提出一些合理化建议。

二、研究的背景

中国残联数据显示，我国目前至少有1731万盲人，平均每百万人口有盲人3800人。每年新增盲人约45万。北京市目前登记在册的盲人企业有1189家（http://blog.sina.com.cn/s/blog_53ab8a470102x1zz.html），在这些企业工作的盲人每天都有出行的需求，但由于受生理残疾的影响和外界环境的障碍，盲人出行比较困难。因此，让盲人能安全出行，正常工作是体现社会对盲人最直接的关爱。

三、研究方法

1. 查找资料

先上网收集相关的资料，查一些盲道的设计要求及使用规范，为调研提供依据。了解全国的盲道建设及使用情况并对使用中出现的问题进行归类和总结。

2. 确定调研的范围

我们以三里屯附近的道路为调研对象，主要有幸福中路、新东路、工体北路、十字坡路、东直门外大街、东中街 6 条路，共计 3992 米的路段。

3. 确定调查方法

我们采取了实地调查和随机采访 2 种方法。

（1）实地调查：用尺子对现场的砖和路宽实地测量，对发现的问题进行拍照留样。

（2）随机采访：我们对邻居、朋友、妈妈的同事、行人、盲人（1 人）共计 30 人进行了采访。

四、调研的现状和存在的问题

（一）盲道的宣传不到位，公众对盲道的维护意识淡薄

我们采取随机采访的方式调查了 30 位民众。

主要提出以下几个问题：

（1）您知道什么是盲道吗？（是　否）

（2）您知道盲道上的竖条和圆点的作用吗？（了解　有些了解　不清楚）

（3）您见过哪些占用盲道的现象？（见过　没有见过）

（4）您觉得盲道对盲人出行有作用吗？（有作用　没有作用）

（5）您收到过有关盲道的宣传资料或者参加过相关活动吗？（参加过　没有参加过）

随机调查结果：

第一问：100% 的人都知道人行道上黄色的砖铺设的路是盲道。

第二问：20% 的人知道盲道上的竖条和圆点的作用。

第三问：80% 的人能说出 1~2 条占用盲道的现象。

第四问：50% 的人觉得有一定的用处（被采访的盲人认为用处不大）。

第五问：10% 的人看过相关的资料，有 1 人参加过相关的公益活动。

通过采访调查结果我们可以看出，自 1991 年我国第一条盲道在北京建成以来，经过近 30 年的建设和普及，大家已经对盲道有了初步的了解，但由于盲道的宣传工作不到位，大部分人缺乏对盲道的相关知识的深入了解，对盲道的维护意识淡薄。整个城市并没有形成保护盲道，关爱盲人从我做起的良好氛围。

（二）盲道砖的铺设完成情况良好，地砖材料基本符合标准规范

我们在调查中发现，三里屯街道附近的主干道基本实现了盲道的铺设。户外盲道砖的材质主要是陶瓷砖和石材加工砖两种。其中陶瓷盲道砖铺设最为普遍，以棕黄色为主；经测量，95% 的陶瓷盲道地砖的设计符合国家无障碍设施设计施工标准，“行进盲道”砖上的触条和“提示盲道”砖上的触点均符合国家规定的高出水平砖面 4mm 的要求。只有个别地段使用的石材雕刻的纹路突起部分的高度不达标，识别性较差。（见图 4–174）

图 4-174

（三）盲道的铺设工艺粗糙，未按《城市道路和建筑物无障碍设施设计规范》设计施工

1. 目前地面上铺设的盲道砖以陶瓷砖为主，但陶瓷材质砖防滑强度不够，再加上施工粗糙不规范和后期维护不到位易引起地面砖不平整，有翘起、断裂和缺失的现象。在对幸福中路 258 米长和新东路 926 米长的路段的调查中，发现有这种情况的有 23 处。（见图 4–175）

图 4-175

2. 有些路段的带圆点的提示砖与条形引导砖使用混乱，并且盲道砖的颜色和其他路面同色，没有分辨度。在工体北路 200 米长的路段出现了 4 处。（见图 4–176）

图 4-176

3. 在盲道中间出现井盖（电力、污水井盖等）33 个、电线杆 3 个，并且有 5 处没有铺设提示砖，另外有 12 处盲道在道路改造施工中被破坏或截断，还有一处电线杆建在盲道上，电线杆的斜拉钢丝从盲道上方穿越很容易给盲人造成伤害。（见图 4–177）

图 4-177

（四）在红绿灯、十字路口车流量较大的危险地段无语音提示

我们在对 10 个红绿灯人行道路口进行调查后发现，只有 3 个红绿灯

有提示音，其他路段均无红绿灯提示音，盲人走到路口无法分辨路况，容易被引向快速行驶的车流中去。（见图 4–178）

图 4-178

（五）盲道侵占问题很严重

最常见的问题是盲道被占用。在所调查的路段中大多存在盲道被随意摆放的私家车、电动车、共享自行车、送餐车、快递车、货车占用的情况，甚至在十字坡路和新东路上有两家快递公司直接把盲道当成停车场。（见图 4–179）

图 4-179

（六）盲道的覆盖性、连续性、实用性差，一些盲人居住的主要生活社区内部均无盲道的铺设

目前盲道主要铺设在城市的主街道上，在红绿灯十字路口、公交车站、小区的出入口、单位的大门等地段均出现盲道中断的情形。盲道没有把盲人的工作地点和主要活动区域连接起来，也没有与其他无障碍设施连为一体，给盲人的生活工作造成了极大的不方便。例如：小区是盲人主要的活动区域，但我调查的 3 个生活小区内均无盲道的铺设。（见图 4-180）

图 4-181

（七）盲道建成后缺乏管理和维护，导致盲道被侵占、被破坏的现象严重，盲道因无盲人敢用可悲地变成了城市道路的“装饰线”。（见图 4-181）

图 4-181

五、研究结论与具体建议

通过本次调查证明，三里屯附近生活街区主干道盲道铺装率较高，盲道砖也基本符合国家的规范标准。但在实际使用中存在着较多的安全隐患，盲道的被侵占、被损坏的情况较为普遍，盲道建成后后期没有专门的人定期维护；并且盲道在生活社区的覆盖率较低，连续性和实用性较差，有些盲道坑坑洼洼正常人都无法行走就更别说让盲人使用了。当然我只调研了三里屯附近街区的盲道的使用情况，因而调查结果存在一定的片面性，但三里屯附近街区作为北京的中心城区，也是具有一定代表性的。根据以上调查的结果我提出以下建议：

（一）加强盲道的宣传工作

盲道虽然在我们的生活中随处可见，但如何使用和保护盲道，在人们的意识中还非常淡薄，我们可以通过媒体报道和学校教育、海报张贴、让健康的人参与盲道体验活动等多种形式让大家全方位了解盲道的重要性。让全社会一起来关心盲人，学会保护盲道，这才能从根本上改变盲道被侵占的问题。

（二）进行科学的规划与施工

1. 改进盲道砖的制造工艺，增强砖面的抗滑性，提高安全系数，让盲人即使在雨雪天气也能在盲道砖上安全行走。

2. 在市政建设设计中尽量避免占用盲道，规范施工，严格执行盲道建设规范的相关要求，不要将盲道破坏或截断，要尽可能地确保盲道的正常使用。

3. 提升盲道的覆盖性、连续性、实用性，在设计规划时就要把盲道的铺设考虑进去，把盲道和公共区域、生活社区内部的无障碍设施连接起来。

（三）加强监管和维护，惩处占据、破坏盲道的行为

1. 制定相关的法律法规对占据、破坏盲道的行为提出惩处措施，让大家对这个问题重视起来。

2. 让路政、城管、街道、社区等部门都加入监督维护盲道的队伍中来，定期检查、责任到人，全社会联起手来一起为盲人创造一个更加安全便捷的出行环境。

（四）研发新型的盲道系统

在科技高速发展的今天，语音识别信息是对盲人出行最有效的辅助手段。我建议可以把手机步行语音导航和盲道结合起来，研究开发新型的盲道系统，让盲人出行时能明确出行的方向和目的地，安全地通过红绿灯，及时避开障碍，能像正常人一样体验出行的快乐。

参考文献：

中华人民共和国住房和城乡建设部．城市道路和建筑物无障碍设施设计规范 [M]. 北京：中国计划出版社，2011.